道德领航
团队绩效新动力研究

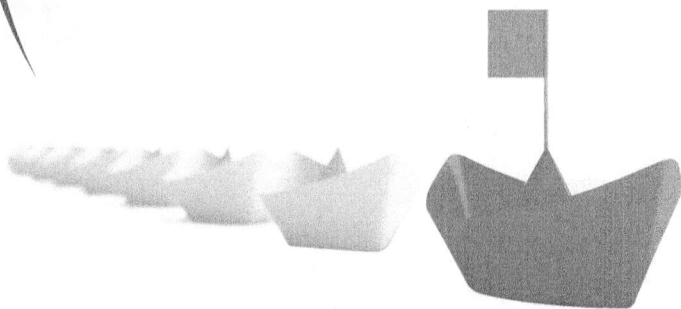

乔永胜◎著

DAODE
LINGHANG
TUANDUI JIXIAO
XINDONGLI YANJIU

中国社会出版社

国家一级出版社·全国百佳图书出版单位

北京·BEIJING

图书在版编目（CIP）数据

道德领航 ：团队绩效新动力研究 ／ 乔永胜著 ．
北京 ：中国社会出版社，2024．8． -- ISBN 978-7-5087-
7108-3

Ⅰ．F272.9

中国国家版本馆 CIP 数据核字第 2024MF8906 号

道德领航：团队绩效新动力研究

责任编辑：马　岩
责任校对：秦　健
装帧设计：李　尘
出版发行：中国社会出版社
　　　　　（北京市西城区二龙路甲 33 号　邮编 100032）
印刷装订：北京九州迅驰传媒文化有限公司
版　　次：2024 年 8 月第 1 版
印　　次：2024 年 8 月第 1 次印刷
开　　本：170mm×240mm　1/16
字　　数：222 千字
印　　张：14
定　　价：62.00 元

摘　要

　　企业社会责任和企业伦理已成为影响经济社会发展的重要方面，领导者脱离伦理道德可能会导致企业倒闭，而不可避免地造成严重的社会后果。学者们将一系列的商业道德丑闻归因于组织中领导者的不道德行为，鉴于道德领导力在道德行为建设方面的独特作用，学界及实业界越来越关注道德领导力在组织运行过程中的重要作用。

　　随着经济全球化、工作节奏加快和商业竞争日趋激烈，企业在发展过程中出现了多样化的竞争需求，这些竞争需求通常意味着具有挑战性的竞争关系，其中又包含着相互关联的因素。领导者需要运用悖论思维，以一种更为全面的心态，利用元素之间的区别和协同作用来寻求协调整合的解决方案。悖论领导行为的提出，为领导者应对动态复杂的组织环境、平衡矛盾需求提供了解决方案。

　　商业伦理背景下，员工在组织中的重要性日益凸显，提升员工幸福感对于组织和个人都有正向影响。组织应当更多地关注员工幸福感，使员工认同组织并在工作中感到幸福，这样才能实现组织和个人的和谐可持续发展。探讨如何提升员工幸福感已经成为当前学术研究的热点问题。

　　本书基于 IMOI 模型，以社会学习理论、社会认知理论、社会交换理论等为基础，对道德领导力影响团队绩效、工作幸福感的作用关系进行跨层研究，主要提出并解决四个问题：(1) 中国情境下道德领导力对团队绩效和工作幸福感的跨层作用机制；(2) 员工层面"自下而上"的"涌现"现象如何影响团队层面的结果；(3) 道德领导力和悖论领导行为的整合作用机制是什么；(4) 领导者的价值观如何影响领导力的有效性。

　　首先，在回顾文献、梳理相关研究的基础上，笔者构建了道德领导力影响团队绩效及工作幸福感的理论模型。其次，笔者围绕研究主题选择典型案例，通过案例研究方法，多次走访、入驻调研企业进行全方位考察，对企业领导者及团队进行深度访谈，获取真实有效且丰富充足的第一手数据。通过系统编码及分析，验证并完善道德领导力影响团队绩效及工作幸福感的理论模型。最后，通过大样本问卷调查，实证检验假设模型。

研究样本来自北京、天津、苏州和成都等城市的 10 家国内公司的工作团队。笔者采用两阶段配对追踪与多源问卷调查方法收集数据，运用 SPSS 26、AMOS 23.0、Mplus 8.3 等统计分析工具，对研究数据进行相关分析、验证性因素分析、回归分析和跨层次中介效应分析等，并基于统计分析结果对研究假设进行检验，研究结论如下：（1）在团队层面，道德领导力通过悖论领导行为正向影响团队绩效，在个体层面，下属默契在道德领导力与团队绩效之间起到跨层链式中介作用；（2）道德领导力通过悖论领导行为正向影响工作幸福感，下属默契在道德领导力与工作幸福感之间起到链式中介效应；（3）道本价值观调节道德领导力与悖论领导行为的正向影响关系，道本价值观程度越高，道德领导力对悖论领导行为的正向影响作用就越强。

本书的理论贡献主要体现在：（1）探讨我国情境下道德领导力对团队绩效及工作幸福感的系统作用机制，可以更全面地理解道德领导力的作用机制；（2）整合道德领导力和悖论领导行为，探讨道本价值观在道德领导力与悖论领导行为之间的调节作用，更好地整合领导结构以形成更全面的领导观；（3）对组织"自下而上"的多层次关系进行检验，验证个体层面因素对团队层面结果的显著影响，对未来寻求解决个体和集体之间动态关系的研究具有借鉴意义；（4）通过系统的跨层作用机制，探讨道德领导力影响员工工作幸福感的作用路径，弥补现有文献对"领导力→工作幸福感"中介机制的研究聚焦于单一层面或者单一路径的不足，丰富了工作幸福感前因变量的研究。

研究结果也为企业管理实践提供了借鉴和参考：道德领导力在提升团队绩效和工作幸福感上起到积极作用，在组织人力资源实践中，可以开展道德领导力相关培训，将道德领导力行为程度纳入绩效考核体系，以实现组织和员工的最佳利益；组织成功的关键在于其管理者能否激励员工最大限度地发挥其工作能力，鼓励员工建言献策，在团队中培养"心照不宣"的合作默契，可以在提升员工工作幸福感的同时，提高团队绩效。

本书的创新点主要体现在：首先，从跨层视角分析道德领导力影响团队绩效和工作幸福感的系统作用机制，可以更全面地理解道德领导力的作用机制；其次，将道德领导力与悖论领导行为进行结合，可以更好地整合领导结构以形成更全面的领导观；最后，开发我国情境下的道本价值观测量量表，可以丰富本土管理理论的研究。

目　录

第一章 绪 论

第一节 研究背景与问题提出

一、研究背景

（一）企业伦理

近年来，由于引人注目的商业道德丑闻以及组织不道德行为的频繁发生，加上媒体对这些内容的广泛报道，所以企业社会责任和企业伦理受到学界广泛关注。学者们将企业道德丑闻归因于组织中的道德领导力问题，即领导危机。企业伦理与领导力相结合的研究越来越受到学术界的关注。

经济活动的评价不仅是纯粹的理性衡量，还应该考虑伦理规范。领导者脱离伦理道德可能会导致企业倒闭，而不可避免地造成严重的社会后果。许多员工和利益相关者通常不信任领导者，他们对领导者的道德缺乏信心。一系列的企业道德危机损害了人们对企业的信任，也损害了企业的利益。领导者的不道德行为会给组织健康和员工幸福感带来负面影响，人们越来越担心组织中的道德问题及员工面临的道德困境。企业伦理研究已经成为重要的学术议题。

学界及实业界意识到道德领导力对企业长远发展的重要性。在组织各个层面，道德行为是领导有效性和影响力的关键组成部分（BROWN et al., 2005；PICCOLO et al., 2010）。领导者必须树立高道德标准，表现出高道德行为，才能培养员工的道德行为，促进员工的积极态度和行为。尽管已有不少文献阐释了道德领导力的积极作用，但要全面理解道德领导力的本质，还有很多工作要做，特别是在跨层实证研究方面。

（二）管理悖论

科学技术的日新月异、市场竞争的日趋激烈、劳动力的多样化以及商业市场的不断变化加剧了组织悖论。悖论被描述为组织固有的冲突需求或紧张关系，反映了组织运行的复杂性、多样性和模糊性。悖论普遍存在于企业中，给其管理者带来了挑战和机遇。悖论情境下，组织正从简单、稳定、竞争的形式转变为复杂、动态、合作的形式。企业在发展过程中出现了越来越多的竞争性需求，相互矛盾的需求也变得越来越多，并且更加突出和持久，如利润最大化与承担社会责任、个人主义与集体主义、短期需求与长期需求、灵活性与稳定性、传统与创新、竞争与合作、授权与控制等。面对这些复杂的多重悖论，传统的管理方式陷入困境。尽管悖论可能被视为"非此即彼"的挑战，但领导者需要有"兼而有之"的思维，整合各方优势，支持相互矛盾的因素共存（ZHANG et al., 2015）。如果缺乏悖论思维，管理者对看似矛盾的紧张局势作出狭隘的反应，可能会得到消极结果。

面对组织悖论，管理者需要采取措施使对立的元素和谐共存，面对矛盾的紧张关系需要运用悖论思维，以一种更为全面的心态，利用不同元素之间的相互作用来激活创新方案。"兼而有之"的思维方式，不需要以牺牲其中一个为代价来选择另一个，而是通过创造性的整合方案来解决紧张关系，这个方案包含相互对立的元素。

悖论领导行为从权变理论的角度，突破了单一情境领导方式在时间和空间上的局限性。通过悖论领导行为，管理者可以发挥整合思维和矛盾思维的协同效应。对企业的定性研究发现，追求创新的组织往往将矛盾的紧张关系视为探索、实验和学习的机会，以寻求"兼而有之"的可能性。

（三）员工幸福感需求

经济的高速发展创造了一个快节奏、竞争激烈的工作环境，这导致了人们工作压力增加，心理健康状况变差，出现了新的道德困境。企业中出现的贪婪、不负责任的管理行为以及忽视了企业社会责任的定期报告引发了一种思考，即组织绩效的评估标准不应该是纯粹的经济理性，还应包括伦理规范的适当性。Guest（2017）认为，组织将工作幸福感纳入人力资源管理范畴，在伦理和财务上都是合理的。组织必须意识到如果不关注员工幸福感，将付出巨大代价。据统计，每年与工作有关的疾病和事故付出的经济成本估计相当于全球 GDP 的 4%（2.8 万亿美元），与工作相关的疾病引起的过早死亡人数每年可高达 200 万（TAKALA et al.，2014）。

学者们普遍认为，与基于财务和市场绩效的衡量标准相比，员工的工作幸福感并没有在学术研究中得到同等重视。事实上，企业关注员工幸福感，首先在伦理上是正确的；其次，工作压力、抑郁和焦虑给社会和企业带来了巨大的成本，较低的员工幸福感会对公司运作产生负面影响。然而，多年来，组织管理研究者几乎完全着眼于股东和组织的短期目标，而忽视了员工的工作幸福感。Athota 等（2020）研究表明，企业不能只专注于商业战略、市场营销、财务和技术是必要的，但这不一定能带来企业所希望的竞争优势。因此，工作场所幸福感的研究在人力资源管理中受到了极大关注，系统研究企业管理实践如何影响工作幸福感具有理论和实践价值。

（四）幸福悖论

随着面临的问题越来越复杂，大多数组织将工作重点放在提升团队效能上，通过促进团体绩效的提高来提升组织绩效。与此同时，学界及实业界逐步意识到关心员工工作幸福感对组织长远发展的重要性。越来越多的学者开始关注组织管理实践对员工幸福感的影响机制，但现有研究结果却存在相互矛盾的观点，特别是在人力资源管理实践对工作幸福感影响的研究中，出现了激烈争论。一些研究验证了员工幸福感与工作绩效的正相关关系；另一些研究则揭示了员工幸福感与工作绩效的负面关联，因为强调高绩效的人力资源管理实践会增强同事之间的竞争和冲突，使员工产生心理焦虑，降低员工幸福感；还有些研究则表明员工幸福感与工作绩效的关系是积极影响和消极影响的混合，这种相互矛盾的发现，学者们称为"幸福悖论"（Well-being Paradox）。

高绩效人力资源管理的相关实践主要包括：培训和发展、激励性薪酬、竞争性选拔、员工参与和灵活的工作安排。这些实践中的每一项都可能对员工幸福感产生正面、负面或两者兼而有之的影响。例如，员工参与组织决策可以对工作幸福感产生积极影响，而激励性薪酬容易导致员工焦虑，对工作幸福感产生负面影响。最终，组织会发现其处于一种自相矛盾的境地。以绩效为导向的方案，如基于绩效的薪酬方案会在组织内部营造竞争氛围，使员工之间的关系变得紧张，引发冲突，从而破坏员工之间的沟通与协作。而强调高员工福利的实践，可能会负面影响绩效的相关计划，因为这些做法可能会给员工提供合理逃避责任的借口，于是在组织中产生了"幸福悖论"。对"幸福悖论"的研究就成了当下管理学研究的核心议题。

二、问题提出

（一）我国情境下道德领导力的跨层作用机制

随着企业环境动态性和复杂性的不断增强，组织伦理问题受到学界广泛关注。学者们呼吁企业要重视商业道德和挖掘更好的领导方式。研究表明，道德行为是许多领导理论的一个关键组成部分，如变革型领导力、真实型领导力、服务型领导力和精神领导力等。道德领导力不仅有助于提高组织效率，而且有助于建立一个更有道德的组织（WALUMBWA et al., 2011）。遵循道德原则可以降低企业因为声誉或品牌形象受损而带来的风险，有利于提高财务业绩。

研究表明，在大多数组织中，以道德为导向的领导力越来越重要，因为道德领导力具备崇高的价值观，通过支持和帮助员工，使员工产生有价值和幸福的感觉，从而更高效地完成绩效任务。道德领导力的主要特征，即利他主义、基于价值观的行为以及尊重员工，都会对员工幸福感产生积极影响。道德感强的领导者，可以从下属的想法和建议中获益，改善和增强员工的创造力。此外，道德领导力可以营造参与决策的工作氛围，增强员工的自我效能感和心理安全感，激励他们为团队作出更多努力，这就为提升团队绩效创造了条件。

目前，对影响团队绩效因素的研究表明，领导力是最重要的因素。然而，在不同的社会文化背景下，道德领导力的影响机制可能会有所不同，因为道德是文化衍生的（STEFKOVICH et al., 2007）。尽管学者们强调"领导力研究本质上是多层次的"，但领导力研究一直缺乏理论和实证的跨层分析。领导者除了对员工施加直接影响，还可以间接影响员工。管理的任何预期行为，比如团队绩效的提升，并不一定需要通过单一机制实现。Fischer 等（2017）强调，发展全面领导过程理论的主要方向是研究"替代渠道"，也就是说，领导者可以通过多种方式实现同一个目标。多重中介效应是领导者影响团队绩效的重要机制。在以往的研究中，组织研究者倾向于单层次分析，忽视了组织不同层次之间的关系。然而单一层次的视角是有限的，它无法解释大多数组织现象的复杂性，其中涉及的前因、中介、调节和结果变量都可能存在于组织的不同层次。

　　虽然已有研究表明，道德领导力与个人绩效以及团队绩效都呈正相关，但仍缺乏基于多层次的深刻分析来探究道德领导力影响团队绩效的系统作用机制。

　　（二）低层变量"自下而上"的"涌现"状态

　　传统上，组织学者通常使用宏观视角（通常称为组织理论）或微观视角（通常称为组织行为）来解释组织现象（KLEIN et al.，2000）。然而，前者很少关注个体的代理过程，后者则倾向于忘记个体行为的组织背景。当前的组织结构大多以团队为基础，团队在组织运作中发挥着越来越重要的作用，团队在面对复杂问题时比个人更具灵活性和创造性。组织关注团队行为和绩效可以为其带来许多好处，同时也对团队管理者提出了更高的要求，团队管理者不仅要领导和激励个人，还要领导和激励整个团队，通过营造信任、支持、合作的工作氛围，合理分配资源，将个人目标与共同目标结合起来，促进团队绩效的提升。

　　本书引用组织行为的中观范式（HOUSE et al.，1995），关注组织中的团队行为，因为团队属于中观层面，很适合对涌现状态进行理论和实证研究。个体层面的现象随着时间的推移相互作用、交叉反应，并表现为共同的集体属性，同时受到更高层次的宏观因素的影响。团队认知和团队凝聚力，就是反映团队有效性的涌现状态。团队绩效"源于个体行为、被个体间的相互作用放大，表现为一种高层次的集体现象"，涉及团队"自下而上"的过程（KOZLOWSKI et al.，2012）。在东方文化背景下，"默契"是一个特别重要的团队因素。下属默契是指下属对领导的工作期望、意图和要求，不经言传而暗相投合的状态（ZHENG et al.，2019）。虽然已有研究对组织"自下而上"的多层次关系进行了检验，证明了个体层面的因素对团队层面的结果有显著影响，但仍缺乏运用系统的中介效应对其内在逻辑进行的深入探究，特别是分析一些跨文化因素的影响，且缺乏团队互动中观层面视角的研究。因此，本书将"下属默契"的"涌现"状态与工作绩效相关成果联系起来，以深化和拓展对团队绩效的研究。

（三）道德领导力与悖论领导行为的整合

管理悖论的重要性随着组织环境的复杂变化而日益增强。由于全球化程度的提高、产品周期的缩短、商业竞争的加剧以及组织价值链的高度依赖性，组织环境变得更加动态和不确定。面对悖论，领导者必须学会处理矛盾关系，接受看似不相容的力量，而不是在两者之间作出选择。悖论领导行为是近年来提出的一种领导方式，其与团队和个人成果的关系尚处于探索阶段，结果变量大多集中在团队创新、个人创新。对悖论领导行为的理解目前存在两个方面的局限：第一，Zhang 等（2015）探讨了悖论领导行为在管理中的认知和情境前因，但尚未有研究分析哪些领导方式更容易表现出悖论领导行为；第二，关于悖论领导行为如何影响团队绩效和工作幸福感的研究总体上较少，且缺乏以悖论领导行为作为中介变量的探索。

此外，现有关于悖论领导行为的研究大多是将悖论领导作为一种单独的领导方式，未能将悖论领导行为与其他领导方式整合。正如真实型领导力、变革型领导力与道德领导力都有强调道德的一面。同理，悖论领导行为不仅仅属于悖论式领导的独有风格，其他领导方式必然也包含着悖论领导行为，特别是深受我国传统文化中道家哲学的影响，大多数中国企业家在组织管理过程中或多或少会运用到悖论领导行为。将悖论领导行为与其他领导风格分离开来的研究，难以窥见悖论领导行为的全貌。

（四）工作幸福感的关注

近几十年来，经济快速增长，企业迅猛发展，特别是在一些高速成长的企业里，员工长期处于高压工作状态，难以在工作中感受到幸福和快乐，员工和组织的心理关系也日渐疏远。员工在组织中重要性的日益增强，企业应当更多关注员工的工作幸福感，让员工认同组织并在工作中感到幸福，才能实现企业的和谐可持续发展。提升员工的工作幸福感对于组织和个人的工作绩效有积极影响，如何提升员工幸福感就成为当前学术研究的热点问题。

员工是团队的一部分，员工的工作幸福感在很大程度上植根于团队背景。虽然目前已有文献研究了道德领导力对员工幸福感及团队成果的影响，但尚缺乏多层次视角的整合研究以解释其中的关键中介变量，特别是在领导者采取哪些具体行动来提高员工幸福感上理解有限（FRANKE et al., 2014）。因此，要充分理解领导力如何促进员工幸福感的提升，关键是要明确关注领导者的具体行为。初步研究表明，与其他方式领导力相比，道德领导力对员工幸福感的正向影响作用更显著，但现有关于道德领导力的跨层次实证研究，还不足以阐明道德领导力如何同时影响工作幸福感和团队绩效，因此有必要在个人层面和团队层面寻找更多的中介变量，来探索道德领导力对团队和个人成果的影响机制和作用路径。

（五）价值观重要性的凸显

价值观是指导行动的一般原则。价值观不是行动，而是对某些行为进行惩罚或奖励所依据的准则，对于理解领导力至关重要。在价值观的基础上，我们可以识别出明确的管理特征。大量的实证研究验证了领导行为与下属组织承诺、幸福感、组织公民行为和绩效之间的积极关联（WALUMBWA, et al., 2010）。领导者的价值观会影响其行为方式，对领导力的效用发挥有着深远影响。

Xu、Loi 和 Ngo（2016）的研究表明，道德领导力和组织公正氛围是由价值观支撑的，价值观影响领导者的行为，进而影响组织成果。道德领导力研究之所以越来越受到学界关注，是因为学界关注组织过程的视角发生了变化，行为与价值观（如公平和利他主义）的规范适当性，补充了经济评价的理性、有效性。价值观是一个引擎，它驱动着组织的所有业务策略、战略和流程。作为组织文化的重要组成部分，价值观在提高个人和组织绩效方面的作用不容忽视。领导者的价值观在影响工作中的动机和行为方面起着重要作用。因此，要实现企业可持续发展，领导者的价值观是最重要的驱动力之一。

由于中西方文化的差异，国内企业的领导风格和有效性也不同于西方。根植于西方文化的领导理论，在国内企业背景下是否具有特殊的影响机制，特别是不同的文化价值观影响下的领导力效能发挥是否有不同的作用路径，有待进一步探索。

由此，引出本书的四个目的：

（1）验证道德领导力对工作幸福感的影响效果和作用机制，从跨层视角探讨悖论领导行为、下属默契的关键中介作用；

（2）探索道德领导力与悖论领导行为对团队绩效和工作幸福感的整合作用机制；

（3）分析下属默契影响团队绩效的作用机制；

（4）探讨我国文化情境下，道本价值观包含哪些特定的结构维度，如何对领导者的行为产生影响。

三、研究意义

（一）理论意义

1. 探索道德领导力与团队绩效之间的跨层作用机制，有助于更全面地理解道德领导力的积极作用

在过去 10 年中，对道德领导力影响组织及个体的研究主要集中在考察其对员工道德行为（如组织公民行为、道德认同和道德决策）和不道德行为（如反生产行为和越轨行为）的影响机制。如今组织任务越来越多地转向团队，因为团队具有更高的灵活性和创造性，因此了解哪些因素影响团队绩效至关重要。然而，很少有研究关注道德领导力对团队绩效的影响，尽管实践中道德领导力是团队绩效最有影响力的预测因素之一。Schleicher 等（2019）在文献回顾中指出，团队绩效的实证研究明显缺乏。先前的大多数研究把道德领导力看作影响个人成果的积极因素，如自我效能感、工作满意度、创新行为和组织公民行为等，少有对团队层面积极成果的研究。本书对现有文献进行了扩展和补充，实证了道德领导力在团队层面结果的积极作用。道德领导力可以在团队中营造一种开放沟通、资源共享、互信协作的工作氛围，使员工拥有归属感和价值感，促进员工建言献策，建立团队信任和默契，进而提升团队绩效。

2. 探索下属默契对团队绩效的积极作用，可以拓展团队绩效前因变量的研究

Klein 和 Kozlowski（2000）认为，组织研究不仅需要在个人层面，而且需要在团队层面验证现象。多层次理论表明，个体的二元性是组织二元性出现的基石（RAISCH et al., 2009）。多层次理论认为，高层次集体现象的出现，是低层次变量"自下而上"作用过程的结果，这些过程解释了较低层次的行为如何以及为什么会结合起来，从而产生更高层次的现象。以往关于领导行为对团队绩效影响的研究，多数基于"自上而下"的理论，且缺乏对中间变量的探索，本书发现并实证了下属默契在二者之间的积极作用。本书以颇具本土文化特色的"默契"为中介变量，通过跨层研究剖析团队层和个人层的交互作用，为未来团队绩效研究提供了新的理论视角。

3. 探索悖论领导行为在道德领导力与团队绩效之间的中介作用，可以更全面地理解道德领导行为的作用机制

领导力和团队绩效之间存在密切关系，领导行为是影响团队绩效的重要因素。当前组织普遍面临复杂的多重悖论，领导者必须运用悖论领导行为，以激励团队成员共同努力，实现团队目标。以往的研究在解释领导力对团队绩效的影响机制时，大多数以社会交换理论、动机理论、社会学习理论为视角，将个人特质、团队氛围、组织机构等作为中介变量，本书在现有文献的基础上，通过整合道德领导力与悖论领导行为，对未来寻求悖论领导行为和其他领导方式之间深刻作用机制的研究具有借鉴意义。

4. 探索道德领导力对员工工作幸福感的跨层作用机制，拓展了工作幸福感前因变量的研究

越来越多的研究关注如何应对员工的焦虑和压抑，提升员工的工作幸福感和工作投入度。悖论领导行为在解决"幸福悖论"时的关键作用，受到学者和组织管理者的广泛关注。Putnam 等（2016）认为，在本体论和认识论上，悖论思维类似于我国古代道家哲学的辩证本质。在不同社会文化背景下，道德领导力的作用机制可能会有所不同。深受我国古代道家哲学影响，大多数中国企业家在管理过程中擅长运用辩证思维，并表现出悖论领导行为，因此，系统地研究我国情境下悖论领导行为对工作幸福感的影响机制就显得尤为重要。

（二）实践意义

1. 为组织在提升团队绩效策略上提供参考

本书构建的道德领导力影响团队绩效的理论模型，为管理者创建高绩效团队提供了借鉴。在模型中引入颇具本土文化特色的"默契"作为中介变量，从而为团队领导者提升团队绩效的实践提供具体指导。集体主义文化强调和谐与团结，"默契"体现了中国传统文化"和谐"的内涵。管理者可以通过促进团队建言和知识共享，在团队中形成一种"心照不宣"的合作默契，进而提升团队绩效。

2. 领导者需要运用悖论领导行为来应对复杂的工作环境

日新月异的科学技术、日益激烈的商业竞争、多样化的劳动力以及经济市场的波动加剧了组织悖论（PUTNAM et al., 2016）。随着全球化进程的加快和大数据时代的到来，组织正从简单、稳定、竞争的形式转变为复杂、动态、合作的形式。组织中相互冲突的需求变得越来越多，并且更加突出和持久。为了成功处理矛盾关系，接受看似互不相容的力量，领导者需要采取悖论领导行为。悖论领导行为从权变理论角度，突破了单一领导方式在时空情境上的局限性，将看似相互矛盾的领导行为进行整合，可以产生协同效应，同时满足组织中相互竞争的需求。

3. 我国情境下的道本价值观测量量表具有实践指导意义

长期在西方情境下的领导作用机制研究，大多根植于西方的社会现实和文化背景，缺乏我国情境下本土构念的探索。受传统文化的深远影响，我国企业在文化价值观上与国外企业有着明显不同，因此不能照搬国外的价值观测量量表，而要立足于我国传统文化与企业管理实际，来探索反映本土管理实践的价值观测量量表。本书在扎根理论基础上开发道本价值观测量量表，可以在实践中对团队领导者的价值观进行测评，并据此为团队领导者的行为矫正提出参考意见，指导管理实践。

第二节　研究设计

一、研究目的及研究内容

本书的目的在于阐明道德领导力对团队绩效及工作幸福感的作用机制。基于 IMOI 模型，笔者通过分析悖论领导行为、下属默契的跨层中介作用，明确道德领导力对团队绩效和工作幸福感的作用路径。

学者们通过"输入—过程—输出"（Input-Process-Output）框架来理解团队的有效性。该模型认为，诸如领导力、团队资源等输入因素会影响团队合作过程，而团队合作过程又会影响团队绩效等输出结果。然而，有学者认为 I-P-O 模型限制了我们对团队的思考，有必要改进与之相关的模型（ILGEN et al.，2005；MARKS et al.，2001）。Ilgen 等（2005）在文献研究的基础上提出了反映团队绩效系统的替代方法，将 I-P-O 模型"转换"为 IMOI 模型。如图1.1 所示，在模型中增加一个额外的"I"唤起了因果反馈循环的概念。IMOI 模型建立了一个全面、动态的理论框架来描述、解释和预测团队在不同阶段的动态团队过程和相关结果。但不论是 I-P-O 模型，还是 IMOI 模型，都捕获了一个基本逻辑，即个体资源和环境资源以各种配置形式进入团队过程，然后在团队输入过程中转化为最终的团队输出。

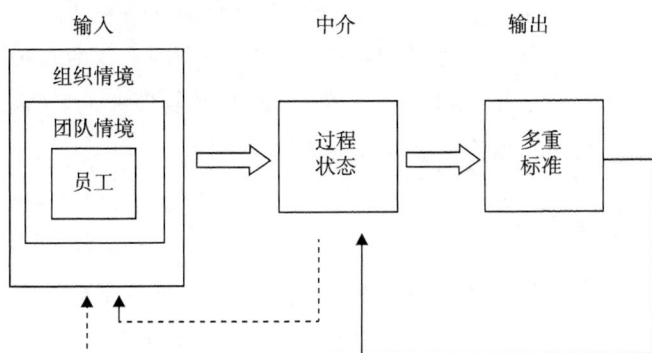

图 1.1　IMOI 模型

二、研究方法

本书主要采用两种方法：定量研究方法和定性研究方法。定量研究方法依赖于演绎，使用客观手段进行数据收集和分析，例如，通过发放调查问卷对收集到的数据进行统计分析来验证模型；定性研究方法大多基于理论归纳，主要使用访谈和案例分析等工具。定性研究方法为探索信息相对较少的现象提供了渠道，其研究结果提供了丰富、深刻和真实的描述，是解决社会环境中研究问题的有效方法。因此，本书采用定性与定量相结合的研究方法。

（一）文献研究

本书采用文献研究法为开展后续研究和建立理论模型奠定基础。首先，笔者重点以高校图书馆、电子数据库及国内外相关文献资料为基础，对本书涉及的社会交换理论、社会认知理论和社会学习理论等，与道德领导力、悖论领导行为、团队绩效、工作幸福感之间的相关研究进行综述整理，重点回顾和梳理相关构念的内涵、维度、测量方式、理论观点及研究进展，掌握相关领域的最新研究趋势，寻找现有研究的不足和可能的发展方向，为研究主题奠定基础，揭示研究框架的合理性。笔者主要通过 ProQuest、SAGE、Science Direct 等数据库收集国外文献，还重点检索了 *Academy of Management Journal*、*Academy of Management Review*、*Administrative Sicence Quarterly*、*Journal of Applied Psychology* 等管理学研究领域的顶级国际期刊，并对其研究主题进行细致筛选。其次，笔者利用中国知网（CNKI）数据库对国内文献进行检索，重点针对《南开管理评论》《管理世界》《管理评论》《管理学报》等国内高水平学术期刊的相关成果进行归纳和总结。

（二）扎根理论研究

扎根理论研究方法寻求发展一种理论，而不仅仅是用数据来描述一个事件或过程（CORBIN et al., 2007）。扎根理论为研究者提供了一种通过深入分析数据来探索问题的方法。该方法不是基于一种先入为主的观念或假设，而是基于开放的心态，从符合研究主题的来源收集数据，然后沉浸在这些数据中，通过分析数据来探索一个问题，可以使研究者对不熟悉的主题产生深刻见解，这是研究社会问题的重要方法。扎根理论方法论的核心是三级编码过程，使用常数比较法生成和验证代码，通过连贯的过程来收集和分析数据，是种可信的科学设计。在每个阶段，当达到理论饱和且数据中不再出现代码或代码之间的关系时，编码终止。扎根理论以建立经验证据的归纳（理论生成）方法开始，指导研究者随着时间推移采取不同步骤，以解释和发展实质性理论，并以形成新理论作为结束。

（三）案例研究

为理解和解释一些复杂行为或事件，在缺少经验和理论指导的情况下，案例研究应运而生。案例研究是实证研究的定性策略，支持在现实生活背景下对现象进行深入调查。案例研究可以提供一个更开阔的视角，允许研究人员从多个来源收集数据，并理解参与者的感知和行为。案例研究的两个显著优势使它成为分析组织行为的有效方法。第一，案例研究可以让研究对象随着自身发展引导研究，并且不局限于检验形成的假设；第二，通过整合多元信息，案例研究可以获取充分的信息来解释研究现象。组织悖论领域的实证研究主要是通过单一案例研究设计来进行深入理解（LÜSCHER et al., 2008）。在分析数据时，首先遵循"叙事策略"，从原始数据中开始构建一个详细的案例故事；其次采用归纳的方法对数据进行编码，参考扎根理论及 Gioia 的方法（GIOIA et al., 2013），尽量使用受访者原始语言，并根据所获得的数据资料提炼出道德领导力影响团队绩效及工作幸福感的作用机制；最后梳理出道德领导力、悖论领导行为、团队绩效和工作幸福感之间的详细作用关系，构建理论模型。

（四）实证研究

问卷调查是定量研究中最常用的方法之一。问卷调查有如下优点：①问卷调查使调查结果标准化，以便研究人员比较答案；②问卷调查最适合于对态度和行为的研究；③问卷调查效率高，成本相对较低，能合理安排时间和预算；④精心设计的问卷调查结果相对可靠、准确；⑤对影响团队绩效、工作幸福感的因素进行归纳，需要原始数据和大量样本。

在文献研究、扎根理论研究和案例研究的基础上，笔者明确各变量的测量量表，设计出完整的调查问卷，通过预调研进一步完善调查问卷，然后进行大样本调研实证理论模型。利用 SPSS26、AMOS23 和 Mplus8.3 等统计分析软件，笔者检验样本数据信效度、相关性等数据结果，最终利用多层结构方程模型（MSEM）验证研究假设。

第三节　章节安排与技术路线

结合上述研究问题与研究方法，笔者进一步确定本书的章节安排和技术路线。

一、章节安排

第一章　绪论。笔者首先从实践和理论角度对研究背景进行介绍，在此基础上提炼出研究问题及研究意义，对本书的研究方法、技术路线与章节安排进行详细介绍。

第二章　相关理论回顾与评析。笔者根据研究问题，对社会学习理论、社会交换理论、社会认知理论和道本管理理论等基础理论进行回顾，对研究涉及的核心变量量表、前因及结果因素进行归纳和整理，总结现有研究成果，提出本书的研究构想。

第三章　理论基础与研究假设。笔者在文献回顾的基础上，梳理核心变量间的作用关系，提出假设理论模型。

第四章　道德领导力影响团队绩效及幸福感的案例研究。遵循案例研究的原则和程序，笔者选择案例企业，归纳研究道德领导力影响团队绩效、工作幸福感的作用机制，并根据研究结果对第三章提出的理论研究模型进行验证和完善。

第五章　基于扎根理论的道本价值观测量量表开发。以国内企业和员工为研究对象，本着"广汇总、先探索、后验证"的研究思路，基于扎根理论研究方法，遵循量表开发的原则和程序，确定我国传统文化情境下的道本价值观的结构维度。

第六章 实证研究设计与假设模型检验。笔者首先对研究中涉及的变量进行定义，介绍变量的测量量表，设计实证研究程序；然后在此基础上实施预调研，对预调研获取的数据采用 CITC 和 Cronbach's α 分析、验证性因子分析等多种方法对量表的信效度进行检验，修正量表；最终确定大规模调研所采用的量表，采用多层结构方程模型对理论模型进行验证。

第七章 研究结论及展望。笔者首先对研究得出的结论进行总结，其次对研究结论的理论及实践意义进行阐述，最后指出研究的不足和今后努力的方向。

二、技术路线

本书的技术路线如图 1.2 所示。

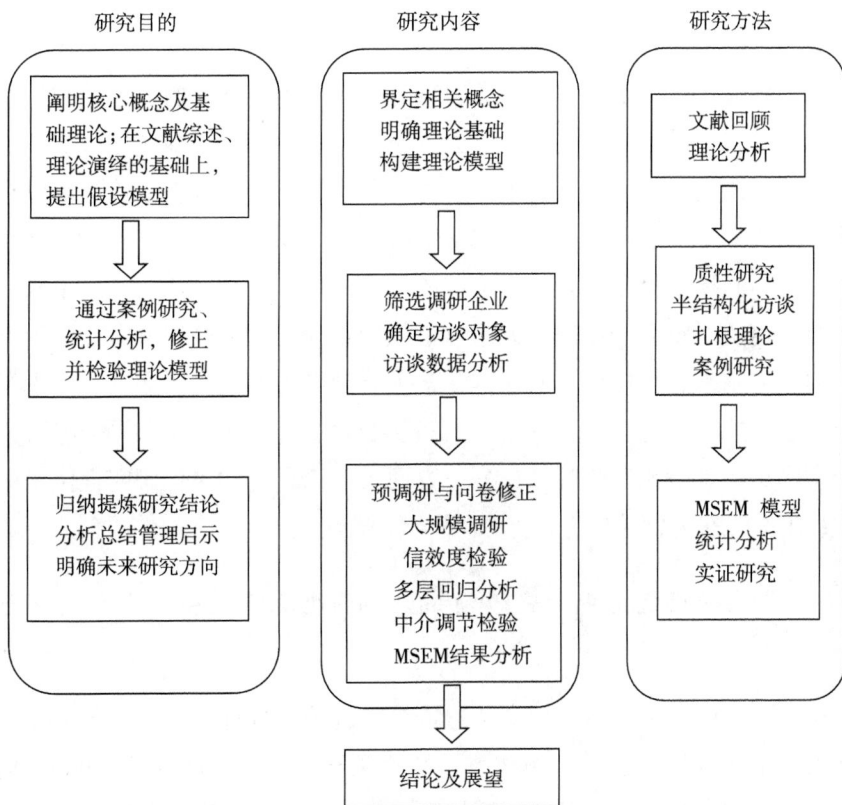

研究目的

- 阐明核心概念及基础理论；在文献综述、理论演绎的基础上，提出假设模型
- 通过案例研究、统计分析，修正并检验理论模型
- 归纳提炼研究结论 分析总结管理启示 明确未来研究方向

研究内容

- 界定相关概念 明确理论基础 构建理论模型
- 筛选调研企业 确定访谈对象 访谈数据分析
- 预调研与问卷修正 大规模调研 信效度检验 多层回归分析 中介调节检验 MSEM结果分析

研究方法

- 文献回顾 理论分析
- 质性研究 半结构化访谈 扎根理论 案例研究
- MSEM 模型 统计分析 实证研究

结论及展望

图 1.2 研究技术路线

三、可能的创新点

（一）将道德领导力与悖论领导行为进行整合，可以更全面地理解道德领导力的作用机制

近几年，组织中的悖论或组织固有的矛盾需求受到越来越多的关注（PUTNAM et al., 2016; SCHAD et al., 2016）。尽管大多数关于悖论的研究是针对组织层面的分析，但最近的研究也转向了对领导者行为固有悖论的关注。Yukl（2012）呼吁更好地整合领导结构以形成更全面的领导观。悖论理论认为，对立的需求最终是互补的，因为只有将这些对立的需求结合起来并加以整合，领导者才能让管理达到最佳水平。具有看似矛盾的目标的领导行为可以产生协同效应，使领导者能够满足相互竞争的需求。正如 Yukl（2012）所建议的，要理解什么样的领导是有效的，需要研究不同风格的行为如何以一致的方式相互作用。研究表明，道德行为是许多领导理论的一个关键组成部分，如变革型领导力、真实型领导力、服务型领导力、精神领导力等。道德领导力的构成维度，如以人为本、正直、公平、节制和责任心等都可以在其他领导风格中找到相关元素（EISENBEISS et al., 2015）。然而，道德是文化衍生的，在不同社会文化背景下，道德领导力的作用机制可能会有所不同。本书从悖论视角，整合道德领导力与悖论领导行为，对道德领导力在组织不同层次的影响结果进行多层次研究，探索道德领导力如何同时促进工作幸福感和团队绩效的提升。一方面回应了 Yukl 发出的关于"概念上不同领导行为的整合及作用机制研究"的呼吁；另一方面为悖论理论的深化研究提供了更细致的视角，对悖论领导行为有了更深层次的理解。

（二）从跨层视角分析道德领导力影响团队绩效和工作幸福感的作用机制

在团队层面，借鉴悖论理论、道本管理理论，选择悖论领导行为作为中介变量，笔者提出了"道德领导力—悖论领导行为—团队绩效"的逻辑线。由于员工是嵌套在团队中的，团队层面的变量必然会对个人层面的变量产生跨层次的影响，因此，借鉴社会学习理论、社会认知理论，又提出了"道德

领导力—悖论领导行为—工作幸福感"、"道德领导力—下属默契—团队绩效"和"道德领导力—下属默契—工作幸福感"三条跨层中介路径，补充道德领导力影响团队绩效、工作幸福感的跨层研究。

近年来，虽然工作幸福感在团队层面的实证研究，无论在广度还是深度上都有所突破，但仍然非常局限，且针对工作幸福感的跨层研究还较为缺乏。Guest（2017）的研究从共生角度，探讨了员工幸福感与组织绩效之间的关联，但工作幸福感与个人和团队等多个变量之间存在显著的直接或间接相关关系，说明有必要对工作幸福感进行跨层研究。本书借鉴 Guest 提出的协同效应，通过悖论视角分析道德领导力影响"幸福悖论"的作用机制，从而补充了他的研究工作，同时也回应了 Torre（2012）等的观点，他们认为绩效管理与工作幸福感之间的实证研究应该是一体的。

（三）生成并检验自下而上的、真正打破范式界限的情境理论

领导力是一个社会影响过程，传统的领导研究方法未能充分考虑到相互影响过程。相互影响过程是指领导者影响员工，员工反过来也能影响团队和领导者。Klein 和 Kozlowski（2000）认为，组织不仅需要在个人层面，而且需要在团队层面检验现象。多层次理论表明，个体的二元性是组织二元性出现的基石，高层次集体现象的出现是"自下而上"的影响过程的结果，这些过程解释了较低层次的行为如何以及为什么会结合起来，从而产生更高层次的现象。下属默契是一个从个体层到团队层的"涌现"现象，本书将其作为关键中介变量，来解释道德领导力和团队绩效之间的关系。在集体主义文化背景下，深入研究变量间"自下而上"的作用机制，关注个体间因素如何影响集体效果，对未来寻求解决个体和集体之间动态关系问题的研究具有借鉴意义。

（四）开发我国情境下的道本价值观测量量表

由于中西方文化的差异，国内企业的领导风格和有效性也不同于西方。根植于西方文化的领导理论在国内企业背景下是否具有特殊的影响机制，有待进一步探索。以往的研究表明，文化因素（如思维方式、价值观等）会影响组织研究结果，而中西方文化差异是导致同一问题在中西方得出不同结论的

重要原因。西方领导者更关注"非此即彼"，而我国的领导者则更倾向于"中庸"思维。

　　以往关于悖论领导行为的研究大多是在西方组织背景下进行的，本书借鉴中国传统道家哲学思想，通过严谨、科学的论证，开发我国情境下的道本价值观测量量表，不仅在团队层面探讨道德领导力通过悖论领导行为对团队绩效的影响机制，而且从跨层视角探讨道德领导力对工作幸福感的作用路径，以期扩大悖论理论的应用范围，补充相关变量在不同文化背景下的实证结果。

第二章　相关理论回顾与评析

第一节　道德领导力理论回顾与评析

一、领导力

领导力是一个多方面的复杂结构。尽管领导力有许多不同的定义，但大多数都有一个共同的假设，即领导力涉及一个社会影响过程，在这个过程中，个人对他人施加影响，以构建群体或组织中的活动和关系。正如 Yukl（2002）所说，领导力本质是"一个人对他人施加有意影响的过程，以指导组织结构，并促进团体或组织中的活动和关系"。

领导力源自组织的正式结构，是组织中的建设性和动态力量，是促进个人和集体努力实现目标的社会过程。领导力反映了在情境和组织背景下，领导者与其追随者之间的关系。具体来说，①领导力不仅仅是一个线性的、单向的过程。领导过程涉及领导者和下属之间的互动，超越了正式指定的领导者，包括任何担任领导职务的人；②影响他人的能力是领导力的一个决定性特征；③领导力发生在团队环境以及二元关系中，没有个人或团队的影响，领导就不可能产生；④在领导影响群体的过程中，显著特点是确定方向和实现目标。因此，领导力包括引导群体实现目标和完成任务。

Avolio 等（2005）在对领导影响组织的研究中发现，尽管领导方式、风格有很多种，即使设定了预期的目标和方向，领导者的干预程度仍然很高。大多数组织都能意识到拥有一个优秀领导的益处，因此积极开展领导力的培训。优秀的领导者可以降低员工流动率，控制由于知识损失、招聘和培训而产生的运营成本。

领导理论一直是管理学理论研究的热点之一。从 20 世纪早期开始，学者们就致力于发展领导理论。研究人员不断尝试对领导理论进行分类。例如，Yammarino 等（2005）提出了 17 个领导分类。一般来说，领导理论可分为传统领导理论和新兴领导理论。20 世纪 70 年代末，传统领导理论主导了领导力研究，而 80 年代以后，新兴领导理论主导了领导力研究。新兴领导理论关注领导者的道德价值观、情感相关的问题。Brown 和 Treviño（2005）指出，有四种领导风格涉及领导道德：变革型、真实型、精神型和道德型。

1978 年，Burns 首次引入了变革型领导的概念。变革型领导者激励追随者为共同的目标努力，超越自我利益；然而，变革型领导者是道德的或不道德的，这取决于他的动机。变革型领导有四个组成部分：理想化影响、激励动机、智力刺激和个性化考虑（KOVJANIC et al., 2013）。理想化影响与领导者控制追随者和自我中心的程度有关；激励动机是指领导者赋予追随者权利并鼓励他们努力实现自我的程度；智力刺激关系到领导者的纲领；而个性化考虑则是指尊重追随者的尊严和利益，以及他们是否被视为手段或目的。

真实型领导具有高尚道德品质，是自信、坚强、乐观的，能够从不同的角度看待模棱两可的道德问题，判断这些问题并根据价值观作出决策（AVOLIO et al., 2005）。真实型领导有四个属性：透明度、自我意识、一致性和开放性。有研究人员认为，真实型领导是一个根结构，可以结合其他领导风格，如变革型和道德型。

精神领导力风格涉及伦理方法，强调精神生存感。精神领导力通过诚实、正直和谦逊等价值观来体现。领导者通过某些行为成为追随者的榜样，例如，表达尊重和道德实践。在这种情况下，领导者和追随者表现出对彼此的关心和欣赏，从而创造了一种组织文化，产生归属感和幸福感。

所有积极的领导实践都将道德作为一个补充维度。但道德领导力不同于其他类型的领导力，它将道德视为一个基本要素（MAYER et al., 2009）。

经过几十年的争论，学者们一致认为领导力没有一个普遍定义。最近的研究强调领导力的过程，即领导者如何影响一群个体实现共同目标，而不是进一步定义领导力（FISCHER et al., 2017）。伦理和价值观特征仍然是大多数当代领导理论的基本要素。Brown 等（2005）将道德领导力定义为通过个人行为和人际关系表现出符合规范的行为，并通过双向沟通、强化和决策向追随者推广这种行为。这个定义包含四个主要内涵：领导者行为、员工声音、价值观和结果。不同的组织、行业有不同的规范和文化，所以在其一种文化中适用的东西可能不适用于另一种文化。"双向沟通"意味着领导者为追随者提供了发言权。换句话说，沟通不仅是让追随者模仿领导者，更重要的是倾听和尊重员工的声音。

二、道德领导力概念及测量

许多关于道德领导力的开创性研究是由 Brown 和 Trevino 进行的，他们总结了道德领导力的主要概念以及与其他领导理论和概念的异同。道德领导力的概念化借鉴了社会学习理论（BANDURA，1977）。社会学习理论认为个体通过观察榜样行为来学习。如果道德领导力在组织中拥有权力和影响力，他们就会成为下属学习的榜样。当然，有效的道德领导力不仅仅需要权力和影响力。Brown 等（2005）将道德领导力描述为"道德的展示"，通过个人行为和人际关系以及双向沟通、加强和引导，向追随者推广此类行为和决策。这一定义突出了道德领导力的两个维度：领导个人维度，它反映了领导者的诚信、公平、自律、平易近人、利他主义等品质；道德管理维度，反映了领导者如何使用管理工具和技术在工作场所激励下属的道德行为，如倾听下属建议、采取奖惩措施并兼顾集体道德等。处于领导地位的个人既要有强烈的道德人格，又要有较强的道德管理能力，才能被下属视为道德楷模。一个强势的道德管理者，如果在道德品质上存在不足，很可能被认为是一个伪君子。相反，道德品格强而道德管理弱势的人，会被认为并不是真正关心道德。

道德领导力汇集了诸多美德和行为：正直、利他主义、谦逊、共情、集体主义、公平正义、授权、以人为本、道德指导、信任、激励、培训和指导等（YUKL，2012；PICCOLO et al.，2010）。领导者会考虑决策的长期影响，员工通过观察领导者的行动来了解领导价值观。领导者越是言行一致，越能够将内在价值观转化为行动，他从员工那里获得的信任和尊重就越高。道德领导力给追随者和组织带来了有利的影响。

现有关于道德领导力的量表主要有领导美德问卷、道德领导力量表、工作中的道德领导力问卷、知觉领导诚信量表和管理道德判断测验等。有学者总结了道德领导力的评估标准，见表 2.1。

表 2.1　道德领导力评估标准

标准	道德领导力
领导者权力和影响力的运用	为员工和组织服务
处理多个利益相关者的不同利益	试图平衡和整合
制定组织愿景	制定并发展组织愿景
领导者行为的完整性	与价值观一致的行为
决策和行动中的风险承担	愿意承担风险并作出必要决定
相关信息沟通	完整及时地披露信息
回应批评和异议	鼓励批判性评估以找到更好的解决方案
培养下属技能与自信	指导、培训、培养员工

资料来源：参考 Yukl（2002）*Leadership in Teams and Decision Groups* 整理。

（一）道德领导力的前因

尽管已有研究明确了道德领导力在激励组织和员工取得积极成果方面的重要性，但关于道德领导力的前因以及与之相关的潜在机制的研究却很少（HAAR et al., 2019）。学者们将道德领导力前因分为两类：情境和领导者特征。Brown 和 Treviño（2005）指出，某些情境因素为领导者提供了学习和发展道德领导力的机会。然而，它需要观察和直接互动，以实现追随者的学习和模仿。Brown 和 Mitchell（2010）阐明了道德领导力要想发挥作用，需要以下因素：权力、可见性和可信度。Walumbwa 和 Schaubroeck（2009）调查了领导者人格作为道德领导力的潜在前因，研究结果表明，随和性和责任感等五大因素与道德领导力的评分呈正相关，道德领导力与下属心理安全、建言行为呈显著正相关。有高度道德认同感的个体表现出更强的道德领导力（MAYER et al., 2012）。Schaubroeck（2012）研究发现，不同级别的领导者影响单位层面的道德文化，进而影响个人层面的道德态度和行为。Haar 等（2019）研究发现，五种价值观与道德领导力相关：谦逊、利他主义、集体主义、时间导向和真实性，不同价值观在预测道德领导力方面所起的作用是不同的（HAAR et al., 2019）。

（二）道德领导力的影响结果

Ko 等（2017）将道德领导力的影响结果分为五类。第一类是指员工对其领导者绩效的积极评估，可以提升领导者的形象；第二类涉及员工道德行为，例如，举报不当行为；第三类是工作生活满意度；第四类是组织层面的结果；第五类是与工作和组织相关的员工层面结果，如组织公民行为、工作满意度和员工敬业度等。此外，道德领导力可以降低员工流动率、控制反生产行为、缓解工作压力（NG et al., 2015）。道德领导力对组织等各个层面的影响结果见表 2.2。

表 2.2　道德领导力影响结果

员工层面结果	员工创新绩效、亲社会行为、员工敬业度、工作幸福感 控制员工不当行为 员工自主行为、员工帮助行为 工作绩效、员工安全绩效 工作满意度 道德认知
团队层面结果	团队任务绩效、团队自主行为 团队创造力 团队关系冲突 组织公民行为、心理安全
组织层面结果	企业声誉、企业社会责任 组织管理创新 组织和谐精神 组织伦理

资料来源：本书作者整理所得。

还有研究表明，道德领导力对不同的外部利益相关者具有积极影响。例如，Liao、Liu、Kwan 和 Li（2015）研究发现道德领导力对员工家庭成员的满意度有积极影响。Mo、Booth 和 Wang（2012）的研究表明道德领导力通过减少组织间冲突对供应商的合作关系产生积极影响。此外，道德领导力还被视为有效实施企业社会责任（CSR）所需的关键组成部分（BACHMANN, 2017）。Bachmann（2017）认为，关于企业社会责任和商业道德主要措施的法规和流程，难以在缺乏道德领导力的情况下实现真正变革。

（三）道德领导力与工作绩效的中介变量

最近的研究集中于理解道德领导力影响高绩效的作用机制，学者们认为道德领导力与工作绩效之间的关系需要更多的研究关注。根据 Ko 等（2017）的研究，工作绩效与道德领导力相关。学者们试图找出这种关系背后的不同作用机制。

研究结果显示，在组织层面主要通过组织情境运作，包括与伦理相关的组织文化和工作环境。先前的研究表明，道德领导力对团队绩效、财务绩效、企业社会责任、组织公民行为、工作满意度和组织承诺都有积极影响，并通过某些与工作相关的积极态度降低员工离职倾向（EISENBEISS et al., 2015；KACMAR et al., 2013）。工作环境在道德领导力与团队绩效、组织公民行为、辱虐管理和职场欺凌等之间起到中介作用（WALUMBWA et al., 2012；ZHENG et al., 2015）。

在个人层面，有三个类别的因素起到中介作用。首先是心理和伦理因素，如心理安全、自我效能、道德效能和道德强度，道德领导力可以通过心理资源和伦理因素间接影响工作绩效、工作满意度、组织承诺、员工幸福感和工作投入（涂乙冬 等，2014）。其次是员工与领导者或组织的关系，这涉及员工与领导者或组织的高质量关系。道德领导力通过员工与领导者或组织的高质量关系，促进组织公民行为、工作投入和高员工绩效（范恒等，2018）。最后是与工作相关的态度，如建言行为、工作投入和工作满意度等（HANSEN et al., 2013；WALUMBWA et al., 2011）。

个体层面道德领导力对员工绩效的影响存在两种作用机制：心理资源、员工与领导者的关系。当领导者培育积极的心理资源，如心理所有权或心理资本时，员工会努力提高绩效。同理，当领导者与追随者建立了一种基于信任和公平对待的高质量关系时，追随者会付出巨大努力来提高他们的绩效。当领导者支持员工并鼓励其建言行为时，下属会拥有价值感和认同感，进而提高其工作满意度。

（四）与道德领导力相关的调节变量

一些研究运用调节变量来加深对道德领导力作用机制的理解。这些调节变量一般分为五类，包括员工特征、领导 – 下属关系、环境特征、领导者特征和组织特征。

在高度不确定的情况下，员工更容易被道德领导力吸引。因为道德领导力支持关心下属，并提供指导帮助。员工特征是重要的调节变量，因为个体差异会影响员工对道德领导力的反应方式。影响道德领导力的员工特征主要有正念和道德情感、道德关注、道德信念、责任心和核心自我评价、自尊和内在动机（EISENBEISS et al., 2015）。领导 – 下属关系调节变量涉及几个促进领导效能的因素，如领导认同、领导 – 下属交换关系和价值观匹配程度。环境特征主要包括两个调节变量：组织变革和企业文化（SHARIF et al., 2014）。

与领导者特征相关的调节变量会影响下属对道德领导力的认知，因为下属通常会观察和评估他们的领导者及其行为（KO et al., 2017）。这些变量主要有：马基雅维利主义、道德意识、互动正义感知、领导职位和领导声誉等（HARTOG et al., 2012）。

与组织特征相关的调节变量包括内部审计职能、公司规模以及同事的道德行为等（MAYER et al., 2010）。一些领导实践在不同文化中存在很大差异，Resick 等（2011）调查了道德领导力的跨文化差异，研究发现当涉及道德领导力时，东西方文化背景下的领导行为趋于一致，这与 Treviño 等（2006）和 Brown 等（2005）的研究结果一致，也就是说，道德领导力的结构维度在不同文化背景下是相同的。

三、道德领导力与其他领导风格的比较

从 20 世纪 70 年代末开始，领导力研究经历了从传统或经典领导方法到积极领导形式的范式转变。Burns（1978）引入了变革型领导力来描述领导与下属之间的理想状况。Burns 将变革型领导定义为一个持续的过程，即"领导者和下属彼此提升到更高的道德和动机水平，超越自我利益，为集体利益服务"。他对比了变革型领导和交易型领导（即关注短期目标、自我利益和交换关系）。这种积极领导理论强调领导者通过识别和解决追随者的需求，传达愿景，激发下属信任、自豪感，激励员工更高水平的工作绩效（TURNER et al., 2002）。变革型领导激励员工在追求集体目标时超越自我利益。变革行为会促

进下属对领导者的信任，使其通过超越自身利益来回报他人。变革型领导力包括四个维度：理想化影响、激励动机、智力刺激和个性化考虑。变革型领导的核心在于激励员工相信愿景并挑战现状。在过去的 30 年中，领导力研究大多是基于变革型领导。许多研究证实了变革型领导的积极影响，包括追随者态度结果、组织氛围、组织公民行为，个人、团体和组织绩效，工作满意度、敬业度等（WANG et al., 2011）。变革型领导通过呼吁平等、正义、和平、自由等道德理念，努力增强追随者的道德意识。变革型领导重视下属，强调道德，是道德型领导的基础。变革型领导培养员工超越眼前的自我利益，关注他人的成就和利益。变革型领导者也会影响追随者的价值观、情绪和态度，并激励他们超越预期的目标。Brown、Harrison 和 Treviño（2005）认为变革型领导力和道德型领导力有相似之处。例如，道德型领导者和变革型领导者都关心他人，是言行一致的榜样。变革型领导者与道德型领导者都明确关注道德。然而也存在不同：虽然公平和道德是领导者影响追随者的一种手段，但道德领导力发挥作用的关键是行为。道德领导者被认为是道德的管理者和有道德的人；变革型领导者则可以表现出利他主义或以自我中心的形式。

Brown、Harrison 和 Treviño（2005）描述了道德领导力与真实型领导的异同：都有共同的社会动机和以人为本的道德原则，但真实性和自我意识是真实型领导的关键，而道德领导力的核心是关注道德。

Bass 和 Steidmeier（1999）认为真实型领导是合乎道德的。真实型领导强调领导者的道德发展和真实行为，重视信仰和价值观，具备真诚、可靠、道德的品质，关注他人利益，致力于培养下属，并营造积极、良好的工作氛围（AVOLIO et al., 2005）。Avolio 和 Gardner（2005）确定了真实型领导的维度：积极的道德视角、自我意识、平衡处理、关系透明度、积极的心理资本和真实行为。积极的道德视角意味着真实型领导的行为建立在内化的积极美德和高尚的道德品质的基础上。自我意识指真实型领导意识到自己的知识、信念和价值观对下属的影响，并公开、坦诚地采取行动（AVOLIO et al., 2005）。平衡处理反映了一种倾向，即在处理信息和作出决策之前，客观地考虑和权衡多种观点，并听取他人的意见。关系透明度描述了一种公开透明的方式，真实型领导通过这种方式向追随者分享关于自己的信息，包括个人价值观、优缺点和局限性。此外，真实型领导拥有积极的心理资本，他们自信、乐观、充满希望和有韧性。真实型领导表现出真实的自我行为，这些行为反映在核心价值观、信念、思想和情感上，而不是来自环境突发事件或他人的压力（GARDNER et al., 2005）。真实型领导具有高道德品质，在价值观、言行上保持一致，他们有作为领导者的自我意识，并与追随者建立信任关系（AVOLIO et al., 2005）。真实型领导被视为其他积极领导形式的基本概念或先驱，包括变革型、道德型和服务型。因此，领导真实性程度代表了一个潜在的决定因素，也就是积极领导的源泉。

在比较真实型领导力和变革型领导力时，Avolio 等（2005）将真实型领导力描述为将道德领导品质添加到积极的领导形式中。因此，领导者可能是真实型的，但不一定是变革型的，只是表现出真实型领导的伦理特征。但是，真正的变革型领导者必须是真实型的。

服务型领导力是另一个早期的道德领导力概念。Greenleaf（1991）认为，追随者服务是领导者的主要责任和领导力的本质。服务型领导力通过促进追随者的发展和幸福来实现组织的长期目标。Bass（1991）认为，服务型领导力与变革型领导力有许多相似之处，包括有远见、影响力、信誉、信任和服务，但它超越了变革型领导力，把他人的需求作为最高优先事项。变革型领导力和服务型领导力的主要区别在于领导者的关注点。服务型领导者主要关注追随者，变革型领导者主要关注组织目标和激励员工实现目标。总体而言，服务型领导力与变革型领导力在概念上确实存在相似之处。道德领导力和服务型领导力，是解决组织员工对领导者缺乏信任和信心的问题的有效途径。这些风格的道德基调可能比变革型领导力更适合促进信任，变革型领导力没有明确将道德作为核心原则。

真实型领导力、服务型领导力和道德领导力等领导理论可归为"道德方法"范畴。这些积极领导形式都关注领导者的道德行为、对追随者的道德影响、促进规范行为、社会学习以及角色外行为等。尽管这些领导风格与道德领导力有明显的相似之处，但道德领导力是一种强调道德管理者角色的结构。

交易型、精神型和真实型等领导风格与道德领导力有一些共同的特点，但在概念上是不同的。精神领导力的重点是激发员工的精神存在。交易型领导为员工提供期望的奖励，以换取员工在工作中的投入。真实型领导力是指领导者能够坦诚、真实地表达自己的想法和情感，同时也能够理解并尊爱员工的感受和需要。道德领导力强调公平，在阐述道德期望和使用奖惩措施来塑造道德行为时也使用交易原则。积极可信的领导行为鼓励从经济交换向社会交换的转变。交易型领导风格以经济交换为基础，领导者对追随者行为的影响是通过权变奖励实现的，权变奖励有助于员工相信领导者会信守诺言并兑现承诺。交易型领导者注重让员工按预期执行任务，以及如何促进任务执行。这个关注点与道德领导力不同，道德型领导不仅关注绩效，而且明确关注影响员工的道德意识和行为规范。

在亚洲文化中研究较多的领导行为是家长式领导，这是一种将集权（威权主义）与仁爱道德相结合的领导方式，被概念化为三个维度：威权、道德和仁爱。威权指的是控制下属，要求下属绝对服从。仁爱意味着对追随者个人利益和幸福的关注。家长式领导者以身作则，通过无私和诚实的行为来表现正直。道德领导力与家长式领导力中都有道德因素。Chen 等（2016）指出，尽管表现出正直和道德标准对于家长式领导非常重要，但与道德领导力在决策和沟通方式上存在差异。道德型领导者强调和员工进行双向沟通与权利共享，家长式领导者则注重单向沟通和集中决策。

四、道德领导力与企业管理伦理

管理伦理是在企业经营过程中应该遵循的伦理道德的总和。伦理学是一种道德哲学，包括被认为是对或错的实践与活动，以及指导这些活动的内在价值和规则。简单地说，伦理学就是思考什么是对的，什么是错的，以及这种思考的结果。道德行为是普遍的、尽责的、符合理性的行为，所有人都遵循这些行为，道德行为是将人类视为目的而不是手段的行为。商业道德是指导商业行为的原则、价值观和标准，这些原则、价值观和标准可以帮助个体以肩负道德责任的方式工作。商业伦理涉及各种道德问题和行为，包括企业社会责任和可持续发展。伦理和价值观仍然是大多数当代领导理论的基本要素。研究当代企业管理伦理的走向是企业管理伦理理论深化的迫切需要。目前研究主要集中在企业伦理精神、企业行为的道德推理方式与模型、企业伦理与经济绩效的基本关系、企业的社会责任利益相关者及其管理、企业领导者的道德问题、企业文化与企业伦理、企业跨国经营中的伦理问题、企业信息技术的伦理问题等方面。商业道德的关键是领导力。高层领导者的道德行为与道德文化有关，道德文化是领导者道德领导行为的副产品。领导者在引导和激励他人实现目标的过程中，会影响组织的企业文化和道德基调（EISENBEISS et al., 2015）。通过回顾与组织伦理行为相关的文献，笔者认为领导者诚信和伦理行为是影响组织伦理或道德行为的主要因素。

企业管理伦理已经被作为一个新的研究领域引起学术界的高度重视，目前已确立了其基本问题，具有了特有的范畴，比如，企业伦理精神、公平与效率、义与利、自由与秩序、权利与义务、企业与员工的全面发展、竞争与协作、市场道德规范等。

（一）企业管理伦理研究概况

企业管理伦理研究的兴起，是国际上一系列商业伦理丑闻不断发生和频频曝光而引发的。任何与人类价值观有关的商业问题都是商业伦理关心的问题。就研究历程来看，大致可以分三个阶段。

20世纪50—60年代是第一阶段。学者们早期对商业伦理的研究是围绕经济制度的道德问题这一主题展开的。这一阶段重要的历史文献主要有1962年美国政府公布的《对企业伦理及相应行动的声明》，1963年Garret等编写的《企业伦理案例》等。70—80年代初是第二阶段。经济伦理学诞生的标志是1974年11月在美国堪萨斯大学召开的第一届企业伦理学（经济伦理学）讨论会，1980年成立了商业道德教育委员会（CEBE），报告了商业道德课程的指导方针。从那时起，美国商学院认证机构（AACSB）颁布法令，商业道德在某种形式上成为学校课程的一部分。此后，有关这方面的学术论文、著作纷纷问世，研究企业管理伦理的专业刊物也得到创办和出版。20世纪80年代后期至今是第三阶段。此阶段企业管理伦理研究从美国逐渐扩展到世界各地。学者们开始将伦理理论和哲学分析引入商业研究领域。1983年，Cressey和Moore发表了一篇具有里程碑意义的研究论文《管理价值观和企业道德规范》，这篇文章经常被商业伦理文献引用。商业的国际化和全球化进程中提出了许多有关商业行为准则的伦理问题。当今国际商业伦理的核心问题是：劳工标准、社会责任、环境保护、产品安全、金融廉洁等。

随着全球化进程的加快和大数据时代的到来，组织正从简单、稳定、竞争的形式转向复杂、动态、合作的形式。近年来企业管理出现了备受关注的变化：公司绩效的全新标准正在形成，这一标准整合了道德和财务两个维度。员工、客户、公众包括投资者都在使用伦理和经济两方面的标准来评价企业。企业伦理意味着组织需要不断努力研究道德信仰和道德行为，同时确保个人和组织行为符合道德标准。

（二）企业管理伦理强调领导道德

商业丑闻及其对组织、行业和员工的破坏性影响突出了道德领导力的重要性。道德领导力在塑造企业道德行为方面发挥着重要作用。道德领导行为有助于创建和加强道德文化，这种环境反映了领导者塑造的道德信息和价值观，并通过其他制度得到加强（EISENBEISS et al., 2015）。道德文化在塑造员工日常行为方面具有强大的作用，包括管理者的行为（SCHAUBROECK et al., 2012）。组织中任何级别的领导者，如果其行为被认为更符合道德规范，就会对员工与工作建立情感联系的程度产生更积极的影响。在过去 10 年中，有关道德领导力的文献迅速增多，尤其是在社会研究领域（KO et al., 2017；NG et al., 2015）。尽管如此，道德领导力产生理想绩效结果的影响机制仍有待进一步研究，道德领导力与员工幸福感之间的关系没有得到足够重视（KLUEMPER et al., 2013），此外，关于道德领导力影响团队绩效的作用机制的研究较少。因此，研究道德领导力如何以及通过何种机制同时影响团队绩效和工作幸福感就显得尤为重要。

有学者认为，美德伦理是商业伦理研究中的一个重要理论，对企业的成功和繁荣具有重要意义（FERRERO et al., 2014）。商业伦理研究寻求这种个人诚信能够导致企业成功的方法（KAPTEIN, 2010）。Kaptein 强调组织需要具有美德，这将激励道德行为。组织中表现出来的美德（例如，通过领导者富有同情心或勇于担当）可以自我强化，并在具有挑战性的情况下培养韧性（CAMERON et al., 2004）。这种美德可以成为组织的特征，进而影响整个组织。

企业管理伦理的一个重要部分就是领导者道德。强调领导者道德已成为当代企业管理伦理发展的一个重要走向。作为主要决策的制定者，领导者秉持的价值观对组织道德氛围的产生具有重要作用。道德氛围是指一个组织或组织成员对于"什么是正确的行为"的共同看法。道德氛围是组织政策、实践和领导的结果，并对组织成员的道德决策及其随后的工作态度和行为产生重大影响。道德领导力在形成团队或组织的伦理文化中起着重要作用。道德领导力倾向于将他们的价值观和隐含的信念嵌入工作层面，通过对关键事件的处理，传递特定的态度和价值观信息，对伦理文化有积极影响。不同的学者在阐述道德领导力影响组织伦理氛围的过程上稍有不同，但基本上都认为领导者有相当大的权力来创建和维护组织道德规范。道德领导力有助于团队成员就规范行为或不当行为建立共同理解。

（三）企业伦理氛围与企业伦理文化

在组织层面，伦理情境可以分为正式环境和非正式环境。正式环境包括所有被定义和编写的程序与政策，如伦理计划；非正式环境是指通过伦理文化和伦理氛围表现出来的隐性价值观、信仰和传统（FALKENBERG et al.，1995）。Victor 和 Cullen（1988）将"伦理氛围"定义为"决定工作中伦理行为的工作氛围"。之后不断有研究分析伦理氛围的前因和后果。企业伦理氛围的影响结果可以分为四类：工作态度、道德意图及行为、道德结果、工作绩效。关于伦理氛围影响结果的大量实证研究考察了伦理氛围与工作态度之间的关系，如组织承诺和工作满意度。道德意图是指个人如何处理他们所面临的道德问题，而道德行为是指个人的行为方式是否与一定的道德原则和规范相符。Pauly、Varcoe、Storch 和 Newton（2009）的研究考察了道德氛围对员工道德困境感知的影响，员工对道德氛围的感知越强，他们的道德苦恼的强度和频率就越低。Briggs、Jaramillo 和 Weeks（2012）基于社会认同理论发现，道德氛围通过减少孤独倾向（倾向于单独工作而不是与他人一起工作）来影响销售人员的工作绩效。Huhtala、Tolvanen、Mauno 和 Feldt（2015）对道德氛围的研究发现，组织道德文化的恶化导致承诺减少、离职率提高以及组织公民意识减弱。组织伦理文化被定义为一个工作环境的伦理品质，它由能够激发伦理行为的共同价值观、规范和信念组成（TREVIÑO et al.，2006）。组织伦理文化促进了组织美德，并为组织成员提供了共享价值观，将伦理行为方式植根于组织的道德文化中，指导组织成员的道德决策，防止不道德行为发生，并鼓励发现和纠正不当行为。Rivkin、Diestel 和 Schmidt（2014）的研究表明，领导力塑造了员工对组织文化的感知。以道德方式行事的领导者不仅会促进员工与工作建立情感联系，而且会对组织产生更积极的影响（Den

Hartog，2015）。此外，Fein、Tziner、Lusky 和 Palachy（2013）研究发现，强调遵守道德规范的道德氛围培养了管理者与其下属之间高质量的领导 - 下属交换关系。

一些学者认为伦理氛围与伦理文化密切相关但又不同（TREVIÑO et al.，2006）。一方面，伦理文化包含了组织如何防止不道德行为的发生和促进道德的经验、假设和期望。伦理氛围是伦理文化的产物，定义了组织成员对"什么是道德行为"的看法，与组织的氛围和条件有关，是文化和不同结果之间的中介（SCHEIN，2010）。另一方面，伦理文化可以被视为一个更深更广的结构，包括引导组织成员遵守伦理期望以及加强组织中伦理行为等因素，伦理文化在解释组织不道德行为方面具有更大的意义。

研究者对伦理文化的定义缺乏共识。Mayer（2014）总结了不同的概念和操作，他指出了评估组织伦理文化的三种主要方法：① Hunt、Wood 和 Chonko（1989）提出的企业道德价值观；② Treviño、Butterfield 和 McCabe（1998）提出的道德文化指数（ECI）；③ Kaptein（2008）提出的企业道德美德模型（CEV）。Hunt、Wood 和 Chonko（1989）将企业道德价值定义为"有助于建立和维持标准的价值观，这些标准描绘了要做'正确的'事情和'值得做的'事情"。他们对道德文化的测量包括集中于管理者的道德行为、员工认为他们必须妥协自己道德标准的程度，以及组织对不道德行为的制裁等。Treviño、Butterfield 和 McCabe（1998）认为，道德文化是组织文化的一个子集，它包括非正式制度和正式制度（如奖励制度和政策）。Kaptein（2008）发表了关于开发道德组织文化的多维测量工具的论文，企业道德美德模型（CEV）是以亚里士多德的美德伦理学为基础的。

美德伦理学是研究组织伦理文化 CEV 模型的基础，属于三种最常被引用的商业伦理理论之一，另外两种是义务伦理学和结果或目的伦理学（FERRERO et al.，2014；KAPTEIN et al.，1998）。美德伦理学的思想根源在于柏拉图和亚里士多德的著作。它主要关注代理人的意图、态度、素质、特征和处置——换句话说，重点是决策而不是行动（KAPTEIN，2008）。义务伦理学理论（如康德伦理学）关注行为的道德性和行为主体的行为，特别是指导行为的伦理原则是什么。结果或目的伦理学理论（如功利主义）主要关注主体行为的结果或目的。Kaptein（2008）总结说："美德伦理学主要关注代理人是谁，义务伦理学关注代理人做什么，结果或目的伦理学关注代理人做什么的后果。代理人可以是个人、团体或组织。"

Kaptein 等（1998）通过对不同组织进行 150 次访谈的定性分析，定义了能够促进伦理组织文化的 8 种美德。在这个定义的基础上，他提出了 3 种不同类型的组织困境，具有 7 种典型特征。基于该研究，Kaptein（2008）进一步发展了一个由 8 种美德组成的组织道德文化衡量标准。

企业道德美德模型中的第一种组织美德是清晰，它是指对员工行为的具体、全面和可理解的规范性期望和道德标准。商业环境中的道德问题可能是独特而具体的，不同于其他社会环境中必须解决的道德问题（CRANE et al.，2017）。因此，员工可能很难用道德直觉来区分工作场所的道德行为和不道德行为。根据 Kaptein 等（1998）的研究，当员工必须依赖自己的道德直觉而没有明确的组织道德准则时，就存在更高的不道德行为风险。类似的研究结果表明，道德期望的模糊性是组织中出现不道德行为的主要原因之一。不明确的规范性期望可能给借口留下空间，例如，员工可能故意让自己无知和不知情。因此，组织应该明确员工应该遵循的道德标准。

监督一致性与高级管理一致性是第二、三种组织美德，是指组织中高级管理者的道德榜样。除了指导员工行为的明确规范预期，领导者和监督者的行为是否符合这些预期也是至关重要的。领导者树立的榜样，是组织内部规范性的重要来源（SCHEIN，2010），如果领导者没有遵循组织中制定的准则，就会向员工发出不一致的信号。相反，如果领导者遵守规范的道德期望，员工遵守道德准则的意愿就会增强（KAPTEIN，2008）。员工的道德行为很多时候是由主管、经理或董事会成员展示的榜样所激励的（KAPTEIN et al.，1998），因为员工经常模仿其领导的行为，寻找适当行为的线索（BROWN et al.，2005）。因此，第二种和第三种美德，即监督一致性和高级管理一致性，是组织防止不道德行为发生和促进道德行为的重要因素。

第四种组织美德是可行性，它是指在多大程度上创造各种条件使组织成员能够遵循道德准则。如果组织成员没有足够的条件来完成他们的任务和目标责任，那么出现不道德行为的风险就会增加。Kaptein 等（1998）的研究表明，当员工没有适当或足够的设备、时间、预算、信息或权利履行职责时，就会出现不道德行为。根据 Treviño（1986）的研究，例如，那些花费大量时间在工作上的人，与那些有足够时间支配的人相比，更不可能关注他人的利益。此外，过高的目标刺激了不道德行为（SCHWEITZER et al., 2004）。因此，第四种美德要求组织成员的责任是可行性的，并且可以具体实践。

第五种组织美德是可支持性，即组织在员工之间创造支持和相互信任的程度，使他们能够满足规范的期望。许多学者认为，缺乏动力和不受欢迎的员工更容易表现出不道德行为（SCHWEITZER et al., 2004）。在支持性组织中，员工受到公平对待和认真对待，这为遵守组织的道德标准创造了良好的环境，从而降低了不道德行为出现的风险（KAPTEIN, 2008）。此外，鼓励员工认同组织价值观将增强员工遵循组织道德标准的内在动机。

第六种组织美德是透明度，是指组织中道德或不道德行为的可见性。如果员工看不到不道德行为的后果，他们就不能为自己的行为负责，因为组织没有给他们机会解释或纠正他们的行为。Kaptein 等（1998）认为，重视可见性或透明度的组织不仅会鼓励员工调整或纠正自己的行为，而且会鼓励员工调整或纠正其下属、主管或同事的行为。先前的研究表明，透明度在揭露不道德行为方面起着核心作用（MCCABE et al., 1996）。反馈也会影响道德决策、减小误解和不诚实的空间。组织的透明度美德被定义为"员工行为及其后果对同事、主管、下属的感知程度"（KAPTEIN, 2008）。在 Kaptein（2008）的 CEV 模型中，透明度分为两个部分：水平和垂直。第一个是水平部分，指员工在工作中观察到不道德行为及其行为后果的程度。第二个是垂直部分，涉及员工在多大程度上有机会观察到主管和经理中的不道德行为及其行为后果（自下而上），反之亦然（自上而下）。

第七种组织美德是讨论性，它涉及员工提出道德问题进行讨论的机会。在一个可讨论性或可辩论性水平较低的组织中，不鼓励或不接受批评，这可能导致不道德的行为（KAPTEIN et al., 1998）。当员工有机会交流、分析和讨论他们的经验时，这也将使他们能够从他人所面临的困境和所犯的错误中吸取教训。Bird 和 Waters（1989）提出"道德沉默"是指道德问题没有被公开讨论的情况，这会导致更大的道德压力和规范期望的道德权威的下降。在一个具有高度可讨论性的组织中，大家可以讨论道德困境和不道德行为。如果组织避免谈论道德问题就加强了不道德的组织文化。

第八种组织美德是神圣性，指不道德行为受到惩罚和道德行为得到奖励的程度。如果组织中容忍甚至鼓励不道德行为，这将导致不道德行为不会受到惩罚，甚至可能受到赞赏（KAPTEIN et al.，1998），从而破坏规范的有效性。制裁是一种重要的行为刺激和规范性的相关来源。如果员工希望任何不当行为受到惩罚，并且惩罚的严重程度超过了潜在回报，他们将避免不当行为。研究表明，道德行为得到的奖励越多，不道德行为就越少（ROMAN et al.，2005），不承认道德行为会降低道德行为的意愿，甚至可能导致不道德行为。

第二节　悖论领导行为研究述评

一、悖论及悖论理论

组织悖论概念产生于 20 世纪 70 年代末，在过去的 20 年中得到了发展，是对当代组织理论的批判和拓展。悖论被描述为组织固有的冲突需求或紧张关系，反映了组织运行的复杂性、多样性和模糊性（SMITH et al.，2011）。根据最广泛使用的定义，悖论是"同时存在，并随时间持续的相互矛盾但又相互关联的元素"（SMITH et al.，2011）。悖论具有三个核心特征，即矛盾性、关联性和持久性。矛盾性意味着构成悖论根源的元素（力量、逻辑或需求）的不相容、对立甚至相互排斥。关联性意味着相互矛盾的元素之间的相互依赖，因此两者都是必要的，并且相互定义，而持久性则为这种相互依赖增加了时间因素。只要这两种元素保持不变，悖论就存在。另一个重要的含义是，悖论不同于两难境地。相反，悖论代表了一种兼而有之的情况，在这种情况下，两个要素同时存在。

Lewis（2014）等通过整理近 20 年来国际顶级期刊发表的相关论文，发现悖论理论已经被广泛运用于解释组织、团队、个体等不同层次的问题。根据悖论理论，领导在解决问题时需要同时考虑对立成分，区分和整合矛盾元素，采取创新行动。Ingram 等（2016）的研究同样发现，创新型企业普遍重视组织悖论，将其作为创新的源泉。管理者必须努力创造条件，开发出一种协同解决方案来管理悖论，也可以扩大悖论的构建空间和时间。空间和时间的限制通常会激发出创造性的解决方案。扩大时间框架有助于管理者通过集中精力使短期目标与长期目标保持一致，从而优化矛盾的管理。

悖论包含了复杂性和模糊性，对立力量之间的冲突应该共存并加以协调，而不是作出有利于其中一个的决定。对于寻求稳定性和确定性的组织和个人来说，这大多是违反直觉的。根据悖论理论，组织和领导者应该采用悖论领导行为来管理紧张局势。Zhang 等（2015）提出了悖论领导行为的五个维度，分别是：实现"以自我为中心"与"以他人为中心"的统一；与下属保持一定的距离，同时保持一定的亲密度；统一对待下属又允许下属个性化；要执行工作要求，同时保持灵活；要保持决策控制权同时又授权。

悖论反映了相互矛盾但又相互关联的要素，孤立时看似合乎逻辑，同时出现时则显得荒谬和不合理。悖论在组织运作和发展过程中无处不在。悖论需要关注相互冲突的选择。例如，管理者既希望组织有灵活性和适应性，又希望组织有整合性和稳定性；既要提高组织绩效，又要满足员工幸福感。领导的艺术在于拥抱看似互不相容的力量，而不是在两者之间作出选择。部分领导者倾向于二分法思维，形成歧视性的态度和行为，并保持一种线性的"非此即彼"的取向。尽管组织普遍存在悖论，但管理者习惯寻求确定性和精确性的方案，这就与悖论思维背道而驰。此外，传统的企业文化大多强调诸如"作出艰难选择"、"确定优先事项"和"咬紧牙关"等理念，这就不利于悖论领导行为的培养。

管理存在内在矛盾，如灵活性与标准化、授权与控制。"兼而有之"的思维可以发现对立力量之间的关联，产生新的框架和思想。这个过程是由个体认知因素引导的，这些认知因素结合成新的想法或解决方案。激活与任务相关的认知元素数量越多，产生不寻常关联或解决方案的可能性就越高，可用的新想法池也就越大。悖论思维促进了不一致因素的认知并列，从而增强了不同因素相关知识的可获得性，多样化的知识允许更大的灵活性，并产生新的连接元素。

二、我国传统哲学与悖论理论

在我国，悖论体现在《道德经》中，即"万物负阴而抱阳，冲气以为和"，强调阴阳是相互依存、相互转化的。道家哲学认为，矛盾的成分既是对立的，又是互补的，每一个成分都包含着另一个成分的因素。自然界万物都包含阴阳，阴阳是相互对立、互利的。阴阳和谐观认为，每一件事物，无论是有形的还是无形的，都同时拥有阳（以一条不间断的线为标志）和阴（以一条断线为标志）两种元素。在本体论和认识论上，悖论思维类似于阴阳辩证本质和哲学本质（PUTNAM, et al., 2016），两者都是指事物的两个相互依存要素之间的持续矛盾，随着时间推移，这两个要素同时存在并协同发展。

悖论理论为组织管理提供了一个独特视角。悖论同时考虑了认知的复杂性和行为的灵活性。面对挑战，领导者需要用一种辩证的思维来综合平衡看似对立的力量。有效的管理通常会有意识地制造反对意见，并创造新的方案，在对立的碰撞中，可能会出现一种更优选择。悖论思维不是维持现状，而是通过一种多层次的、同时进行的、包含整体而不是部分的思维导向，创造全新的机会。有效的管理者需要面对矛盾的挑战，利用看似不相容的选项所包含的协同张力来优化问题的解决方案。

近年来，阴阳和谐认知已成为一种可行的元理论工具，用于解读管理和组织研究领域的一般原则，或为理解各种复杂现象奠定理论基础（REDDING, 2017; CHIN et al., 2018）。阴阳象征着万物中相互依存、共同进化的元素之间的永久矛盾互补性，在任何开放系统中都可以作为两个独立的变量或过程联系并发挥作用。阴阳和谐认知引导人们追求与竞争对手共生共存的发展关系，而不是对竞争对手采取有争议的立场。这与悖论理论是一致的，在悖论理论中，悖论对立面中的任何一个元素都不被赋予理论上的优先地位。阴阳和谐认知的三个规律：①和谐认知是指在特定的系统中协调矛盾的持续性过程，可以是物理的、抽象的或虚拟的；②在策略上倾向于使用非线性思维方式；③最终追求"暂时平衡但不断变化"以及"道德正确"的解决方案。阴阳和谐认知具有内在的跨学科性质，如上述三个规律所示，包含和谐、秩序和伦理主义；它全面解读了传统文化思想中上下级关系的持续互动。

阴阳和谐认知和悖论理论在战略认知上存在差异。正如 Chin 等（2018）所指出的，尽管由两个汉字组成的"阴阳"（Yīn—Yáng）一词与英语中的"悖论"（Paradox）在概念上相似，但由四个汉字组成的"阴阳和谐"（Yīn—Yáng Harmony）一词，暗指一种超越悖论含义的潜在假设，一种截然不同的假设，以"和谐认知"为导向，服从于集体的优先性和正确性。在某种程度上，它反映了儒家"宽容"、道家"包容"的美德。它并不等同于顺从，而是揭示了一种基于文化的心态，即通过在一个特殊的时间和空间环境中，充分利用系统内感知到的微妙甚至复杂的相互依赖关系，来解决相互竞争的需求，从而避免各种直接冲突。

Zhang 等（2015）在结合我国传统哲学与前人的研究基础上提出了悖论领导行为的概念。悖论领导行为就是领导者使用看似存在矛盾但又相互关联的行为去平衡组织的结构性需求和个体的个性化需求。Zhang 等认为，悖论领导行为是管理组织冲突的有效方法。它反映了一种"Both-And"战略，在该战略中，领导者寻求一个综合立场，协调所有利益相关者，实现所有人都能接受的平衡。悖论并不等于简单的、相互竞争的紧张关系。Smith 和 Lewis（2011）认为，随着环境变得更加全球化、动态化和竞争化，悖论思维可以激活更有成效的替代方案。权变理论和悖论理论不存在对立的关系，而是可以通过悖论领导行为进行综合。领导者必须运用悖论思维，以应对紧张局势，探索矛盾因素与竞争需求的联系。

三、悖论领导行为的概念和测量

Zhang 等（2015）在研究中阐述了悖论领导行为的概念并开发了悖论领导行为的测量量表，通过对我国的样本数据进行科学化的数据分析，验证了测量量表的有效性。该量表总计五个维度、22 个条目。本书使用的就是 Zhang 等（2015）编制的悖论式领导行为量表。

悖论领导行为有五个维度：一是统一和个性化。统一对待下属，也允许个人主义，使个人的优势得以发挥，同时培养一种氛围，使下属能够自信地作出贡献。二是以自我和他人为中心，即保持强烈的自我意识，同时对他人保持谦卑。三是决策控制和自主性，即领导者控制下属的行为和决策，同时赋予员工灵活自主的自由裁量权。四是在距离和亲近之间取得平衡。这种维持角色差异和人际关系的悖论有助于使员工认为他们的领导有魅力，有权作出艰难的决定。五是工作要求和灵活性。它涉及执行工作要求，同时也允许灵活性。这为有限的工作环境设定了规范和标准，这将有助于确保公平，并有助于确定角色职责，这是积极工作态度和行为的先决条件。

四、悖论领导行为的影响因素和影响效果

悖论领导行为是一种被学者提出的新兴的领导行为，目前学术界对其影

响因素和作用机制的研究尚处于起步阶段。

（一）悖论领导行为的影响因素

组织悖论的存在构成了悖论领导行为的客观基础。学者们将组织情境中的悖论分为四类：学习悖论、组织悖论、归属悖论和其他悖论（LÜSCHER et al., 2008；SMITH et al., 2011）。Zhang 等（2015）研究发现，整体思维和综合复杂性是悖论领导行为的前因变量。拥有认知复杂性、行为复杂性和情感复杂性等特质的个体更容易接受和使用悖论。

第一，学习悖论，随着组织系统的动态变化而产生。例如，探索和开发以及稳定性和变化。第二，组织悖论。例如，集权与分权和效率与灵活性之间的紧张关系。第三，归属悖论反映了个人和集体之间的紧张关系。前三类主要与组织内部悖论有关。第四，其它悖论包括在不同利益相关者的竞争目标和需求中表现出的悖论。例如，悖论可以跨越组织边界，在企业联盟中出现合作竞争悖论就属于这一类。

组织悖论的研究大致可以分为宏观和微观两个层面：前者包括竞争与合作，探索与利用，稳定与变革；后者包括学习与绩效，关注自我与他人等。随着组织形态的变化，组织中的矛盾因素变得更加突出和持久。组织的动态因素为悖论领导行为的形成提供了基础。动态因素使领导者能够对环境的变化作出反应，使组织成员能够更公开地接受悖论的张力。

（二）悖论领导行为的影响效果

总结现有文献，悖论领导行为结果变量主要集中在员工创造力和团队创新上。企业在非常复杂的环境中运营，这就导致存在许多相互矛盾的需求。企业要高效、创新和稳健，为市场提供功能性产品和服务，同时还要符合当地特色，以满足具有不同需求的多个利益相关者的要求。

在组织层面，现有文献主要讨论悖论领导行为与创新绩效、双元创新能力的关系。当今的商业环境比以往任何时候都更加充满活力，给领导者带来了更多挑战和机遇。领导者需要处理各种矛盾关系。Pearce 等（2019）围绕元悖论和更高层次的悖论进行定性研究发现，在处理个人和组织目标的悖论时，悖论领导行为最有效。通过更高层次的悖论领导力，管理者可以同时提升组织和个人绩效。在团队层面，罗瑾琏等（2017）以知识型团队为样本，发现悖论领导行为与团队创新之间存在显著的正相关关系；彭伟、马越（2018）通过社会网络理论视角探索了悖论式领导对团队创造力的影响机制。在个人层面，彭伟等（2020）研究发现悖论式领导通过团队外部网络影响员工创造力；李锡元等（2018）探讨了悖论式领导对员工建言行为的作用机制。此外，还有实证研究发现，悖论领导行为对下属的熟练行为、适应行为和积极行为都有正向影响。悖论领导行为能够促进员工的建言行为、创新行为和变革支持行为，并提高员工的工作满意度。

五、组织悖论

悖论是当代组织的一个显著特征，是领导和组织固有的一部分。悖论反映了组织固有的冲突需求或紧张关系，表明组织生活的复杂性、多样性和模糊性（SMITH et al., 2011；FAIRHURST et al., 2019）。悖论以各种形式存在，如观点、利益和实践等。悖论理论表明，当面对悖论时，领导者倾向于选择更熟悉的一面，从而提高了悖论另一面的防御机制。防御机制抑制了组织处理模糊性和冲突需求的能力。为了平衡这些防御机制，组织必须通过探索协调方案来管理紧张局势。这种管理方式被称为悖论管理，它可以有效地管理紧张局势，从而实现长期绩效。管理者需要整合备选方案，将矛盾的元素整合起来。只有当管理者具备应对潜在紧张关系的基本能力时，企业才会蓬勃发展。

组织重视以团队为基础的工作，就有必要拓展传统的领导模式。作为组织工作系统设计的一部分，团队成员被赋予更大的行为自由裁量权和决策控制权。团队通常从事不同的、相对完整的任务，团队成员拥有各种技能，并有权自主地决定如何和何时完成工作，以及由谁完成工作。通过权力、决策和责任的分散，组织找到了保持竞争力所必需的灵活性和快速反应能力。团队倾向于减少对传统权威人物的依赖，建立有效的影响过程，使团队能够取得积极的成果，通常需要非传统的领导方法，包括授权和分享。此外，日益增长的环境复杂性、业务状况的不确定性以及竞争压力的加剧，使得单一领导风格不切实际，需要整合多种领导行为，以解决组织存在的各种悖论。Lewis、Andriopoulos 和 Smith（2014）指出，悖论领导行为是一种同时满足多种需求的行为。例如，领导者有能力推动创新，同时发展好现有业务。悖论领导行为可以使领导者积极应对相互竞争的需求，根据情境变化调整策略，致力于促进合作。

第三节　团队绩效研究述评

一、团队与团队绩效

团队是由两个或两个以上的个体，通过技能互补、为了共同目标等而组合在一起的群体，他们动态地、适应性地、相互依赖地进行交互作用，有共同的目标，有特定的任务要执行。团队是个体为了共同实现某一或某些目标而采取相互协作方式组合在一起所构成的群体。Kozlowski 和 Ilgen（2006）将团队定义为两个或两个以上的个体，主要特征是：①社会互动；②拥有一个或多个共同目标；③聚在一起执行与组织相关的任务；④在工作流程、目标和结果方面表现出相互依赖性；⑤具有不同的角色和责任；⑥嵌入一个组织系统，与更广泛的背景有边界和联系。团队有很多种定义，所有这些定义中的一个共同点是两个或更多人围绕着某种确定的目的或目标开展互动。也就是说，团队一般都有共同的目标，并需要团队成员间相互协作共同完成任务。团队绩效被概念化为一个多层次的过程，是在团队成员参与个人和团队任务时产生的。团队合作嵌套在团队绩效中，是一组相互关联的认知、态度和行为。

学界对团队绩效的研究由来已久。Hackman（1983）认为，团队有效性是团队产出在数量、质量和时效性方面满足要求的程度。学者们倾向于将团队功能划分为输入因素（如任务类型、领导力和培训）、中介因素（如团队过程）和输出因素（如团队绩效、团队创新等）。Marks 等（2001）将团队过程定义为"成员相互依赖的行为，通过认知、言语和行动将输入转化为结果，从而组织工作以实现集体目标"。成功的团队过程结果就是高团队绩效。

对团队兴趣的日益增加与经济、战略和技术需求驱动的工作及组织变化有关。全球竞争的压力、在复杂多变的环境中整合商业模式的需要以及对持续创新的追求，是组织以团队作为基本架构的关键要素。团队成员以合作方式共同努力，通过区分角色和职能实现共同目标。密切的沟通和协调系统是实现组织有效性和竞争优势的关键。例如，在组织中，团队合作可以降低生产成本、改善产品质量、提高生产效率等。

在过去的 20 年中，工作绩效的研究受到了相当多的关注。绩效是指在完成一项任务时所从事的活动，有效性包括对该活动结果的评估。工作绩效是一个个体层面的变量，组织绩效是一个更高层次的变量。工作绩效是一个多方面的概念，包括角色内绩效和角色外绩效。角色内和角色外的表现可能由不同的前因决定，但它们的衡量标准是正相关的。角色内绩效也称为任务绩效。团队效能更多的是一个过程而不是一个最终状态。团队的组织要素和特征促成了这个过程，而这个过程最终会影响组织的有效性和生存能力。团队有效性是对团队绩效过程结果的评估，与一组标准相关。组织规则和环境条件可能会限制员工的角色内绩效。团队绩效是团队成员共同努力而产生的输出结果。有研究描述了高效团队的七个特征：共同的目标、明确的目标、心理安全、角色清晰、成熟的沟通、富有成效的冲突解决和负责任的相互依赖。一个组织应该利用团队的力量。员工是组织最重要的资产，团队提供了一个机会来挖掘每个员工的潜力。因为个体不可能是组织中每个职能的专家，一个团队可以提供多种才能和能力。

绩效评估过程受个人动机和社会环境的影响。个人倾向于将自己与其他相似的人进行比较。团队中的个体可以将其他成员作为评估自己绩效的参考点。如果个人是以成就为导向的，他应该对"与其他成员的社会比较"特别感兴趣，并有动机超越群体规范。强调竞争和个人成就会导致一种向上比较的趋势，即个人更关心展示自己的能力，而不是符合群体规范。生产力是评估不同类型小组工作有用性的一个共同标准。其他一些标准包括：提高团队士气和积极性，发展社交和技能的机会以及学习与不同团队成员合作的机会。

学者们出于不同的研究视角和研究目的，对团队绩效的概念划分也不尽相同，通常有广义绩效和狭义绩效之分。广义团队绩效一般指团队的整体有效性，而狭义团队绩效则仅仅包含广义绩效的一个维度，即团队任务绩效。团队任务绩效为团队取得的与任务相关的成果。团队绩效是团队活动的最终结果。Hackman（1983）将广义团队绩效定义为团队为了实现既定目标而产生的实际结果，其主要包含团队生产数量、团队对其成员的影响、团队工作能力的提升三个方面。Gladstein（1984）提出了衡量团队有效性的三个维度：团队绩效、团队成员满意度和团队生命力。这三个维度分别从团队完成工作的具体要求、团队成员的积极情感和团队成员一起不断持续工作的时间来进行评估。Cohen 和 Bailey（1997）从三个方面对团队有效性进行评估：团队绩效、团队成员的态度和团队成员的行为。

二、团队绩效的测量

团队绩效的测量方式主要有主观评估和客观测量两种。主观评估的测量方式以团队成员或者团队主管的主观自我评价为主；客观测量方式通过客观收集绩效数据来进行评价。在学术研究中，这两种方式都有应用，就应用效果而言，两种测量方式各有利弊。主观评估的测量方式往往会受到被测者主观因素的影响而出现失真，客观测量的方式对被测者的信息掌握提出了更高的要求，因为只有充分掌握各方面信息，才能对绩效作出客观准确的评价。团队效能是一个包含三个标准的三重结构：团队绩效、满意度和生存能力。第一个标准与团队的生产产出有关。这取决于团队是否能够达到或超过为其任务定义的绩效标准。第二个标准与团队成员对个人需求的满足或挫折的平衡程度有关。第三个标准——团队生存能力，是指团队成员共同完成后续任务的能力。

由于团队薪酬需要根据期望绩效的提高来确定，所以准确并公正地测量团队绩效变得非常重要。薪酬形式和分配方式经常是与人们所期望的结果相匹配的，许多团队薪酬计划就是为了用来获得与个人或组织薪酬体系相匹配的结果，所以通常人们也用相同的指标来测量。有研究发现：在同时从操作定义上（如产量的提高）和经济获益上（如经济效益）来测量绩效的公司中，员工的满意度要比单独使用一种测量方法的公司员工的满意度更高。这个结果可能对团队薪酬计划有一定的提示，无论是成本的节约还是团队的产量、合作性等，公司最终的目的就是要把团队绩效的测量与团队薪酬联系起来。

管理者必须清楚地知道哪些是能提高团队绩效的因素，以推动团队合作实现最大效能。在团队绩效的测量方式上，Cohen 和 Bailey（1997）将团队绩效分为团队任务绩效、团队成员情绪和团队存续期三个影响因素来测量；

MacBryde 和 Mendibil（2003）从四个方面对团队绩效进行划分：效果、效率、成长与学习和团队成员的满意度。

狭义团队绩效主要指团队任务绩效。团队任务绩效又包含团队工作完成中的数量、质量、效能和创新等方面的因素。本书从狭义团队绩效出发，主要考察团队任务绩效的完成情况，具体而言，主要探讨团队任务的数量、质量、效能和创新的完成状况。

三、团队绩效的影响因素

大多数关于团队绩效的实证研究是基于"输入—过程—输出"模型。其中输入包括团队成员的知识、能力、技能、薪酬、共同目标等；输出则包括团队成员的工作满意度、团队持续发展能力、工作幸福感等。在这个适用于所有团队结构（包括团队绩效）的总体逻辑中，确定了三个基本要素：①个体性格和背景影响的团队输入；②共同投入的集体过程；③配置团队投入和嵌入团队过程的团队结构。因此，这个总体框架提供了一个概念模型，以理解团队绩效是如何从团队组成、团队过程和团队结构的共同影响中产生的。

IPO 框架是一个充分发展的团队合作模式。IPO 框架为团队效能模型的开发提供了基础。IPO 框架推测输入因素对团队绩效等产出有间接影响。许多最具影响力的团队效能模型都遵循这种模式。输入因素反映了团队的生产力潜力。然而，生产力潜力并不等于效率。相反，潜在有效性和实际有效性之间的差异是团队过程的函数。Hackman（1983）认为，一个团队要取得成功，必须有明确的方向、有助于绩效的情境、良好的团队设计、明确的任务结构、核心团队规范、支持性的组织环境、专家指导和过程协助。团队的效能取决于团队成员的努力程度、他们可以用于完成任务的知识和技能以及正确的任务执行策略。此外，Salas 等（1992）指出，分配给团队的资源会影响效率。

Tannenbaum 等（1992）定义了团队的背景，强调了组织特征和结构。个人奖励可能会激发竞争，而团队奖励可能会带来合作，从而影响团队效能。Tannenbaum 等（1992）也将团队干预纳入过程（如团队培训和团队建设）。这些都可以改善目标设定，增强团队特征和人际关系，从而改善团队过程和团队绩效。团队绩效的反馈也会影响团队过程。团队的效能不仅仅来自个人的努力，团队中的人际动力、团队成员之间的信任和兼容性都是影响团队效能的因素。团队和个人因素构成了效能中的人的因素。在团队内部进行持续的评估和调整，并提供适当的反馈，对团队的效能至关重要。Gladstein（1984）提出了一个团队效能模型，该模型表明个体层面的输入因素，如团队组成和团队结构，可以通过团队过程影响团队效能。

Ilgen、Hollenbeck、Johnson 和 Jundt（2005）提出了 IMOI 框架，在这个框架中，过程被中介变量所取代，以反映更广泛的团队有效性因素。他们还提出利用团队效能的不同阶段来捕捉团队的发展：形成阶段（IM）、运作阶段（MO）和完成阶段（OI）。在形成阶段，使用情感变量（如信任和心理安全）和任务相关变量（如计划和共享心理模型）；在运作阶段，联结、适应新的动态情境，学习对方的观点和行为；在完成阶段，团队成员根据在团队中的工作经历发现影响团队绩效的因素。输入因素包括自我管理、参与、任务多样性、任务重要性和任务认同等。相互依赖包括目标相互依赖、任务相互依赖、反馈和奖励相互依赖。相互依赖的特点可能会增加工作的动机属性，因此可能与效能有关。

Tannenbaum、Beard 和 Salas（1992）提出了一个相对全面的团队效能模型，其中整合了六个团队过程：协调、沟通、冲突解决、决策、问题解决和边界跨越。McIntyre 和 Salas（1995）提出了几个描述基本团队行为的原则：绩效监控、反馈、闭环通信和备份行为。Dickinson 和 McIntyre（1997）将团队态度能力和团队技能整合到一个模型中，该模型由复杂网络中相互作用的团队过程组成：沟通、团队导向、团队领导、监控、反馈、后备行为和协调。Marks 等（2001）提出了一个团队合作过程，概述了 IPO 循环中的 10 个关键组成部分：任务分析、目标规范、战略制定和规划、目标进展监测、系统监测、团队监测和备份、协调、冲突管理、激励和信心影响管理。

团队效能取决于团队过程、团队成员活动、团队成员个人层面的期望和团队成员的行为。团队领导者可以为建立团队成员的信任作出重大贡献。

在团队投入和过程方面，以往围绕团队绩效的实证研究大多集中在团队氛围、团队构成和领导风格方面。有实证研究发现，相对于工作设计、团队构成、工作环境等影响因素，团队运行的过程因素与团队效能的关系最为显著。团队运行的过程因素由与团队成员共同心理特征有关的变量（如群体效能感、信任等）和与人际互动质量有关的变量（如沟通、合作、社会支持等）共同组成。团队成员共同心理特征有关的变量更多反映团队的心理氛围，而与人际互动质量有关的变量更多反映团队效能的社会心理环境。不同的领导风格会塑造不同的领导成员交换关系，进而影响团队绩效。

（一）团队认知

团队认知被看作团队过程和团队绩效的解释因素（SALAS et al., 2004）。在过去的几十年里，共享认知方法主导了团队认知的研究。共享认知对团队绩效至关重要。共享认知是团队绩效的关键驱动因素，尤其是在共享心智模型、团队情境意识和理解沟通作为团队层面信息处理的基本组成部分方面。尽管团队认知被定义为团队成员之间相互作用产生的团队层面现象，但以往对团队认知的研究主要集中在团队内部个体知识结构的共享性质上。为了使团队有效，团队成员必须共享不同类型的知识结构。

团队认知的概念首先用来解释团队如何有效互动。团队认知使成员能够准确地制定团队合作任务，以协作的方式调整个人活动和行为，从而提高团队合作效率。为了最大限度地提高某一知识结构在团队互动中被记忆和使用的可能性，团队成员必须尽可能多地分享与任务相关的信息。由于只关注团队内部共享的东西，而忽略了团队成员之间的互动，共享认知方法忽视了团队认知的涌现本质。当团队达成共识时，团队表现或团队认知会稳定在平衡状态，并反映在团队的行动中。团队认知是自组织系统中出现的一种现象，它说明了团队作为一个整体理解知识体系的方式，它是个体图式共同进化的动态过程的结果，因此不能归结为个体行为的总和。

有效团队运作的一个重要组成部分是各个成员之间的合作。因此，对于组织研究和人力资源实践而言，识别导致团队绩效差异的因素是一个重要主题。能够增强个人在团队环境中的合作倾向的因素是集体主义（GIBSON et al., 2007）。从广义上讲，集体主义代表了个体对群体目标的总体取向、对群体及其成员利益的关注、对群体规范的接受以及在群体环境中合作的倾向。由高集体主义的个体组成的团队中，成员之间互相给予更多的情感、信息和评价支持。

团队认知是团队基本功能的重要组成部分。没有良好的团队认知，团队成员将无法有效地共享知识和信息、协调彼此的活动、解决冲突或协商解决方案。基本任务的相互依赖性要求团队成员有效地合作，将认知需求引到个人层面之外（KLIMOSKI et al., 1994）。团队认知是指由团队成员共同持有的心理模型，使他们能够作为一个协调的单位来完成任务。心智模型的团队级整合起到精神模型的作用，这些模型作用在信息环境上，赋予它们形式和意义，为行动提供认知基础。例如，团队认知与获取、存储、操纵和使用信息的过程有关，目的是创造一个团队层面的智慧结果。团队认知有助于团队将成员的专业知识和技能作为综合资产进行管理，将任务分配给最有能力的人，协调他们的行动，使他们的行为适应项目的需求和其他成员的期望。基于其解释力，团队认知被认为是预测团队有效性的潜在变量。团队认知已经在不同的学科中以不同的方法和视角进行了研究，并从共享认知、元认知、团队心理模型、集体认知、交互记忆和共享心理模型等方面进行了描述。传统的团队认知观将团队描述为一个信息处理者，由一组信息处理者组成。共享心智和团队情境意识是影响团队认知的两个关键因素。

（二）凝聚力

影响团队绩效至关重要的变量是团队凝聚力。尽管对于凝聚力有多种定义，但它通常反映了由团队成员或团队任务驱动的某种形式的吸引力或纽带，从而使团队保持在一起（CASEY et al., 2009）。凝聚力已被广泛研究，并被视为团队有效性的关键贡献者，是团体研究中最重要的结构。除工作绩效之外，凝聚力还与许多其他重要结果相关，如成员满意度、团队生存能力、集体效能和组织公民行为等。团队成员的凝聚力越大，他们就越愿意为追求团队目标而努力。尽管团队合作参与度高的团队成员会被团队吸引，并希望留在团队中，但团队合作参与不仅是对成员的简单吸引，还包括积极的情感状态、对工作生产力的渴望，以及对任务的高度关注。基于任务的凝聚力代表了团队成员达到有价值目标的共同承诺，因为团队的成功是实现集体和个人目标的先决条件。团队的吸引力和基于任务凝聚力的存在可能导致个人更加专注于工作，并表现出更高水平的活力。同时，当团队参与并致力于工作时，其成员将更倾向于相互帮助。

自团队有效性的"输入—过程—输出"模型提出以来，过去几十年的研究为学者和实践者提供了多种有用的模型来理解团队和团队合作。输入变量主要有：个人特征、团队特征、任务特征和工作结构。团队特征包括团队文化、团队氛围和团队权力结构。个人的工作投入水平可以作为团队工作投入的一个输入变量，因为个人更倾向感受和表现出对工作的活力、奉献和专注。所有这些输入变量都可以被认为是团队工作投入的涌现，对团队成员互动方式产生更直接或间接的影响。团队导向是指在互动时考虑他人行为的倾向，以及对共同（团队）目标的重要性高于个体成员目标的信念。因此，团队成员越倾向团队，他们就越有可能在工作中投入精力，避免冲突性互动。

（三）团队过程

就任务特征而言，不同的任务可能需要不同程度的团队成员之间的相互依赖，这被认为是涌现状态的试金石。参与团队过程需要互动，团队成员互动越多，就越有可能形成共同的认知、情感和动机状态，例如团队工作投入。团队成员之间的互动程度与团队成员的情感反应有关。例如，Van Der Vegt 等（2001）的研究表明，个人层面的任务相关性和工作复杂性与个人工作满意度和团队满意度以及工作和团队承诺相关。工作结构也是重要的输入变量。工作结构与工作分配、团队的正式规范和非正式规范以及团队的沟通结构有关。工作结构定义了谁可以获得什么信息，什么时候以及哪些行为是适当的，这两个方面将决定团队成员互动的性质。

有效的团队并不是将成员的全部能力简单汇总，而是一个随着时间推移而发展的过程。许多关于合作和协作的研究都集中在"搭便车"上，在这种情况下，一些团队成员会随波逐流，而不是为团队产品作出贡献。社会心理学的研究已经集中了相当多的精力在确定消除不合作行为和诱导更多团队合作的因素上，例如，让贡献可见和成员负责。明确的沟通经常被用作促进或保持协调的手段。团队过程是一组连续的阶段：团队组建、任务编译、角色编译和团队编译。在团队组建阶段，个人聚集在一起，寻求关于彼此的信息以及团队的基本性质。在任务编译阶段，个体试图向彼此展示自己的任务能力，并将注意力集中在彼此需要的东西上。在角色编译阶段，团队成员开始相互联系，并确定他们的行为如何影响其他成员。成员们还注重满足他们的需求，以及他们必须做些什么来帮助他人。在最后阶段（团队编译），团队成员学习如何完善他们的角色网络，以及如何处理常规和规范的情况。考虑到团队在编译过程中的不同关注点，在特定阶段，一些因素被认为比其他因素更重要。

（四）领导力

团队领导能力是决定团队有效性的关键因素之一。团队复杂性是团队和团队领导面临的一个新挑战。团队成员需要整合个人行动，并与团队其他成员一起努力实现目标。团队绩效与领导力之间的关系会影响团队发展，与传统领导方式相比，新兴领导方式会随情境而动态变化，并强调协调需求。缺乏领导力的有力影响，团队成员难以认同团队目标。领导过程会影响团队的认知、动机和情感过程，也会影响团队成员的态度、信念和行为（MATHIEU et al., 2008；YUKL, 2012）。

领导力研究领域的一个争议是基于领导力应该被视为个人所扮演的角色还是社会影响过程。单一领导的传统观点认为，领导职能是一种特殊的角色，不能在损害团队效能的情况下共享。相比之下，人们越来越接受这样一种观点，即领导力不仅来源于自上而下过程中的外部个人，而且可以来自团队内部，但领导力一直是围绕领导及其下属的关系来构建的。研究人员呼吁，要全面理解领导力，需要进一步挖掘其对促进团队有效性的积极作用。

团队通常根据其有效性进行评估，但对于这两个术语的含义几乎没有解释。团队效能标准应包括任务和团队相关的结果。其他标准可以包括初始条件处理得如何，过程执行得如何，以及团队调整过程和从经验中学习得如何。

（五）多样性

一些理论和研究表明，人口统计学、工作价值观或职业特征等相关属性的多样性会影响团队成员之间的协作、沟通和凝聚力，进而影响团队过程和团队绩效（MILLIKEN et al., 1996）。相似吸引理论（BYRNE et al., 1971）表明，同质团队可能比多样化团队更有效，因为具有相似特征或背景的团队成员更有可能相互吸引，这种相互吸引可以产生更有成效的团队人际动力，如顺畅的协调和频繁的沟通。社会分类视角认为，差异被个体用作将自我和他人分类为不同群体的基础，分成了包含自己的内群体和多个外群体。这种社会分类过程反过来会导致个体更喜欢、更信任、更偏爱组内成员而不是组外成员，并导致组内和组外团队成员之间的冲突增加和交流减少（DITOMASO et al.，2007）。因此，具有相似特征的团队成员，相对于具有不同特征的团队成员，可能更容易被彼此吸引，也更容易相互协作，这意味着同质团队的工作绩效倾向于超越多元化团队（HARRISON et al.，2007）。

有研究表明，无论是高度工作相关特征上的多样性，还是较低工作相关属性上的多样性，都不能始终与团队过程和绩效联系在一起（SIMONS et al.，2000；WEBBER et al.，2001）。面对不一致的结果，研究人员已经开始寻找中介或调节变量（KEARNEY et al.，2009）。正如 Harrison 和 Klein（2007）所说，多样性的结构需要更详细的检查和完善，研究必须结合更细致的多样性方法。

Harrison 和 Klein（2007）提出了一套由分离、多样性和差异性"三件事"组成的多样性结构，这三件事在模式、操作和后果上都有所不同。分离作为团队多样性的一种类型，是指团队成员之间在立场或观点上的差异，代表着在团队和目标方向上涉及工作相关态度的分歧与反对。根据 Harrison 和 Klein（2007）的研究，在分离情况下，多样性效应是对称的。基于相似性和吸引力视角、社会认同和自我分类视角，研究人员将团队多样性概念化分离，假设更大的相似性会产生更高水平的合作、信任和整合。工作价值观的多样性可能会影响"成员之间的吸引力和尊重程度、沟通的便利性以及群体中公开冲突的程度"。Jehn 和 Mannix（2001）的研究也证明了工作价值观的多样性会导致紧张和冲突，从而导致团队内部的协调性较差。多样性是指"种类或类别的差异，主要是单位成员之间的信息、知识或经验的差异"（HARRISON et al.，2007）。团队多样性的概念化意味着，团队成员在技能水平、教育背景等多样性属性上存在质的差异。多样性可能使团队获得更广泛和更深入的信息，这些信息可用于改进规划和决策，并促进创新（HARRISON et al.，2007）。当团队成员在社会价值或期望资源（如权力、地位和声望）方面存在不平等时，就存在差异（HARRISON et al.，2007）。团队成员之间权利和地位的差异可能影响团队成员之间的互动沟通模式（KELTNE et al.，2003）。

（六）知识共享

知识共享是组织创造和利用知识的基本手段。组织中的知识共享带来了许多积极的结果，如降低生产成本、增强组织创新能力，以及提升销售收入。知识共享可能发生在不同的层面：个人层、团队层和组织层（LONG et al.，2000）。有研究表明，团队通过成员之间的知识共享来激发不同员工的才能、观点和想法，以提升团队绩效（BEAL et al.，2003）。

团队将不同背景和互补专业知识、技能和资源的个体聚集在一起，以执行对个体来说可能很难、很复杂的工作（MARKS，et al.，2001）。为了使团队更有效，成员们必须分享与执行和集体任务相关的各种知识、想法和经验。也就是说，团队成员之间的知识共享对团队绩效至关重要。

就工作团队中知识共享的具体行为而言，个体在工作团队中分享知识的行为主要有三种类型。第一种类型是供应，团队成员分享与任务相关的数据和信息。这种分享行为可以通过书面或口头交流发生，个体还可以向其他成员分享提高其工作效率的信息。第二种类型是社会化，团队成员通过在共同任务中提供帮助、建议和合作，分享他们的知识与专长（FARAJ et al.，2000）。通过向团队中的其他人提供建议，帮助其他团队成员解决问题，可以从专业知识交流中受益。第三种类型是外部化，即团队成员通过清晰地表达自己的知识和专长来实现知识共享。

研究表明，知识共享会促进团队绩效，因为它有利于开发团队共享心智模型和团队事务性记忆，有助于个体预测其他成员的需求和行动，从而协调他们的行为（KOZLOWSKI et al.，2006），能够与其他成员更好地协作配合。随着时间的推移，知识共享可以促进"集体直觉"的发展，使团队成员在执行任务和实现更高绩效时保持一致（MATHIEU et al.，2000）。知识共享可以帮助团队成员建立集体直觉和集体知识库，作为团队心理模型和交互记忆的一种形式，可以有效促进团队合作和提高绩效（KOZLOWSKI et al.，2006）。

第四节　下属默契研究述评

一、下属默契的概念与测量

"默契"二字引自宋朝苏舜钦所写的《处州照水堂记》，文中有一句"二君默契，遂亡异趣，是政之所起，故自有乎先后"。这句话中的"默契"指的是双方之间心灵相通，配合得很好，不经言传而心意暗相投合的状态。从语言学上来看，默契由"默"和"契"组成，"默"代表着沉默，"契"代表着契约，表明双方不通过言语来达到一致性和契合性。下属默契量表由 Zheng 等（2019）开发，共有 8 个条目。

我们往往用"上司与下属的默契"程度来描述东方情境下的上司与下属关系。"默契"反映了这样一种观点：人际交往和合作是建立在默契的基础上的，而不是由上司和下属之间说出来的。根据社会交换理论，组织会为"内部人"提供更多的资源或更好的报酬；而"外部人"则不能得到同样的待遇。当员工认为自己是"内部人"时，可以与组织建立心理契约。因此，由于员工比"外部人"得到更好的待遇，他们将自己定义为"内部人"。如果下属与上司有很高的"默契"，他们会更好地了解自己的领导真正想要什么，更好地实现合作。下属通常将领导视为组织的代表，进行额外角色行为的意图取决于他们是否将自己推断为群体的内部人。如果他们认为自己是上司真正的队友，他们就会主动做好工作，承担超出职责范围的责任来支持领导。内部人地位感知可以定义为员工对人际距离的感知，以及他们在多大程度上被群体接受为组织内部人。如果个体认为他们被组织接受，就愿意不遗余力地支持组织的发展。

默契由两个重要特征组成，包括理解隐性信息的能力和突出的协调能力。具体来说，拥有高默契的下属可以通过观察和分析领导的眼神、语调和肢体语言，从中读出无形信息。因此，了解领导的真实意图、期望和工作要求，有助于下属以适当和令人满意的方式完成任务。上司 – 下属匹配理论认为，下属和领导特征（如价值观、个性、工作要求和行为风格）之间的相容程度显著影响个人的认知和团队的结果（如组织公民行为）。默契反映了上司和下属在工作期望和工作要求上的一致性，让下属感觉到自己作为组织内部人与上司的紧密联系。具体来说，下属与领导默契的合作行为可能有助于他们被组织接受。在这种情况下，下属觉得他们符合组织要求，是集团的"内部人"，可以从领导那里获得更多的信息和其他利益。默契促进了团队合作，在工作中，上司和下属都会认可自己对组织的贡献，间接增强了团队意识。

二、下属默契的实证研究

下属默契的概念最近才被学者引入管理学研究，目前学界对其影响因素和作用机制的研究尚处于起步阶段。乔永胜、乔日升和陈丽红（2023）实证研究发现，组织支持感、下属默契与团队绩效显著正相关；乔永胜、乔日升（2023）基于路径目标理论和社会学习理论，采用多层结构方程模型进行统计分析，检验了悖论管理行为与下属默契在道德领导力和团队绩效之间的跨层中介效应。

团队工作过程是默契的潜在影响因素之一。团队工作是一种共享的、积极的、有成就感的、激励性的涌现。团队工作过程是一个具有情感和认知维度的多维结构，它包括团队活力、团队奉献和团队专注。团队活力代表高水平的精力，表示员工愿意在工作中投入精力，并在困难面前坚持不懈。例如，团队成员热情地鼓励士气低落的同事，并明确表示希望继续工作。团队奉献是一种对工作的高度参与以及热情、灵感、自豪感和价值感的表达，例如，团队成员相互之间以及对其他人（团队外部）谈论他们工作的重要性以及他们对工作的正面感受。团队专注是一种对工作的共同关注，团队成员在这种关注下将体会到脱离工作的困难，例如，团队成员在休息时谈论自己的工作、工作时不参与与工作无关的互动。这些因素都会促进团队默契的形成。

第五节　工作幸福感研究述评

一、工作幸福感的概念和测量

随着积极心理学和积极组织行为学的出现，幸福感的概念和相关研究被引入心理学和管理学领域。现有对工作幸福感的相关研究，主要集中在企业员工，目的是提高大众的心理健康水平。幸福感在经济学研究中，多为宏观经济或微观经济数据对幸福感的影响，比如，经济增长率对公民幸福感的影响。幸福指数、幸福感等指标不仅可以用来衡量居民的生活质量，也被企业借鉴来测度员工的工作和精神状态。工作幸福感是一种积极的情感和认知，能够激发员工的工作热情，提高其对组织的忠诚度和归属感，进而有利于组织绩效的提高。

近年来，工作幸福感的概念越来越多地被学者应用于学术研究。工作幸福感是指个体工作目标和潜能充分实现的心理感受及愉悦体验，是一个需要组织和个人持久努力和投资的动态过程。由幸福感的定义可知，该变量更侧重人们主观的内在感受，因此又称为主观幸福感。有学者将工作幸福感划分为四个维度：工作中的积极情感、工作中的消极情感、对于工作的整体满意度和对于工作不同领域的满意度。前两个维度可看作员工个人的情感评价，而后两个维度则涉及工作满意度。承诺和工作满意度是衡量工作幸福感的指标，因为它们经常被用于概念模型和实证研究。

二、工作幸福感的影响因素

工作幸福感受个人动机、工作性质、收入、人际关系、压力、组织支持等因素的影响。这些变量包括个体层面的变量，如人格特质（STRICKHOUSER et al., 2017）；任务相关变量，如时间压力和工作控制（DEMEROUTI et al., 2001）；以及工作环境的各个方面，如领导者行为（MONTANO et al., 2017）。了解这些因素是至关重要的，因为低水平的工作幸福感不仅会导致个人痛苦，而且对组织和整个社会都是代价高昂的。

回顾现有关于员工工作幸福感影响因素的研究文献，与工作幸福感的相关变量主要集中在个体层面，如个性（主观情感、自我取向、主动行为、自我效能感、工作价值观）、动机（利他主义）、认知（公平感知、心理契约、组织支持感、组织承诺、工作满意度）、工作特征（工作时间、工作安全、上下级关系、工作压力、工作待遇）、情绪状况（道德悖论、职业困境）、组织支持感、员工对人力资源实践的看法、有意义的工作和建言行为等。

在个体认知层面，由于工作幸福感维度包含工作满意度，所以个体认识更多体现为个人主观情感认知，因此其与同为积极情感认知变量的心理契约、组织支持感、公平感知等变量呈现明显的正相关，与消极情感认知变量的心理契约违背、离职倾向等呈现明显的负相关（曹曼等，2019）。

工作安全感和丰富程度直接影响员工对工作整体的满意度，已有研究证明工作安全感与工作幸福感相关，工作丰富度与工作幸福感呈正相关。工作负担、工作压力会诱发员工的消极情感，消极情感又是工作幸福感一个重要的维度，因而会与工作幸福感呈负相关。

与工作相关的幸福感和行为并不是孤立发生的，它们被嵌入一个更大的环境中，并受到组织内部条件和观点的影响，在某种程度上表现为组织氛围（KUENZI et al., 2009）。事实上，组织氛围已被证明与员工幸福感显著相关。近几年，工作幸福感在群体层面和组织层面的实证研究陆续增多，研究变量相对集中。群体层面变量特征主要集中在团队结构（团队自治、工作场所特征、弹性工作制、工作的潜在激励）和领导方式（变革型领导、真实型领导）等方面。

组织层面变量特征主要集中在组织结构，如工作设计、高参与管理、高绩效人力资源系统，人力资源管理制度，企业绩效、薪酬福利和组织文化等。就目前，随着工作和生存压力的逐步加大，工作－家庭平衡成为困扰多数职场人的一个严峻的现实问题。对部分企业而言，实行弹性工作制在制度和实施上并非不可行，却很少有企业具体落实这项政策，因为这更多涉及的是员工的利益，与企业正常运转并无直接关系。弹性工作制会显著提升员工的工作满意度，减少工作－家庭冲突。可以预见，弹性工作制的实施必然会提升员工对组织的认同感，也可以合理协调员工时间，使其全身心投入工作而产生更高的绩效。此外，团队自治、工作场所、工作潜在的激励等因素也被证实与工作幸福感呈显著正相关。

领导方式与工作幸福感的关系一直是该领域研究的一个热点。然而现有的两者间关系的实证研究结论表明，两者关系多受到其他中介或调节变量的影响。胡婧、李超平（2019）的研究表明，领导通过道德的认同影响下属工作幸福感。Lorinkova、Pearsall 和 Sims（2013）调查了授权和绩效的影响，研究发现领导者与员工分享决策权，可以提高绩效、工作满意度和幸福感。

组织层面的影响因素集中在组织结构方面，如高参与管理、高绩效工作系统、人力资源管理制度、薪酬福利、组织文化等，而企业绩效与工作幸福感之间或许存在其他中介或调节变量的影响。这表明企业应该想办法就员工关心的问题多进行有效的沟通，并建立长效沟通机制，让员工更多地参与企业管理和未来发展的决策。

目前对组织文化与工作幸福感的研究相对较少。多数企业组织文化的制定只顾及企业使命和对员工精神层面的控制，很少顾及员工个人需求以及工作－家庭冲突的协调。优秀的企业文化应该是多方面影响因素的集合体。

三、工作幸福感的影响效果

学者们发现工作幸福感与许多积极成果相关。Wright 和 Cropanzano（2000）证明了员工幸福感与工作绩效之间存在正相关关系。Robertson、Birch 和 Cooper（2012）也报告了类似的研究结果。工作幸福感可以有效保证员工和组织的目标实现。积极的情感可以拓展人们的智力资源、生理资源和社交资源，使组织目标更容易达到，从而使个人目标与组织目标完美结合。Van Der Vaart、Linde 和 Cockeran（2013）的研究表明，员工幸福感在领导心理契约和员工离职倾向之间起中介作用，提高员工的幸福感会促使组织健康水平的提高，这一点可以通过绩效和离职率来衡量。刘西真、赵慧军（2019）发现工作幸福感可以促进知识共享；施涛、曾令凤（2015）的研究表明，工作幸福感在组织学习与组织绩效之间起部分中介作用。

四、幸福悖论

对员工幸福感的关注最早出现在人力资源管理研究文献中。然而，在早期关注之后，员工幸福感并没有成为人力资源管理领域的中心研究议题，因为学者主要关注人力资源管理与绩效之间的联系，即通常被称为人力资源管理 – 绩效范式（BOSELIE, et al., 2005）。与高绩效工作相关的主要人力资源实践包括：培训和发展、激励性薪酬、选拔、员工参与和灵活的工作安排。与高绩效工作相关的组织成果包括：提高工作满意度、降低员工流动率、提高生产率、更好的决策、提高效率，以及更大的灵活性等。这些结果都有助于提高组织绩效，但这些结果中的每一项都可能对工作幸福感产生正面、负面或两者兼而有之的影响。

关于人力资源管理系统对员工心理健康或幸福感的影响出现了争论（GUEST, 2017；VOORDE et al., 2012）。一种观点认为，高绩效人力资源管理系统对员工工作幸福感有负面影响，揭示了二者之间的负面关联。另一种观点则认为，二者之间存在正相关关系。人力资源管理学者意识到，从伦理的角度来看，关注员工幸福感很重要，有实证研究表明，员工幸福感会对公司绩效产生积极影响。还有研究则证明了二者的影响关系是积极和消极后果的混合。这种相互矛盾的研究发现，被称为幸福悖论。

回顾现有关于工作幸福感的研究文献，一是从方法层面看，目前的研究在方法上较为单一，缺乏对员工幸福感在团队和组织层面的影响因素和作用机制的跨层研究；二是多数研究停留在工作幸福感于个人层面的影响效果上，变量的涉及面较小，特别是缺乏跨组织文化因素分析，不同的文化背景对工作幸福感的影响机制并不相同。这就要求研究者探索不同文化因素对工作幸福感的影响。

第三章　理论基础与研究假设

第一节　理论基础

一、社会学习理论

Bandura 等在 1963 年出版《社会学习与人格发展》一书，首次提出观察学习和替代强化的概念，用以解释间接学习现象。Bandura 也由此开始构建现代学习理论，成为该理论的创始人。1977 年他又出版《社会学习理论》一书，对现代学习理论及其研究成果进行了总结和梳理。社会学习理论强调观察学习的重要性，同时指出人之所以能够观察学习是因为其具备符号表征能力。以人、环境和行为的交互作用为基础，社会学习理论明确了人的认知调节在产生思想和行动过程中的重要作用。虽然 Bandura 肯定了个体的模仿行为受到自身意识的影响，但其更多地强调社会因素对人行为的影响。

社会学习理论（BANDURA，1977）是理解个体如何学习行为的理论，它为理解组织中个体的社会经验提供了坚实的理论基础。个体通过观察别人来了解"事情是怎么做的"。通过观察哪些行为获得奖励，哪些行为导致惩罚，个体可以迅速找出组织的规范，并随后模仿组织期望的行为。根据社会学习理论，个体内在动机不可能完全解释在不同情况下，针对不同的人，在不同的时间，不同的社会角色发生特定行为强度的显著差异。也就是说，个体差异不能解释所有观察到的行为变异。个体通过观察学习，模仿榜样获得更大的、更完整的行为单位，而不必通过单调的试验逐步建立行为模式。换言之，学习可以通过多种方式实现，包括通过试错积累经验，也包括通过观察获得大量的信息，然后转化为没有直接经验的行为。这些经验导致个体期望某些行动会产生有价值的效果，有些没有明显的结果，有些则会产生不良的后果。通过道德领导力的奖励、惩罚和强化来执行交换，可以培养领导者和下属之间的信任（BASS，1991）。除了这些工作经验，社会学习理论认为学习还可以通过角色扮演来实现。

Wood 和 Bandura（1989）进一步阐述了建模的动机过程。他们区分了习得和表现，因为学习不一定转化为行为。当学习产生有价值的结果，而不是惩罚或没有回报的结果时，学习就会导致行为强化。观察道德行为榜样的直接收益将影响观察者对该行为的再现。因此，当道德行为得到奖励时，观察者将获得一个抽象的概念，即道德行为将产生积极的结果，从而激发其对该类型行为的表现。建模的概念也超越了简单的模仿角色模型的行为（WOOD et al.，1989）。一旦抽象规则形成，观察者就可以提取规则以适应特定的情况。这些规则可以应用到新的情况中，因此，它可以产生一个新的行动方案，补充原来的行为。道德行为建模可以是有效和持久的，因为新的情况需要对特定环境特有的道德进行解释和应用。此外，由于模仿者希望他们的模型成功，伦理规则将留下更大的认知印记，从而指导他们未来的行为。基于这些思路，Brown 等（2005）认为，直接（奖惩）和间接（建模或观察）的学习原则可以应用于道德领导力。虽然领导力特质是领导力理论的一部分，但道德型领导者也表现出传达道德的行为。Brown 等（2005）将道德领导力定义为，通过个人行为和人际关系展示规范适当的行为，并通过双向沟通、强化和决策向追随者推广这种行为。

二、社会认知理论

Bandura 结合行为主义和社会学习理论，提出社会认知理论。社会认知理论在医疗、教育、决策管理、人力资源等多个领域得到广泛应用。该理论基于人的主体因素、行为和环境之间的互动解释人的行为，而此前的心理学家往往认为，人的行为要么受到环境的控制和影响，要么受到个人内部驱力和倾向的影响。20 世纪 80 年代中期，Bandura 正式提出强调人类功能的社会认知理论。以社会学习理论为基础，该理论重视人的信念对自身思想、感受和行为的影响。Bandura 指出个体的所思所想将对他们采取的行为产生重要影响，并进一步将个体的信念描绘成由五种基本能力组成的人类自我系统。这五种能力分别是：符号表征、预测、自我调节、自我反省、替代学习和亲历学习。社会认知理论的核心是个体的主观能动性，个体在受到环境因素影响的同时，反过来对环境产生影响。

社会认知理论把社会心理学和认知心理学结合起来。社会心理学是研究个人思想、情感或行为如何受到其他人影响的学科，简单地说，就是个体对他人的影响。认知心理学研究人类的心理过程，涵盖了记忆、知觉、问题解决、知识表征等多个研究领域。在知识表征中，个体拥有情境、事件、信念和经验的认知图式或心理模型，能够理解周围的世界。这些模式提供了一个框架，通过这个框架，个体可以进行推理、建立联系、定位新信息或重组现有信息。个体认知在群体环境中成为一种社会现象。当一组个体通过社会行为进行互动时，社会认知就产生了。个体认知框架的共享影响着个体认知的结构和内容，也影响着群体的认知理解。但是，共同认知不仅仅是各部分的总和，正如个体认知不是纯粹的个体内认知一样。这种共同认知产生于群体的互动、协商、讨论和群体成员的解释。每一个人都在社会情境中发挥作用，在某种程度上提示他们如何进行认知加工。社会认知来源于群体环境中的线索和信息，把一组个体认知图式放在一起形成的群体认知是不完整的，因为它不能解释群体运作的社会行为。要理解群体认知，就必须研究群体的社会过程。

在过去 20 年中，企业管理者面临着越来越大的利益相关者压力，他们不仅要为公司股东实现利润最大化，还要同时关注财务、环境和社会绩效。当面对利益相关者相互竞争的需求时，不同的管理者采用的认知框架不同，他们对这些矛盾紧张关系的战略反应就不同。认知框架是个人强加给信息环境以赋予其形式和意义的心理模板，会影响决策者对企业悖论的反应。具体来说，认知框架决定了战略决策过程中包含或排除哪些信息，这会影响决策者如何对知识进行分类和组织，从而指导行动。特别是在复杂和模糊的环境中，决策者通过认知框架来简化和解释信息环境。因此，认知框架会影响企业的可持续发展，因为它有助于决策者应对矛盾复杂的紧张局势。悖论认知框架并没有指导管理者使某一个绩效维度优先于另一个绩效维度。相反，悖论认知框架的决策者认为经济、环境和社会维度的绩效在战略决策中同样重要。

尽管利益相关者给企业提出了相互竞争的要求，但管理者需要看到经济、环境和社会维度之间的相互关联，以一致的方式整合多个利益相关者的关注点，同时推动经济、环境和社会共同进步。

根据社会认知理论（BANDURA，1986），个体的道德能动性是通过自我调节机制来实现的，道德推理由此转化为行为。也就是说，个体的道德标准是建立在社会学习理论的基础上的，道德标准有助于指导个人行为和阻止不一致的行为。为了发挥道德能动性，社会认知理论概述了自我调节过程发挥作用所需的三个过程（BANDURA et al.，1996）。首先，自我监控行为是控制行为的第一步；其次，对行为的判断需要发生在对行为进行内部标准评估的基础上；最后，这种判断会导致一种自我反应成分，在这种成分中会出现预期的结果（积极或消极的反应）。这三个过程依次组成一个自律系统，个体根据自己的内部标准来管理自己的行为。社会认知理论还表明，当个体从事符合其道德标准的行为时，这些行为会给他们带来满足感和自我价值感。当个体认为自己的行为与内在道德价值观不一致时，他们就会产生一种认知机制，以保持自己的道德意识完好无损（BANDURA et al.，1996）。

三、社会认同理论

社会认同是指个体基于社会因素评价他人为"我们"或"他们"的对身份认知的过程（即"小组内"和"小组外"）。根据社会认同理论，个人倾向于将自己和他人划分为几个社会群体类别。社会分类有两个功能，第一，它在认知上划分了社会环境，为个体提供了一个定义他人的方法，个体被赋予他们所属的类别特征；第二，社会分类使个体能够根据自己的社会环境来定义自己。社会认同理论建议个人努力于一个积极的自我概念，它包含了个体身份，包括特质特征（如身体特征、心理特征、能力等）和社会关系身份（如显著的群体分类）（ASHFORTH et al.，1989）。因此，社会认同是"与"或"归属于"某类群体的感知。自我分类有助于阐明社会身份与个体身份其他方面之间的差异，并解释自我分类是如何组织的，以及这种分类在心理上如何在特定的环境中发生作用。自我分类是一个去人格化的过程。在社会认同行动上，个体以群体成员身份来看待自己，倾向于认为团队成员彼此相似，不同于其他组的成员。此外，个人倾向于采用他所属群体的这些特征。社会认同是基于三个层次的认同（个体、个人－上司关系以及集体）。这些层次解释了个人如何将自己识别为个体，或作为个人——独特、有自主性，注重自尊和自我表达，个人成功来源于人际对目标、品质和绩效的比较。在关系层面，社会认同反映了个体对社会的认同程度、与他人关系的密切程度以及互惠义务，关注与个人相关的角色，例如，同事、上司和下属。在组织层面，个人将自己视为一个群体的成员，而不是作为独特的个人或人际关系伙伴。通过社会分类，群体成员以小组成员身份描述自己和他人（组内／组外）的关系，通过社会比较区别于其他群体，保持积极的自我形象，最终通过社会认同将组内成员相关信息与自身相关联。

团队认同是指团队成员对所在工作团队的同一性或归属感。根据社会认同的观点（ASHFORTH et al., 1989），个体的自我认同不仅来源于他独特的个人特征，也来源于他所属群体的集体属性。团队认同是一种团结的感觉，将成员结合在一起形成一个强大的心理和行为整合的实体（VEGT et al., 2005）。因此，当工作团队中的成员对团队产生强烈的依恋时，他们会将自我重新定义为"我们"而不是"我"。当存在强烈的团队认同感时，团队不仅是个人的集合，而且是一个团结的实体，共同行动并表现出帮助行为（ASHFORTH et al., 1989）。当一个团队成员认为团队的集体属性是显著的、中心的和持久的时，个体更喜欢将团队属性融入他的自我概念中，从而形成高水平的团队认同（ASHFORTH et al., 1989）。社会认同视角进一步表明，个体倾向于根据团队属性来定义自我，将团队目标归为自己的（ASHFORTH et al., 1989）。因此，当团队成员强烈认同所在团队时，会产生强大的个人动机，促使他们努力实现团队目标和绩效（ASHFORTH et al., 1989）。Carmeli 和 Shteigman（2010）研究发现团队认同有助于团队成员发展高水平的行为整合（例如，信息交换、协作行为、联合决策）。

先前关于团队多样性影响的理论讨论表明，团队中的成员更喜欢与相似而不是差异较大的人一起工作（BYRNE et al., 1971）。基于这一观点，当团队成员对自己的团队形成强烈的认同感，并与团队的持久特征密切相关时，他们可能会代表整体作出个人努力，例如，将团队的目标、兴趣和规范视为自己的，分享信息和专业知识，积极合作并达成一致（BEZRUKOVA et al., 2009）。团队的社会认同会影响团队合作以及与利他主义相关的态度和行为。

近年来，学者们开始将社会认同理论和社会交换理论进行整合来解释员工行为，因为这两个理论视角在很大程度上塑造了工作场所中员工的心理状态。与领导的社会交换过程会影响员工对领导的认同程度。换句话说，员工对领导的认同取决于他们从领导那里得到的待遇。

四、社会交换理论

社会交换是人类社会生活的基础。社会交换理论是理解职场行为的主流理论之一。社会交换理论起源于人类学、心理学和社会学。1958 年，著名社会心理学家 Homans 运用强化理论和经济学原理，把人际相互作用比作经济交易，提出了社会交换的思想。1959 年，Thibaut 和 Kelley 从心理学角度探讨社会交换的问题，在《群体社会心理学》等著作中，深入地分析了社会交换的心理学含义，提出了社会交换理论。随着时间的推移，许多其他理论家扩展了 Homans 最初的社会交换概念。建立在 Homans 方法的基础上，Blau（1964）在社会交换关系中引入了信任，缺乏信任可能会导致功能失调，如低承诺、低动力等。社会交换的影响力取决于每个人的社会互动以及每个人对关系的承诺水平。

社会交换理论经过 50 多年的发展，已经形成了一套庞杂的理论体系。在组织领域，社会交换理论的基本观点是，在组织与组织之间、组织和员工之间、领导和成员之间、组织成员之间，普遍存在工资报酬、产品、服务、信息等有形交换和支持、信任、情感、自尊、威望等无形交换，并且有形交换与无形交换之间存在交互作用。Blau（1964）是第一个区分社会交换和经济交换的人。Blau 认为，最基本和最关键的是社会交换需要不明确的义务，社会交换往往会产生感情义务、感激和信任，而纯粹的经济交换不会。在当代管理学文献中，社会交换理论吸引了大量的研究，用来解释员工组织关系、工作场所社会交换关系。Blau（1964）讨论了社会交换关系带来的一些好处，这些好处被认为是自愿、有益的行为，会带来回报的欲望。社会交换理论强调，随着时间的推移，人际关系会发展为信任、忠诚和相互的义务。

社会交换是两个或两个以上行动者的联合活动，社会交换理论的基本假设是个人参与社会互动，通过交换获得收益。社会交换中的隐性或显性任务是通过交换行为得到个体无法单独获得的行为或商品。换言之，参与社会交换的个人是出于对某种形式奖励的期望。从本质上讲，社会交换理论描述了一种社会结构或范式，通过这种社会结构或范式，基于他人行为的一系列相互依存的互动（交换）在实体之间产生了义务，进而产生高质量的社会关系（BLAU，1964；CROPANZANO et al.，2005）。个体不断地进行主观成本效益分析，决定是否愿意在某些关系中继续下去。社会交换理论的核心是互惠规范，这些有形和无形交换，都由互动过程所获得报酬和代价的交换得到解释。报酬包括物质性回报，以及能满足对方心理需求的语言或非语言活动等非物质性回报，例如，满意感、幸福感、声誉等。代价则是指对方不想蒙受的损失，例如，时间、金钱、精力、焦虑等。

社会交换理论以互惠规范为基础，进一步巩固了下属模仿和内化领导者行为的概念，如果员工感受到领导的赏识和公平对待，他不仅会对领导采取同样的行动，还会对同事采取同样的行动。

五、多层次理论

多层次理论关注的是理解组织结构和过程如何在不同层次（如个人和团队）中相互关联。Kozlowski 等（2012）认为，多层次理论解释了个人、团队和组织在不同层面的属性如何影响其他层面（KOZLOWSKI et al.，2012）。多层次理论的建立对组织学者提出了实质性的挑战，他们大部分接受了"微观思维"或"宏观思维"的培训，但没有"微观和宏观思维"，也就是说，没有多层次思维。缺乏多层次思维可能会导致一些错误解释，包括：①将理论水平错误地归因于一个结构；②忽略了背景的影响；③假设一个层次的调查结果适用于其他层次。通过采用多层次原则，在某种程度上填补了组织行为研究微观和宏观方法之间的空白。中观层面是介于微观层面和宏观层面之间的一般规则的中间领域。

领导力的涌现是个体在他人的认知中变得更有影响力的过程。领导力的涌现通过多个层面的动态互动产生。领导者可以在个人层面影响员工，也可以在团队层面影响团队绩效。在多层次研究中，团队的分析要素应该是个体行为。在团队中，成员的感知或行为在时间和空间上的相遇会形成一种社会互动，然后团队成员之间的互动会形成集体现象。对领导者的集体认同可以营造一种尊重和接受领导者的积极工作氛围。员工集体对领导者的高度认同表明团队具有相似的价值观和信念。

团队成员之间的互动方式受团队认知的影响。有学者提出了一种解决团队认知问题的方法，即团队认知系统。该方法将团队认知视为一种涌现在团队层面的状态。这种理论方法将团队中的信息处理描述为三个子系统之间的相互作用：选择、记忆和交流。一个团队选择一部分可用信息，并通过交流形成储存在团队长期记忆中的表征。团队成员使用个人图式来理解特定的知识，个人图式在塑造个人行为和解释其他团队成员的行为方面是必不可少的。

群体动力学的相关研究已经确定了影响团队功能的几个重要因素，如领导力、角色认知、集体效能和团队凝聚力等。事实上，这些因素通过共同作用产生积极的团队成果。例如，道德领导力（鼓舞人心、赢得下属尊重、激励下属、关心员工）可以提高下属对团队承诺、集体效能、信任和团队凝聚力的认知水平。研究发现，团队凝聚力、团队规范、集体效能和团队绩效之间存在正相关关系。

Torrente 等（2012）将团队工作投入定义为一种共享心理状态，团队工作投入也是一种涌现状态，是团队层面独有的，在个体层面找不到。团队工作是成员相互依赖的行为，通过认知、言语和行为活动将输入转化为结果，旨在完成组织任务以实现集体目标。涌现状态是团队的属性，本质上是动态的，并且随着团队环境、输入、过程和结果的变化而变化。涌现状态描述团队的认知、动机和情感状态。集体效能和凝聚力等概念都是涌现状态（KOZLOWSKI et al.，2013）。

团队工作投入源于个体的认知、情感、行为或其他特征，通过相互作用得到放大，并在更高层次上表现出来。它的结构取决于团队经验，即团队成员在团队过程中的互动。团队成员之间互动产生的作用力和价值受到认知、情感和外部因素的影响。团队工作投入的变化并不直接依赖于客观事件，而是依赖于这些客观事件给团队成员之间的互动带来的变化。涌现状态使团队工作投入的结构与个人层面的工作投入分离——它不依赖于工作资源，而主要依赖于团队输入、过程和输出复杂的相互作用，以及团队成员的互动。这种团队合作参与反映了人类系统固有的复杂性，并嵌入团队合作的实际模型中。

基于多层次理论，在建模过程中考虑三个效应：一是较低（个人）水平出现在较高（团队）水平上的变量；二是在不同水平上同源或平行的变量；三是高水平的调节变量对低水平结果变量的调节效应。

六、道本管理理论

道本管理理论是由齐善鸿梳理中国传统文化思想体系后提出的。齐善鸿等（2011）在《新管理哲学：道本管理》一书中将道本管理的概念内涵界定为，将人、文化、技术等置于客观规律之下的思考，主张以道作为管理基础，尊道爱人，破除管理强势控制的枷锁，激活人性神圣的力量，使管理从外部制约转化为以服务自律性成长为核心的道本管理模式。组织依靠不断增长的收入和利润而蓬勃发展，在实现这些主要目标的背后，是那些引导员工、采取对他们有影响的行动的领导者。领导者和成员之间应该有一种和谐的协同作用，这种协同作用提供了实现多种组织利益的手段。

道本管理就是基于以"道"为本的管理思想。首先，明确道的客观存在性。其次，明确人与道之间的从属关系，人承接于道，道是人的母体，人的本质属性自然是承接道的属性。简言之，人性即是道性。最后，人既然来自道，是道这一客观存在的一部分，人的主观自然不能脱离道而独立存在，并且要在遵循道的前提下，使自己的主观合于客观，进而在遵循道这一根本规律的前提下，去发挥自身的主观能动性，在实践中发现具体事物中的具体规律，并加以运用；同时，又会运用自身的主观能动性对实践的结果进行反思，看其是否符合根本规律。对偏离客观规律的实践行动进行修正、调整，使其不落入人的主观陷阱。

第二节　研究假设

一、直接效应研究假设

(一)道德领导力与团队绩效

道德领导力可以营造积极的工作氛围，促进下属对领导的信任、增强心理安全感，有助于激励下属参与决策，并表现出一系列角色内外行为。借鉴社会学习理论在团队层面发挥作用的原则，团队成员分享他们对领导者道德行为的看法，从而增强他们对道德效能的集体信念。团队道德效能是指团队在具有道德影响的情况下执行道德行为的能力的共同看法（HANNAH et al.，2010），它代表了团队成员对团队道德能力的信念，以及对团队执行道德行为能力的信心。已有研究证明，道德效能感与团队角色内外绩效呈正相关（HANNAH et al.，2010；OWENS et al.，2019）。路径目标理论认为，领导者的参与式管理行为具有激励作用，它可以提高下属的目标实现率，帮助下属明确实现目标的路径或突破实现目标的瓶颈。

研究发现，道德领导力能够为个人和组织带来广泛的有益结果。领导尊重下属，公平对待每个员工，培养下属的工作能力，帮助下属实现工作目标。已有研究关注道德领导力与高绩效之间的作用机制。例如，Walumbwa、Morrison 和 Christensen（2012）将团队责任感和团队建言作为中介变量，研究了道德领导力与团队绩效之间的关系；还有研究发现，领导 – 成员交换（LMX）、自我效能感和组织认同在道德领导力和绩效之间起中介作用；Piccolo 等（2010）提出，道德领导力通过任务重要性和努力程度影响工作绩效。然而，现有文献仍有需要完善的地方（ELSETOUHI et al.，2018），特别是在全面理解道德领导力促进绩效结果的详细过程上，尚缺乏多层次的实证研究（WALUMBWA et al.，2011）。

正如道德领导力理论所主张的那样，发展和维持领导与下属之间的交流与互动非常重要。这种交流与互动有助于领导者探索和识别团队成员的优势与潜力。团队绩效需要团队成员的协作，而协作依赖于团队成员解决意外问题和应对挑战的能力。由于关心员工利益，领导可以获得团队成员的集体信任，建立长期的合作关系。在这种情况下，领导通过真诚关心下属并提供指导帮助，将有助于增强团队对其完成任务的信心。领导鼓励下属互相帮助，引导他们更好地理解不断变化的环境，促进下属共同致力于团队目标的实现。这种共同承诺将有助于提高团队成员集体协作能力。根据社会交换理论，当下属认为领导者道德且公平时，他们会通过提升团队或组织绩效作为回报。由此，提出假设：

H1：道德领导力对团队绩效具有正向影响。

（二）道德领导力与悖论领导行为

尽管将道德领导力与悖论领导行为联系起来似乎有悖直觉，但学者们一致认为，有经验的领导者会根据他们所面临的情境来塑造领导风格。员工可能会感觉到同一个领导者表现出不同的路径目标领导行为，这些行为受到人格、环境、动机水平、文化、上下级关系等变量的影响。道德领导力的一个突出特征是授权。先前的研究表明，领导授权会带来许多有益的结果。然而，人们对它何时起作用、如何起作用却知之甚少。Sharma 和 Kirkman（2015）的研究指出，领导授权行为的研究在很大程度上强调了其积极的一面。事实上，领导授权并不一定产生积极效果，它取决于一系列边界条件。只有少数研究探讨了领导授权行为的边界条件，这些研究主要集中在背景变量上，如组织支持氛围和上下级关系质量，领导者自身的影响因素却很少被提及。事实上，领导者在管理实践中会表现出一系列行为，而不是单一类型的领导风格。领导可以同时表现出社会支持和社会破坏。因此，将道德领导力与悖论领导行为进行整合研究在理论上是很重要的。

管理是一个内在的包含紧张和矛盾的过程：管理的需求、目标、兴趣和观点会随着时间的推移而持续（SCHAD et al., 2016）。特别是在高工作压力下，这些紧张关系会变得更加突出。即使在相对平静的情况下，紧张关系仍然存在，个体难免在损害或抑制他人利益情况下实现自己的目标。领导者如何应对这些矛盾和紧张关系，将直接决定企业的走向。组织在识别和处理矛盾关系过程中会消耗大量资源，处理不当就会导致战略失败，引发不良后果，阻碍企业的长期发展。当管理者在动态和复杂的环境中面对矛盾需求时，一个有效的方法是超越表面冲突，创造性地建立联系。这就要求企业比以往任何时候都要更加充满活力，同时也给领导者带来了挑战和机遇。领导者以建设性方式处理突出的紧张和矛盾关系，可以促进团队学习和成长；如果以防御方式去处理矛盾问题，则会导致焦虑和停滞（MIRON-SPEKTOR et al., 2018）。领导者需要根据情境，建设性地运用悖论领导行为处理紧张局面，将相互竞争的需求和目标结合起来，破解管理悖论。由此，提出以下假设：

H2：道德领导力对悖论领导行为具有正向影响。

（三）悖论领导行为与团队绩效

组织作为一个复杂系统，充满了冲突和矛盾。根据悖论理论，这种矛盾的存在基于这样一个前提，即这些紧张关系代表了组织增长和繁荣的机会，而不是威胁（ZHANG et al., 2015）。尽管矛盾可能被视为"非此即彼"的挑战，但领导需要运用"兼而有之"的方法，利用每种方案的优势，支持相互矛盾的因素共存（PEARCE et al., 2019）。具有悖论思维的领导者能够接受和整合相互竞争的需求，将矛盾并置和整合，从而挖掘悖论创造性及潜力。"兼而有之"的思维方式，不需要以牺牲一个为代价来选择另一个，而是以包含对立元素的新想法来创造性地解决矛盾。悖论领导行为从权变理论的角度，突破了单一领导方式在情境时空上的局限性，发挥整合思维和矛盾思维的协同效应。对企业的定性研究发现，追求创新的组织往往将矛盾的紧张关系视为探索、试验和学习的机会（ANDRIOPOULOS et al., 2010）。

越来越多的员工在高压情况下工作。为了在日益复杂动态的环境中生存和发展，员工在工作中难免会遇到各种悖论。悖论领导行为将化解紧张局势作为决策过程的一个组成部分。基于社会认知理论，悖论领导行为能有效地处理紧张关系，从而营造支持性的工作氛围来提高团队绩效，特别是在高工作压力的情况下尤为有效。悖论领导行为能帮助员工处理紧张关系，提高团队合作默契度，使他们有足够的认知能力去解决困难。除了替代学习，悖论领导行为也可以创造一个有利于学习成功经验的环境，鼓励下属的自主性和灵活性，增强下属信心，并提出创新解决方案（LEWIS et al., 2014；ZHANG et al., 2015）。在管理过程中，发挥好悖论领导行为，可以提高员工的熟练程度、适应性和主动性，从而维持绩效的长期有效性。由此，提出以下假设：

H3：悖论领导行为对团队绩效具有正向影响。

（四）道德领导力与下属默契

社会信息处理理论认为，工作中的态度和行为是工作场所社会环境中可用信息的结果，影响个体感知、态度和行为的第一个因素是工作发生的社会环境。在道德领导实践过程中，领导者根据利他主义动机构建并展示伦理管理模式，鼓励员工以利他主义的态度开展工作，而不仅仅考虑个人目标。下属通过社会学习获得伦理动机，从而在领导和下属之间形成一致的价值观。如果领导者的行为符合道德要求，那么下属会将领导者的行为作为一个参照点。在这种环境中，团队成员遵守组织规范，得到领导的公平对待及团队其他成员的认可。Schminke、Arnaud 和 Taylor（2015）的研究证明，道德领导力可以加强团体道德行为，营造公平合作氛围，鼓励团队成员针对工作任务提出问题并探索替代方案，相互反馈建言，共同完成团队目标。在这种工作氛围中，员工反思自己的行为并互相交流专业知识，不断学习新的技能以配合团队其他成员，在信任和相互尊重的基础上建立密切的合作关系。这种积极互动的行为模式可以在团队层面形成更高层次的规范，最终形成团队默契，进而提升团队绩效。由此，提出以下假设：

H4：道德领导力对下属默契具有正向影响。

（五）道德领导力与工作幸福感

已有研究证明，领导风格和领导行为会影响员工的幸福感（RAHIMNIA et al., 2015）。道德型领导者拥有五大品质：尊重、服务、公正、诚实和利他（BEDI et al., 2016）。①尊重下属，领导通过倾听下属的心声、欣赏他们的贡献来尊重下属。②帮助员工，道德领导力理论强调了帮助他人的重要性（利他主义）。③领导公平、公正对待每一个人，没有偏见和歧视。④诚实，当领导者不诚实时，下属会对其所言所行失去信任，对他的尊敬度也会下降。⑤双向沟通，领导是影响他人实现共同目标的关键。道德领导力聚焦于实现一个集体目标。Xu、Loi 和 Ngo（2016）认为，领导的道德品质使员工工作更加热情。当团队领导者表现出高度的诚实，在工作中以正直的方式表现一系列道德行为时，团队成员会认为他们的领导者是值得信赖的榜样，通过观察和模仿道德榜样的行为，促进团队道德效能，这就会在团队中形成良好的伦理氛围，使员工在工作中感到幸福和满足。

根据资源守恒理论（HOBFOLL，1989），具体的工作资源，如情感支持，或角色澄清可以提升工作幸福感。道德型领导者伦理行为，明确员工角色定位，提供道德支持和指导，这为下属提供了更多资源，使他们能够更好地应对工作压力，从而提升工作幸福感。Hassan 等（2014）调查了 161 名公共管理人员和 415 名直接下属，发现道德领导力与期望的工作结果相关，如更低的缺勤率、更高的组织承诺和更高的工作幸福感。领导者通过展示适当的道德行为，考虑他人的尊严，对下属保持服务的态度，可以改善和加强他们与下属的关系，并通过这些行为促进员工的心理健康和增强其幸福感。领导力文献表明，当领导者提供工作激励并关注员工个人需求时，会增强员工对自身能力的信念，激发下属的工作热情、精力和承诺，从而带来额外的努力和更高的绩效，同时提升工作幸福感。当道德型领导者运用他们的价值观和信念优势时，会使员工获得更高水平的幸福感，进而对绩效产生积极影响。由此，提出以下假设：

H5：道德领导力对工作幸福感具有正向影响。

（六）悖论领导行为与工作幸福感

悖论领导行为的关键是，尽管领导设定了明确的工作要求和期望，但他们不会进行微观管理（ZHANG et al.，2015）。微观管理是不平衡的、破坏性的领导形式。微观管理会降低员工的自尊和学习意愿，扼杀下属的自信心和创造力（CLEARY et al.，2015）。Sharma 和 Jaiswal（2018）的研究表明，个体的认知框架会发生变化，这取决于团队中其他个体的认知框架和决策视野，特别是领导者和团队成员通过他们长期的密切互动来相互影响对方的认知框架。在悖论领导行为的作用下，员工能够更加充满信心来应对意想不到的挑战，增强应变能力。员工需要有工作弹性，以应对日益动态化的工作环境，这种环境要求员工对不断的挑战和冲击作出灵活反应（LEWIS et al.，2014）。

Zhang 等（2015）发现悖论领导行为与下属的适应性和主动性行为之间存

在关联。员工的适应性行为与"处理危机、工作压力、不确定性和紧急情况"有关，而主动性行为则是"个体采取自我导向的行动，以预测或启动工作系统或工作角色变化的程度"（GRIFFIN et al., 2007）。这些行为都能使员工在工作中更有弹性，让员工在工作中学习、成长和发展。悖论领导行为的一个维度是"统一对待下属，同时允许个性化"。已有研究表明，个性化关怀可以加强领导 – 成员交换关系。领导者对员工的个性化关怀，根据员工个人需要提供不同的资源支持，可以为员工发挥能力提供一个有利条件，使员工在工作中感到幸福。由此，提出以下假设：

H6：悖论领导行为对员工工作幸福感具有正向影响。

（七）下属默契与团队绩效

组织越来越依赖团队来执行重要的活动和流程（MATHIEU et al., 2017）。下属与领导的默契是激励团队合作和创新的重要因素。下属与领导之间良好的默契，不仅有利于建立更密切的关系，还能激发认同感和工作动机。在默契氛围下，团队成员将更愿意表现出无私行为，承担更多责任，如知识共享、互动交流。知识共享作为一种利他行为，是无形资本积累和创造的引擎。有效的知识共享不仅能加强团队成员之间的关系，而且为团队创新和变革创造更多机会，间接促进了团队绩效的提升。默契一定程度上反映了团队高质量的合作关系。任何一个成员都不可能只靠自己完成团队目标，必须与其他队友协作来共同完成。当下属默契度较低时，他们难以集中精力完成任务，这将浪费大量时间和精力。默契度较低的团队成员即使高度投入工作中，也难以和其他成员形成合力。

团队协作是影响团队工作效率的重要因素。团队绩效是一种源于个体的行为，被个体间的相互作用放大，表现为一种高层次的集体现象。虽然员工背景、知识、技能等多样性具备提升团队绩效的潜力，但这种潜力的实现并不能完全保证（KNIPPENBERG et al., 2007）。"心照不宣"的合作默契无疑使团队效率更高，进而提升团队绩效。由此，提出以下假设：

H7：下属默契对团队绩效具有正向影响。

（八）下属默契与工作幸福感

默契的形成是一个动态的、累积的过程，涉及个体成员之间针对共同目标的互动。默契一定程度上反映了团队成员之间存在的协调、合作、支持和共识的水平，同时也反映了员工对工作的投入程度。工作投入被不少研究证实是连接个体特征情境因素和工作绩效的完美纽带（CRAWFORD et al.，2010），而工作投入与高绩效和高幸福感有关（BAKKER et al.，2012）。工作资源（促进目标实现和促进个人成长、学习和发展的资源）和个人资源（员工对其工作环境的个人信念）是工作投入的主要驱动力。能够获得高水平工作资源（如自主性、任务多样性、授权）和拥有个人资源（如自我效能感、乐观主义）的员工更容易在工作中找到意义，更愿意对自己的工作成果负责。这些关键的心理状态满足了员工对自主性、能力和归属感的基本需求（DECI et al.，2008）。默契的合作关系可以满足员工的基本心理需求，进而使其主动投入工作，对工作绩效和幸福感的提升产生积极影响。由此，提出以下假设：

H8：下属默契对工作幸福感具有正向影响。

二、中介效应研究假设

（九）道德领导力、悖论领导行为与团队绩效

悖论理论认为，个体在处理工作问题中的方式存在差异。这一点与领导权变理论的观点一致，领导的有效性取决于领导行为是否符合追随者的特征和环境。团队合作是一个包含矛盾紧张关系的过程。实现团队高效合作，要同时利用好发散思维和趋同思维，处理好相互矛盾但又相互关联的目标（MIRON-SPEKTOR et al.，2015），并在认知上具有灵活性和持久性，这就需要领导者的管理方式具有创造性。

根据社会学习理论，当领导者建设性地处理动态复杂环境中固有的矛盾而表现出悖论领导行为时，他们会给下属一个观察、理解并模仿的机会，这就有助于实现更好的工作绩效（SHAO et al.，2019）。具体来说，道德领导力通过"以自我为中心"与"以他人为中心"相结合的悖论领导思维，维护员工个性和独特身份，从而消除"群体内"和"群体外"意识，提高团队协调

性。悖论领导行为强调与下属分享权利，在团队内部营造积极氛围，同时保持领导的核心影响力。悖论领导行为"允许员工灵活完成工作"和"保持对下属的决策控制"的维度，意味着领导者对下属在工作过程中的行为和决策具有开放性的控制。道德领导力主动了解下属工作中的困难和需求，通过提供额外的支持和指导，赋予员工承担责任、改进团队过程的机会，使员工感到被组织重视和信任，提高员工的内部认同感和工作满意度。悖论领导行为"保持距离与亲密"的维度，使领导在解决工作问题时有效地处理了层级距离与人际关系的悖论，保持了层级差异，形成了密切的人际关系，进而有利于保持高水平的团队关系交流，最终促进团队协作。悖论思维能增强个体容忍不同观点的意愿和能力，并通过产生新的联系来整合这些不同观点，使其对世界的态度更灵活、开放和多维，能够容忍他人动机、行为的不一致。根据社会学习理论中替代学习的概念，领导者通过角色塑造来改变追随者的行为结果。员工观察领导者的行为，理解不同的行为线索，并最终将其落实在自己的行为中。基于这一论点，领导者可以通过角色建模来增强下属的角色内外行为。员工模仿领导者的悖论领导行为，学会对工作挑战持开放态度，并建设性地处理矛盾关系，更好地理解工作环境中出现的新需求，进而提高工作绩效。

综上所述，道德领导力通过悖论领导行为在发挥团队合作作用方面有很多优点，如能根据不同成员特点进行针对性指导，将不同专业、不同背景的成员聚集在一起，促进团队成员之间的沟通、分享、交流与合作，并增强团队合作默契。此外，通过营造默契氛围，激发成员的主观能动性和创造性，使团队在激烈的竞争环境中更具反应性、整合性、适应性和创新性，从而提高团队绩效。由此，提出以下假设：

H9：道德领导力通过悖论领导行为对团队绩效具有正向影响。

（十）道德领导力、悖论领导行为与工作幸福感

组织的多重悖论可能会导致焦虑、不确定性和模糊性，影响工作幸福感。道德领导力通过悖论领导行为可以更好地应对矛盾的紧张局势，激活创造性的解决方案。

"以自我为中心"与"以他人为中心"相结合的悖论领导思维使领导者

能够尊重下属，并将下属视为有价值的人。领导的行为会影响员工对领导的认知和反应（DULEBOHN et al., 2012）。当这种良性循环随着时间的推移而持续进行时，有助于发展高质量的上下级关系，其特点是相互信任、尊重和明确规定的义务。尊重他人对于高质量的领导 – 成员关系非常重要。当下属感受到上级的支持和肯定时，他们会感激上级，这有助于在下属和上级之间建立一种更舒适的人际信任关系，从而建立一种高质量的上下级关系，在团队中营造和谐的工作氛围。这种信任关系及和谐氛围是影响员工幸福感的重要因素。

Zhang 等（2015）认为，悖论领导行为的关键是，尽管领导设定了明确的工作要求和期望，但他们不会进行微观管理。微观管理是不平衡、破坏性的领导方式，会打击下属的自尊和学习意愿，扼杀下属的自信和创造力。有研究发现，悖论领导行为会正向影响员工的适应性和主动性行为。在悖论领导行为的作用下，员工在工作中更有弹性，更有信心应对意想不到的挑战，有更强的应变能力，更大学习、成长和发展的空间。这些结果都能提升工作满意度。

Lewis 等（2014）认为，当领导者试图只强调工作的一方面（如工作绩效、控制、传统）来解决矛盾的紧张关系时，他们无意中会忽视对另一方面的要求（如幸福感、自由、变革）。采用悖论领导行为可以处理矛盾的紧张关系，激活创造性的解决方案。具体来说，悖论领导行为强调"统一对待下属，同时允许个性化"。个性化关怀可以增强领导 – 成员交换关系。根据不同员工的需求提供针对性的指导帮助，从而为员工发挥能力提供一个有利环境，让员工在团队中感到"有价值"。悖论领导行为能够营造一个鼓励自主性和灵活性的工作氛围，支持员工尝试创新解决方案，使员工观察、理解、反思团队的工作方法，增强员工内在动机，这就促进了员工的主动性和创造性，进而提升工作幸福感。由此，提出以下假设：

H10：道德领导力通过悖论领导行为对工作幸福感具有正向影响。

（十一）道德领导力、下属默契与团队绩效

社会学习是道德领导力影响下属的一个重要机制。社会学习模式有助于解释道德型领导者如何影响员工的工作表现。下属与领导有更多的默契，互动默契的形成是一个互相学习的动态过程。社会学习理论认为，个体通过模仿他们尊重和信任的人来塑造自己的行为。公平公正是道德领导力的一个关键特征（BROWN et al., 2005），道德领导力通过营造积极公平公正的工作环境来促进团队成员互相交流学习。根据社会认同理论，当团队成员感到领导者满足他们的基本需求（如归属感）时，他们会认同领导者。这就会对工作动机和行为产生重大影响（SLUSS et al. 2007）。领导者认同会促使员工将领导者的价值观和行为规范内化为自己工作的一部分，努力达到领导者的期望，并以有利于领导者的方式行事。组织内公平公正的待遇会使员工在相互信任和尊重的基础上建立密切的合作关系，形成团队默契，提升团队效率。

如果默契程度停留在一个较低的水平，下属和领导之间的失败互动可能导致员工产生分歧和抵制情绪。在这种情况下，下属可能对工作持消极态度，不太愿意献身于角色内和角色外的贡献（如知识共享）。默契程度高的下属对领导的期望更具合作性和感知力，并在职责之外学习更多，帮助同事，表现出更多的组织公民行为。过去的文献已经证实，建立密切关系可以增强员工的归属感和分享知识的意愿。低质量关系以严格的劳动合同为基础，高质量关系基于信任、尊重。道德领导力影响着组织中的人际关系以及其他组织成果，对员工工作投入也有积极影响。但是，如果默契程度维持在较低的水平，下属可能无法准确、充分地理解领导的隐性信息和期望，无法圆满完成任务。

高效的协作可以促进团队中信息、知识、资源、思想的流动，使员工获得更多的异质知识，提高员工知识的广度和深度，促进员工的合作默契。在这种工作氛围中，员工反思自己的行为并互相交流专业知识，不断学习新的技能以配合团队其他成员，提升团队工作效率。这种积极互动的行为模式可以在团队层面形成更高层次规范，最终形成团队默契，提升团队绩效。在道德领导力的影响下，员工感到平等与尊重，共同遵守团队规范，相互模仿学习，不断提升工作技能，主动为实现团队目标付出更多努力。个人层面的态度和行为会聚合并反映到集体层面，这些积极结果会聚集在一起，最终影响团队绩效。由此，提出以下假设：

H11：道德领导力通过下属默契对团队绩效具有正向影响。

（十二）道德领导力、下属默契与工作幸福感

社会认同理论形成了组织认同的基础，组织认同是群体认同的一种特殊形式。学者们将社会认同定义为一个人属于不同社会群体的概念，对于这个概念，成员身份对个人具有情感或价值意义。这意味着个体在群体间的语境中，将自己与他人的关系概念化。这种群体间的语境包括将社会群体划分为"群体内"和"群体外"，这是通过原型来定义的。总体而言，群体认同遵循两个相互关联的核心过程：自我分类和去人格化。从本质上讲，自我分类描述了一个人在认知上把自己和他人分为群体内和群体外的过程。因此，自我分类通过强调群体的原型（如共同的道德价值观），扩大了群体内成员和群体外成员之间的差异。此外，去人格化与自我范畴化密切相关。去人格化描述了同化群体原型对个体的影响。本质上，随着个体通过适应原型融入群体，个体不再被视为独特，而是集体的一部分。因此，在去人格化的过程之后，无论集体做了什么或经历了什么，个体都会认为是关于自我的。自我分类和去人格化的过程都是建立在清晰而独特的群体原型的基础上的。群体原型描述了一组特定的属性，这些属性代表了一个群体与众不同的行为和态度，这使它区别于其他群体。也就是说，群体原型可以采取特定的行为、语言、外表或价值观的形式，这些通常由所有团队成员表达和分享。

道德领导力的利他主义、群体导向、诚实、公平等品质以及在集体中分享道德价值观可以强化组织认同相关的群体原型。当团队成员在领导的影响下具有一致的组织认同时，会积极配合领导，表现出一致的认知和行为方式，进而形成合作默契。通过与领导建立默契，一方面，下属可以获得更多无形的信息和帮助，在工作中合理配置资源，实现合作效率最大化；另一方面，良好的默契反映了下属与领导之间的匹配程度，默契程度越高，下属对领导工作期望和任务的理解、工作目标的一致性就越高，于是产生更强的心理安全感和愉悦感，进而提升工作满意度，增强对组织的情感承诺。Den Hartog（2015）的研究表明，道德型领导者在团队中提倡利他主义，可以增强下属承诺和动机，使团队成员彼此获得更多的感知支持和尊重，进而提升人际信任水平、工作满意度和幸福感。

此外，道德领导者作为"道德管理者"，制定团队工作标准和规范，下属

努力模仿领导的行为，遵守团队道德规范，得到领导的公平对待及团队其他成员的认可。在良好的沟通、信任、共享、协作基础上，领导和下属可以塑造高质量的合作关系，进而提升工作绩效和幸福感。由此，提出以下假设：

H12：道德领导力通过下属默契对工作幸福感具有正向影响。

为直观起见，概念模型如图3.1所示。

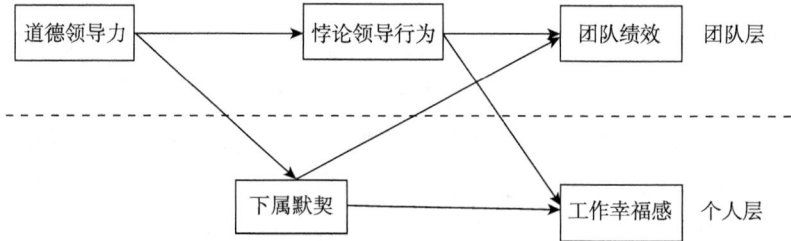

图 3.1　概念模型

第四章 道德领导力影响团队绩效 及幸福感的案例研究

第三章在文献回顾的基础上，从理论层面提出了道德领导力影响团队绩效的假设模型。本章利用案例研究的方法，遵循案例研究的一般准则和程序，选择一个有较高伦理特征的企业进行深入研究，归纳研究道德领导力对团队绩效及工作幸福感的作用机制，并根据研究结果对第三章提出的理论模型进行验证和完善。

第一节 研究方法与案例背景

一、研究方法

学者们通常认为，定性分析是探索性研究的首选方法，可以揭示对研究不足现象的新理解（CORBINET et al., 2008），特别是对那些主题相对较新且重点依赖于案例发现的课题（SHEEP et al., 2017）。案例研究是组织管理学研究的基本方法之一，有助于对特定情境下动态现象的理解。案例研究一般包括单案例研究和多案例研究。其中，单案例设计比较适用于以下三种状况：①批判性案例，目的是挑战或验证现有的理论；②特殊性案例，案例本身具有独特之处，值得作个别探讨，以建立新的理论模式或增强旧理论的类推能力；③补充性案例，先前研究由于某些因素未能观察到一些重要现象，现在可以加以观察，以补充过去研究的不足。

在选择案例研究方法时，主要考虑研究主题以及研究数据的可用性。选择案例研究法主要有三个原因。第一，当以领导力的互动性和情境性作为研究道德领导力的基本视角时，案例研究提供了一个理解和描述问题的背景，并以案例作为具体说明，这种方法包括在自然环境中对团队进行广泛和长期的观察；第二，研究问题本质上是探索性的，需要研究者获得深入的情境理解，从而为研究问题提供答案；第三，由于现象的复杂性，所选择的研究方法能够使研究过程中对现象的理解增强，并支持归纳理论建构逻辑的选择。案例研究特别适合于需要详细了解社会或组织过程的研究问题，可以收集丰富的数据。

在收集任何数据之前，所有案例研究都应该有一个清晰的设计，这些设计应该涵盖主要问题或命题、分析单位、数据和命题之间的联系以及解释数据的程序。在案例研究时，需要明确案例研究是探索性的、解释性的还是描述性的，这将有助于确定研究问题的重点。探索性案例研究可以在确定研究问题之前进行实地调查和数据收集，解释性案例适合进行因果关系研究，而描述性案例研究则是理论驱动的。

案例研究必须根据其理论方向来定义。在组织研究的背景下，理论在案例研究中的三种用途：①作为设计和数据收集的初始指南；②作为数据收集和分析迭代过程的一部分；③作为研究的最终结果。在讨论研究的最终成果时，案例的结果可能是概念框架、命题。案例研究非常适合于深入探讨问题，并跟随线索进入新的领域或进行新的理论构建，所以一开始的理论框架可能与一直延续到最后的理论框架不同。

二、案例选择

一般来说，案例选择的标准要符合最大变异抽样原则、同质性抽样原则、关键案例抽样原则等。所谓最大变异抽样原则是指案例企业在关键构念上要有足够大的差别。同质性抽样原则是指案例企业在非关键构念上最好保持一致性，以便更为准确地确定关键构念之间的关系。关键案例抽样原则是指案例研究的样本一定要在关键构念上有足够强的代表性和特殊性，并且可以实现逻辑上的取证和推理。Eisenhardt（1989）将这些案例的选择标准汇总成两个原则，即研究聚焦原则和极化类型原则，聚焦原则表现为案例企业必须在研究问题上具有足够的代表性，极化类型原则要求企业之间要有对立，特别是核心构念、构念间的关系要有本质区别。有目的抽样是非随机抽样，该类抽样采用选择信息丰富的案例（PATTON，1990），用于选择符合规定标准的代表性样本，能够深入理解现象的案例，确保抽样范围内特定类别的案例在研究的最终样本中得到体现。案例样本需要符合既定的标准（CRESWELL，2003；PATTON，1990），标准抽样着眼于符合某些"预先确定的重要标准"或"有特定经历"的案例（PATTON，1990）。以理论为基础、可操作的结构抽样是一种标准抽样，用于试图检验现象以支持现有理论的研究。

案例选择的标准应该是具体的。要作出的一个关键决定是，研究是基于单个案例还是基于多个案例。本书采用了单案例研究，之所以选用单案例研究，主要是因为本案例具有特殊性，所选调研企业具有道德领导力和高绩效团队的显著特征，值得深入研究。单案例抓住了情境的内在要素，同时推进理论阐述。单案例研究可以进行深度分析，为重点和密集的数据收集提供了机会。在数据分析时结合验证性和探索性的研究方法，可以发展独到的见解、拓展现有理论。Patton 指出，如果单一案例呈现了独特的情况，例如，经历了团队成功或失败的典型组织，那么它是合适的。单案例研究可以用来证实或质疑一个理论，或者代表一个独特或极端的案例。单案例研究在试点研究或探索性研究中非常有用，它是后来更全面研究的基础。从单案例中可以得到很多普遍性的结论。因此，收集有关个案的数据，以及对个案进行透彻的解释和分析，都是有益的。

（一）目标案例企业的筛选过程

首先，笔者通过对企业的相关网络新闻报道、官网介绍、档案资料等进行详细分析，初步拟定 3 个目标案例企业；其次，在这 3 个企业中各随机抽取 3 个不同类型的团队进行试验性访谈，通过访谈数据编码分析，识别领导者特征、团队绩效、悖论管理、工作幸福感等关键信息；最后，依据案例选择标准、分析试验性访谈数据、关键词匹配程度及专家建议，确定目标案例企业。

（二）目标案例企业和团队的选择标准及依据

鉴于研究对象须满足道德领导力、高团队绩效、高员工幸福感特征所需的情境及个体步骤，制定如下步骤：①综合不同视角列举关键识别信息；

②查询文献资料确定核心概念及基础理论，根据研究对象的情境特质完善核心概念；③依据基础理论制定筛选标准。目标案例企业及其团队的选择标准和依据见表4.1。

表4.1　目标案例企业及其团队的选择标准和依据

序号	视角	基本信息	理论基础	标准制定
1	企业	企业特征	较适宜的企业伦理氛围可以积极影响员工的幸福感和工作绩效	具有包容开放的企业管理氛围，关注员工的个人发展和幸福感
2	团队	团队架构	扁平化、交叉式的团队架构，能增强员工的主动性和责任感	团队结构无边界化程度高，具有较强的灵活性和动态适应性
3	任务	工作特征	高授权、高参与的管理氛围能促进员工积极地配合其他成员，共同致力于团队目标实现	工作任务强调自主创新，具有较高的灵活性
4	团队领导	团队管理风格	道德型领导者鼓励包容、支持不同意见，营造积极建言、互相进步的学习型工作氛围	包容开放、相互学习、配合默契的团队工作氛围
5	团队成员	成员个体特征	员工具有较高的个人发展需求，如果员工的基本需求得到满足，他们就倾向于具有更高水平的绩效、健康和幸福感	具有较强的自我管理及团队合作能力，能充分与其他成员形成合力

资料来源：本书作者整理所得。

根据以上标准，确定目标案例企业：某工程咨询有限公司。某工程咨询有限公司成立于2001年，是全国工程造价咨询中介服务类企业造价咨询收入百强企业，公司先后在北京、天津、重庆等10多个省份设立分公司或办事处，参与了一大批国家、省、市重点建设项目的咨询服务，先后被中国建设工程造价管理协会评为"先进单位会员"；被××省精神文明建设委员会办公室评为"省级管理文明先进单位"。

在案例企业选定之后，研究侧重于理解道德领导力如何影响团队绩效及工作幸福感。该过程由以下问题指导：现象的核心是什么（核心现象），是什么影响或导致了这种现象的发生（因果条件），过程中采用了什么策略（策略），以及产生了什么影响（后果）。一般来说，案例研究和扎根理论方法有利于使用多样化的数据源，这些数据源为研究人员理解复杂现象提供了信息支持。

三、案例研究过程

案例研究的科学性，很大程度上来自案例研究过程的科学性。所以在进行案例研究之前，必须进行严谨的研究设计。清晰的研究结构可以让研究主题更加聚焦，也能够让核心理论框架清晰浮现。本书案例研究过程主要包括资料收集与初步分析、案例资料编码分析、理论模型呈现和形成结论等步骤。

（一）资料收集原则

在单案例研究的资料收集过程中，采用以下几个原则：①多重对象资料收集原则，即由一群人提供资料，而不是一个人。不仅将企业高管作为资料收集对象，还综合选择了企业中层、基层等不同层面的对象作为资料收集对象。②理论抽样原则，即资料收集要以理论为引导，在与资料收集对象互动时，以概念性问题为引导，收集不同的资料以求证概念性问题。③长期性原则，从2018年开始，每年都会就研究主题对案例企业进行若干轮的资料收集。

（二）资料收集方法

笔者对案例企业进行跟踪访谈，每次访谈设置"二、四、八"访谈目标，即访谈"两个"高管，"四个"团队领导，"八个"团队成员。根据情境进行多次半结构化访谈，每次访谈都需要保证访谈对象的一致性。如果无法面谈，则可以通过发送电子邮件或电话沟通的方式持续交流，直至对方回答所有的问题。半结构化访谈平均访谈时间为 1.5 小时，采用一人主问、两人辅助的形式。访谈结束后在 24 小时内将收集到的数据转化成质性文本资料。

研究遵循了案例研究方法的基本步骤和研究原则（CRESWELL, 2003），同时借鉴了国内学者在研究类似问题时所采用的案例研究方法。案例研究的数据收集需要在自然环境中进行。笔者为了进行研究采用了多种数据收集方法来提高研究的有效性，具体方法如：深度访谈、焦点小组访谈、问卷调查、个人评估以及文件资料收集等。笔者主要通过以下几种方法收集数据。

1. 深度访谈

笔者对团队领导者、团队成员以及团队上级领导进行一对一深度访谈。

访谈对象包括从高层管理人员到职能部门的工作人员，捕捉了所有组织层面的共同要素，共访谈 35 人。Creswell 建议每次访谈持续 60～90 分钟，因为访谈时间太长会让受访者感到疲惫，这个时间长度是为了给受访者足够的时间充分表达他们的观点，同时也尊重他们的时间安排。因此笔者与受访者的访谈时间平均每次约为 76 分钟。在每次访谈中，笔者都表现出同理心和理解力，以增强收集资料的可信度。每次访谈过程中，笔者采用多种方式记录信息。

在每次访谈开始之前，受访者会被告知与个体身份有关的信息都会保密。此外，每名受访者在访谈前都会阅读并签署一份知情同意书。采用半结构化开放式访谈探讨研究主题。在访谈过程中，笔者并没有完全局限于访谈提纲中所涉及的问题，而是根据受访者的回答及时对访谈问题进行调整。访谈由两人共同完成，其中一名成员负责记录，另一名成员进行提问。访谈信息在当天进行整理，对于有不清楚的地方，及时通过电话或者 E-mail 与受访者取得联系，进一步核实相关信息。访谈提纲应尽量简短，以避免主题混乱。因此，一对一深度访谈提纲围绕五个主题进行：①团队领导者有哪些特质？②团队发展过程中遇到过哪些困难？领导是如何带领团队克服这些困难的？③团队内部存在哪些矛盾？如何处理这些矛盾？④在实现高绩效的过程中能体验到工作幸福感吗？⑤哪些团队行为对工作幸福感的影响最为关键？半结构化深度访谈结束后，对每名受访对象发放包括涉及团队绩效、工作幸福感等概念的调查问卷。

2. 焦点小组访谈

除了半结构化的深度访谈，在案例研究中，焦点小组访谈也是一种有效的信息收集方式。在进行焦点小组访谈时，笔者主要通过开放式问题来收集信息，问题主要包括：①团队所取得的工作绩效；②团队领导在取得绩效中所发挥的作用；③描述对直接领导的看法；④描述团队领导者的领导行为；⑤哪些领导行为对绩效的影响最为关键。所有受访者都发表了自己的看法，详细记录了访谈内容。笔者与研究对象、研究者与参与者之间的互动越密集、越开放，研究结果就越可信。

3. 资料研究

现有文献或文本分析也是定性数据的主要来源之一。文字材料包括团队过程描述、团队会议记录、自我评估笔记、团队协议和书面行为规则等。为了解案例企业发生的真实事件，笔者从公司档案室、网络和期刊上，收集与调研公司相关的信息资料以及发生的重要事件。这些资料包括领导者的发言稿、会议记录、工作简报、宣传信息、媒体报道材料等，以及一些其他档案资料，例如，信件、传记、日记、提案、组织结构图、预算、各种报告、议程、备忘录、信件、录像带、剪报等。在定性研究中，档案数据被用作补充数据，以证实访谈或观察数据的真实性，以便深入了解组织结构及其运作方式。调研企业提供了全部相关档案资料，这些珍贵的内部文本极大地丰富了案例研究的质性资料库。

4. 备忘录

备忘录是定性研究的重要数据来源，因为备忘录也是为研究目的而写的。备忘录是一个关键步骤，它提供了一个"在数据和数据、数据和代码、代码和类别、类别和概念之间进行比较的地方，以及对这些比较进行推测"。备忘录是笔者的田野笔记，记录了笔者在收集和反思过程中所听到的、看到的、经历的和思考的事物。笔者很容易沉迷于数据收集过程，可能无法思考正在发生的事情。Miles 和 Huberman（1994）强调，备忘录（或实地笔记）可以与数据关联起来，帮助研究人员从经验数据转移到概念层面，进一步细化和扩展代码，开发关键类别并显示它们之间的关系，以形成对案例中事件、过程和交互作用更综合的理解。

最终笔者基于半结构化访谈、书面和电子文件、非参与性观察以及问卷收集的信息构建案例研究的数据资料库。

（三）案例研究的信度和效度

案例研究的关键问题在于确定研究信度与效度。可以采用一系列关键技术来保证案例研究的信度和效度。

1. 确保研究信度的关键技术

案例研究的信度是指研究过程的可靠性。如果案例研究过程是可见的、可重复的，那么案例研究的信度就高。如果案例研究过程不可见、不可重复，那么案例研究的信度就低。为确保研究的信度，严格遵循"质性资料分析"的方法和程序。

（1）资料收集与质性资料的形成：笔者采用半结构化访谈，收集档案、会议记录、报刊等内部文本资料的方法收集案例企业的资料。

（2）资料简化：根据研究问题对质性资料进行简化。具体而言，笔者通过编码处理质性研究资料，其过程可以划分为：在关键词下画线、重抄关键词、简化词组并形成丛集、简化丛集并贴标签（即主旨或主题编码）。

（3）资料展示与呈现：资料展示与呈现有很多种方法，主要有两种：第一种是"关键事件图与时间线"的方法，即以时间发展为顺序，笔者将案例企业的关键事件描绘到一张图中；第二种是"因果逻辑图"的方法，因果逻辑图主要是构建主题编码之间的逻辑关系，笔者将主题编码之间的关系展示在一个图形中，从抽象性、推理性的角度把案例资料整合起来。

（4）结果引出与验证：这个步骤包括两个部分：第一是建立一条逻辑链，以清晰地描述领导力—团队绩效作用机制，并基于逻辑链构建理论；第二是进行验证，主要通过"三角测量"的方式。

2. 确保研究效度的关键技术

笔者主要通过以下多个关键技术来保证案例研究的概念效度、内部效度和外部效度。

（1）概念效度。笔者为了让概念得到准确衡量，采取集中有效的方法来执行，包括多重证据来源、量化编码、魔鬼辩护人等。第一，保证多重数据来源的三角测量，让各种来源的证据能够相互验证；第二，量化编码，包括对质性资料的一级编码、概念表述的归类以及理论结构编码等步骤。具体而言，采用两组编码者独立编码的方法，通过预编码、圆桌会议、正式编码等方式来进行；第三，实施魔鬼辩护人的方法。

（2）内部效度。笔者对于内部效度，主要参考两类技术：第一类是通过持续性调整，即建模循环和校对循环，保证理论、数据和主题紧密结合；第二类是通过跟踪性研究，采用时间序列组织证据，推论变量间在时间上的因果关系。

（3）外部效度。笔者通过 MBA、EMBA 课堂和各种企业培训的机会，报告本书研究结果，并针对案例企业进行深度讨论；与此同时走访多家企业，同企业管理层分享和讨论研究结果以确保外部效度。

（四）数据分析与编码

1. 数据分析

在数据分析之前，笔者首先通过理论探索初步构建一个概念框架，构建概念框架的目的是事先确定哪些变量在研究中是重要的，这些变量之间存在的什么样关系比较有意义，进而为数据分析提供依据。具体来说，本书理论框架中比较重要的概念包括：道德领导力、悖论领导行为、下属默契、团队绩效、工作幸福感等。数据分析框架如图 4.1 所示。

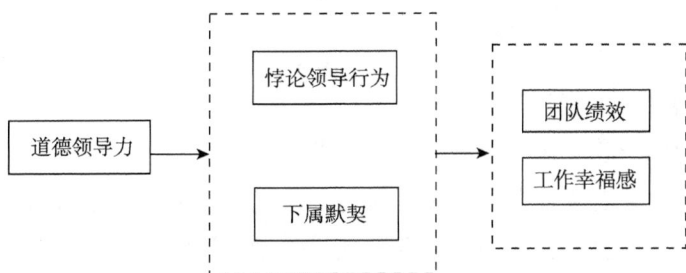

图 4.1 数据分析框架

为了提高理论效度，笔者使用 Miles 和 Huberman（1984）建议的三角测量法，从多个信息来源分析数据，即数据要有多重信息来源进行相互补充和交叉验证。数据收集综合采用多种方法进行，主要包括半结构化访谈、书面和电子文件收集、非参与性观察以及问卷调查等。案例分析主要有以下几个步骤：收集资料并建立文本、整理资料解析发展编码类别、重组归类数据提出相关主题、构建理论框架提出研究假设、挖掘理论深层结构等。

笔者利用归纳式的编码方法来进行初步的资料分析，主要有六个步骤：第一步，在质性资料中寻找和研究主题相关的关键词，并用画线、描红等方式标注出来；第二步，把质性资料中的关键词抄到一起，方便进一步研究；第三步，把相同关键词归为一个丛集，以专有名词命名这个丛集；第四步，对第三步的丛集贴标签，并进行主旨编码；第五步，概括丛集和丛集之间的关系；第六步，根据命题总结理论，产生新的理论。

2. 资料呈现

笔者在对收集数据进行分析的基础上，需要对案例的资料进行逻辑分析，清晰地呈现出案例到底发生了什么，以及这些事件是如何发生的。案例研究首先需要将复杂的事情简单化，故而能简明地知晓事情的来龙去脉以及为什么会发生这些变化。

一般来说，案例资料呈现有两种方式，即理论验证方式和理论构建方式。理论验证方式是通过案例资料来检验一个现有的理论，理论构建方式则是通过案例资料来构建一个新的理论。理论可以划分为两类：隐性理论和显性理论。所谓隐性理论是指对概念的内涵与外延进行界定和阐述的理论，例如，探讨组织发展过程中所蕴含的价值观、行为习惯、偏见等问题；所谓显性理论是指一组概念的结构。案例资料呈现就要兼顾并有所侧重地展现两类理论。

案例资料呈现过程可分为三个阶段：第一个阶段是简化文本资料，将访谈资料等收集到的案例信息整理为可以分析的文本，在此基础上进行资料编码，撰写分析笔记；第二个阶段是找出整个案例资料中的主旨和趋势，寻找资料中的重点和各概念间的关系；第三个阶段是发展并检测命题以建立一个解释框架，它包括检测假设并简化资料、勾勒深层结构两个步骤，分析资料中的主旨线索，最后将资料纳入解释框架中。

3. 编码过程

笔者为确保研究的信度和效度，遵循"质性资料分析方法"的一般方法和程序，包括如下四个步骤。

（1）资料收集与质性资料的形成：均采用半结构化访谈，书面和电子文件资料，重要会议资料转化成原始的文档资料。

（2）资料简化与编码：根据研究问题对质性资料进行简化。

（3）资料展示与呈现：主要选择"因果逻辑链"的方法，因果逻辑链主要是构建主题编码之间的逻辑关系，将主题编码之间的关系展示在一个图形中，抽象性、推理性地把案例资料整合起来。

（4）构建理论：用证据建立一条逻辑链，以清晰地描述意义构建的过程，并基于因果逻辑链构建理论。

笔者在编码过程中，采用两种技术来确保研究的信度和效度：第一，研究人员分成两组分别对质性资料进行独立编码，这样可以摒除编码过程中个人心理偏好、价值观和偏见等对编码结果的影响。独立编码结束后，对两组编码结果做内部一致性检验，如果两组编码的内部一致性偏低，将重新查阅经典文献，共同分析不一致的原因，重新编码直到内部一致性可以接受。分组编码的方法可以提高研究的信度。第二，魔鬼辩护人。魔鬼辩护人的分析技术可以保证研究的效度。所谓魔鬼辩护人，是指在两组编码的内部一致性可以接受但编码结果依然不同的情况下，在编码小组之外找一位局外人对每一条编码提出尖锐的问题，然后两组编码者进行辩护，两组编码者如果意见不一致，持反对意见的一组也可以化身魔鬼辩护人，驳斥另一组编码者，最终三方达成一致，编码结果被保留。

第二节　案例研究结果

一、编码过程

笔者在进行数据分析时，采用了渐进的方式对访谈资料进行整理分析。为了确保所有研究参与者的匿名性，从文件中删除参与者的姓名，并为每个参与者分配一个编号，以维护和确保个人信息的保密性。在数据编码过程中，对在访谈中发现的每个变量都计算受访者所提及的频次。计算变量频次的目的是：①在初步模型中出现的变量是否被访谈数据支持；②除了在初步模型中发现的变量，是否出现新的重要变量。对重要变量确认的依据是该变量是否被大多数受访者提及，如果某一变量被50%以上受访者提及，则将该变量引入修订的模型中。通过对访谈资料编码，分析团队领导者在影响团队绩效中所表现出来的领导行为，发现了除第三章提出理论假设模型维度之外的另一个维度：道本价值观。编码示例如下。

（一）开放式编码

笔者在开放式编码中始终围绕"道德领导力影响团队绩效及工作幸福感"这一研究主题，对收集的所有材料进行逐句编码、逐行编码、逐段编码——根据数据的特征，让其中蕴含的初始概念自然涌现，尽可能使用原生代码，在准确反映受访者观点的同时，呈现出关键事件的发生情境及真实感知。在编码过程中要及时记录想法，并不断提出三个问题：①这些数据是研究什么的？②数据反映了怎样的事实？③这些事实表明了什么类别以及类别具有哪些性质？这些问题可以使研究方向保持在焦点上，促进核心范畴的产生（GLASER，1978）。开放式编码示例见表4.2。

表 4.2　开放式编码示例

代表性话语	初始概念
"领导者需要成为团队的榜样，尊重下属，认真听取他们的意见，珍惜他们的贡献，富有同情心、慷慨大方，同时考虑相反的观点"	尊重员工 富有同情心 考虑相反观点
"诚实对成为有效的领导者尤为重要，因为员工会信任诚实可靠的领导者"	诚实
"管理者应该使用人性化的管理方式，并以对团队始终有益的方式行事" "要在组织内营养集体意识和团队合作精神。当领导者努力实现目标时，他们关注的不仅是个人目标，还要为实现有益于整个组织的目标而付出努力" "要检查所有决策，以确保它们符合组织价值"	人性化管理 团队导向 集体利益优先
"要发展员工，对员工提出的创新想法给予奖励，并鼓励员工去做改进工作方式的事情" "作为领导者，要以身则，做正确的事" "领导者很公平，他们没有私心，对每个人都一视同仁。在他的领导下，没有员工会担心受到偏见待遇" "领导的真正代价是愿意将他人需求置于自己之上，领导特权的真正代价是牺牲个人利益"	鼓励创新 以身作则 公平公正 没有偏见 一视同仁
"作为一个领导者，我能做的最重要的事情之一就是成为员工的榜样，在团队中营造道德氛围" "通过定期交流和讨论价值观，他确保整个组织之间的一致理解"	道德管理 价值驱动
"如果不授权他人，领导者只会妨碍自己" "在团队合作的基础上，通过授予团队更多权利，可以激活员工的潜在价值，进而为组织发展贡献力量"	授权
"如果我们要成长，就必须学会分享权力和责任" "必须对别人的想法持开放态度，听取团队集体意见" "在团队内部鼓励建言献策，追求共同进步"	鼓励建言
"冲突可能是创造和成长的机会，团队应该避免批评和指责，有矛盾了应及时沟通反馈"	建设性互动
"领导者鼓励团队成员积极灵活地把握机遇，快速响应并变革是团队的核心理念"	主动行为
"有效的领导者会向其成员征求意见和建议，重视团队的力量，了解每个成员的关键作用"	重视下属

续表

代表性话语	初始概念
"有些人天生就比较安静，但这并不意味着他们没有重要的事情要说。作为领导者，需要确保每个人都有发言权，每个人都能被倾听" "在短期需求和长期需求之间总会有折中，这是一个平衡问题" "我们非常认真地对待组织的使命宣言，既要实现经营目标，又要着力提升员工幸福感" "我们采取真正的双赢战略" "团队成员职责明确，出现问题时，不会互相推脱，大家会立即作出回应" "冲突会使原本才华横溢且富有成效的团队变得平庸。我们通过明确每个成员的角色和职责，最大限度地减少不必要的冲突。这样可以避免责任混淆，保持工作流程井井有条"	平衡长期目标与短期利益 关注工作幸福感 兼而有之 职责明确
"团队成员共同负责团队结果和团队协议" "我们通过制定具有挑战性的目标和高效配合来完成绩效" "我们团队有共同的使命和宗旨，大家团结一致，精心合作，相互依存"	高效配合 互相依存
"从长远来看，具有明确目标和良好合作的团队可以不断提升业绩，提高工作满意度，大家都能在工作中感到快乐和满足"	工作满意度
"我们希望每个人都能成为领导者，提供灵感，发挥我们的价值观优势，培养每个成员，在整个组织体系中推行参与式管理"	参与式管理
"通过投资员工的成长和发展，来提高团队绩效，提供发展机会帮助员工成长，使他们有能力完成更具挑战性的工作" "虽然员工的工作幸福感对我们来说是一种责任，但我们是一家民营企业，因此我们需要创造更多利润，有时候会面临矛盾的决策"	培养员工 发展员工 幸福悖论
"我们的价值观是把我们团结在一起的纽带，指导我们的日常行动，每次开会我们都会强调价值观"	价值观
"作为领导者，要鼓励员工勇于提出不同想法建议的行为，赋予他们发言权" "设置沟通流程有助于防止意见冲突，并确保关键信息与他人共享，明确任务和职责" "当沟通中断时，就会发生冲突，并且会影响合作效能。我们为团队沟通设定了明确的期望和渠道，因此每位员工都知道何时何地进行沟通以及需要与谁联系"	设置沟通渠道 应对冲突
"人们常常错误地认为，他们必须在看似矛盾的事情之间作出选择。但我们既可以发扬传统，也可以拥抱变革；既可以注重结果，也可以强调过程；既要自信，也要谦虚。除了需要具备高超的领导技能，领导者还要学会兼顾平衡各种矛盾元素"	处理矛盾元素
"我们鼓励创造力，并找到实现目标的最佳方法。高效的领导者不会将差异视为个人弊端。取而代之的是，他们将其作为创新的来源"	兼而有之思维 鼓励多元

续表

代表性话语	初始概念
"高水平的协作和团队合作取决于成员间的相互信任和尊重" "高绩效团队中的成员互相珍惜，并相信每个人都能做好自己的工作，尊重思想和经验的多样性，并认识到这些差异使团队更加坚强。这种信任文化使我们团队有着心照不宣的合作默契"	信任尊重 尊重多样性 信任文化 心照不宣 合作默契 合理配置
"建立一支高绩效团队是一场马拉松，而不是短跑。领导者如果能将有经验、技能的人才和适合的岗位匹配在一起，就可以培养一支高绩效团队" "团队成员彼此之间充满热情和欣赏，我们一起庆祝胜利，并抓住机会表彰感谢每位员工的贡献，这就建立了一种强大的协作文化，使每个人都感到被重视和欣赏"	集体庆祝 协作文化
"团队有着鼓舞人心的愿景，有强烈的为目标奋斗的精神"	愿景使命
"冲突是正常现象，但高绩效团队知道如何以合理的方式应对冲突，避免更多冲突" "如果希望获得持续出色的绩效，需要营造持续学习和改进的文化氛围，当团队成员不断提升自己的技能，并从过去的错误中吸取教训时，他们在工作中就会更加高效"	提升技能
"即使是最好的团队也有成长的空间，高绩效团队重视反馈并从错误中吸取教训。通过培育反馈文化并投资于持续的员工发展中来寻找成长的机会"	重视 反馈文化
"不断学习可以促进成长，并使团队不断获得更高的成就" "我们团队专注于最重要的事，并非所有工作都具有同等重要性或紧迫性，根据任务优先级和最大影响来安排工作进度。个人工作目标要与组织目标保持一致，并确保每个人都专注于推进集体绩效"	员工成长 任务排序 推进绩效
"当员工了解自己的工作如何适应组织的总体目标和使命时，他们就会变得更加投入和富有成效，并和其他成员共同努力以实现一个共同的愿景" "高绩效团队在重点目标和优先事项上保持一致。目标不仅是一致的，而且是明确的，因此每个人都确切地知道他们需要做什么以及如何达到目标" "领导者通过定期将组织目标与团队的工作联系起来，使组织目标成为首要任务。确定关键优先事项并确保他们的工作与总体目标保持一致。这有助于建立共同的目标感，确保团队朝着同一个方向齐心协力" "一个团队不仅是一群一起工作的人，而且是拥有共同愿景、共同目标、相互协作、相互挑战、互相负责，以取得出色成果的整体"	共同愿景 共同的目标感 齐心协力
"我们的价值观是维持长期竞争优势的主要原因之一，如果用价值观作为衡量标准来作出决策，我们总是会朝着正确的方向前进……我们的核心价值观就是：顺应人性规律，推行无为而治" "领导者首先要检查所有决策，确保它们符合组织的总体价值观，执行符合此标准的那些决定"	价值观驱动

续表

代表性话语	初始概念
"在领导者的带领下，员工得以茁壮成长。员工因提出创新想法而获得奖励，并积极改善工作流程，提出创新建议" "领导者定期与员工讨论组织的价值观和期望，确保整个组织内部成员之间的理解一致"	定期讨论 一致的价值观理解

资料来源：本书作者整理所得。

（二）选择式编码

选择式编码通过筛选代码提取核心范畴。核心范畴是从开放式编码中"自然涌现"的，其特征是：关联的重要性和频繁重现性。笔者通过对访谈资料的理论性取样进行比较，对开放性编码中的概念进行筛选、分类、合并，提取关联度较高和出现频率较高的 22 个子范畴，并进一步合并，分类为 6 个核心范畴：道德领导力、悖论领导行为、下属默契、工作幸福感、团队绩效、道本价值观。6 个核心范畴的维度划分内容如下。

（1）道德领导力，以文献（BROWN et al., 2005）的相关理论为基础，道德领导力的维度划分与该文献结果一致。

（2）悖论领导行为，该范畴的维度划分结果与文献（ZHANG et al., 2015）的理论观点一致，且各维度与其提出的悖论领导行为概念相吻合。

（3）下属默契，以文献（ZHENG et al., 2019）的相关理论为基础，在关注领导 – 下属之间默契的同时，还关注团队成员之间的合作默契，这一维度划分结果也符合群体行为理论的观点。

（4）工作幸福感，该范畴的维度划分结果与文献（ZHENG et al., 2015）的理论观点一致，且各维度与其提出的工作幸福感概念相吻合。

（5）团队绩效，以文献（JONG et al., 2010）的相关理论为基础，在关注主观评价的同时参考财务报表数据，使用多源数据来保证绩效测度的准确性，使研究结论更具说服力。

（6）道本价值观，以《新管理哲学：道本管理》（齐善鸿等，2011）的相关理论为基础，初步确定其概念内涵，但为准确描述该概念，还需进一步通过扎根理论研究确定其维度构成。

选择式编码过程示例见表 4.3。

表 4.3 选择式编码过程示例

初始概念的筛选和分类	子范畴	核心范畴
道德文化建设、道德培养、提升道德修养	道德管理	道德领导力
清心寡欲、宁静致远、淡泊明志、顺其自然、遵循规律、适可而止、无为而治、知足不争、不妄为	道本价值观	道本价值观
成为榜样、起到带头作用、发挥榜样力量	道德榜样	道德领导力
树立道德榜样、遵守道德规范、制定道德标准	道德榜样	
善良、懂得感恩、谦虚、虚心接受批评、乐观积极、有责任心、诚实守信、奉献精神	善良	
助人为乐、有同情心、换位思考、宽容亲和、利他、尊重他人、懂得沟通、信任、宽厚待人、团队合作	仁爱	
正直、表里如一、尊重他人、讲义气、公平公正、严于律己、自我约束、以身作则、意志坚定、集体主义、勇于担当	正义	
处理矛盾元素、平衡长期目标与短期利益兼而有之思维、整合悖论	悖论领导行为	悖论领导行为
良好的氛围、清晰的沟通渠道、团队活力、合理分配资源、知识共享、互相鼓励促进、灵活性和创造性、彼此认同、技能互补、心照不宣、心有灵犀、相互信任和尊重、具有明确的角色定位和职责、目标明确	团队合作默契 知识共享 技能互补	默契
团队凝聚力较强、团队成绩出色、团队效率非常高、按时按量完成任务	团队绩效	团队绩效
工作中感到满足、工作富有成就感、工作很有价值感、非常热爱工作、全身心投入 对工作感到自豪、充满斗志 鼓励积极开放的讨论、头脑风暴 有效管理会议时间、收集小组讨论和工作成果 管理冲突、合理利用冲突 鼓励交流、培养倾听和思考能力	工作幸福感 工作满意 成就感 鼓励讨论 利用冲突 管理冲突 培养倾听思考能力	工作幸福感 悖论领导行为 道德领导力

资料来源：本书作者整理所得。

（三）理论式编码

理论式编码是将选择式编码之间自然形成的概念进行抽象和概括，形成更高级别的理论，笔者对选择式编码之间的关系进行比较、所抽取的概念与访谈资料信息之间进行不断比较以及与相应文献研究进行比较。不断比较的目的是产生概念，而不是总结事件或比较差异。通过不断比较，进而生成类别，定义每个类别的基本属性，明确现象的条件、原因、背景和结果，识别类别之间的关系。我们常以"故事线"的方式来描绘行为现象与脉络条件，故事线完成后也就产生了理论架构。领导过程两个关键组成部分是领导策略和下属策略，这两种策略通过介入的条件变量和结果变量在循环过程中相互"追逐"。领导者通过具体的领导行为和策略，创造条件，使下属充分发挥他们的潜力，这反过来又会促使下属制定积极的策略（下属行为），从而产生有益组织的行为。理论式编码示例见表 4.4。

表 4.4　理论式编码示例

访谈示例	发现
（项目经理 N）我们公司经常进行传统文化培训，定期邀请国学专家对我们各级领导者进行道德文化修养培训，领导者只有具备较高的道德水平，才能在员工心中"扎根"，成为他们学习的榜样，鼓励员工勇于提出不同的想法和意见，赋予员工发言权，在不同的思想碰撞中，产生创新的思路和解决办法	道德领导力（道德榜样、鼓励员工建言、授予员工权力、重视员工）—下属默契（良好合作关系、队伍的长期稳定性）—团队绩效
（项目经理 L）十几年来，公司建立了一项有着深厚文化传统、重视道德氛围而非管理技能的企业文化，领导者被视为道德榜样，组织被视为一个大家庭。良好的道德氛围有助于大家互相分享知识和实践经验，形成良好的合作关系，促进团队绩效。员工是组织成功的基石，只有重视员工、鼓励员工不断学习，才能持续提升团队和组织绩效	
（项目经理 C）作为领导者，首先要有较高的道德水平去影响下属，这样才能在员工中拥有威望，使员工主动地执行各项任务。如果领导者做不到道德榜样，那么很难在员工中产生影响力，部署下去的任务目标自然很难有员工积极配合，甚至出现"唱反调"的现象。一方面，领导者要以身作则，注重传统文化的积极作用，在团队中营造良好的道德氛围，规范道德行为，带领大家共同进步，发挥好传统文化的优势；另一方面，企业也不断借鉴国外的先进管理理念，将各种理念进行整合，发挥协同作用，处理好各种潜在矛盾关系，提升团队绩效	道德领导力（高道德标准、以身作则）—悖论领导行为（平衡矛盾、关注对立的需求）—团队绩效

注："访谈示例"栏为被访谈者自述内容，"发现"栏为示例关系链提取。

（四）理论饱和度检验

对访谈资料进行理论饱和度检验。笔者通过分析发现，模型中的范畴已经非常丰富，对于影响深入互动的 6 个主范畴（道德领导力、悖论领导行为、下属默契、团队绩效、工作幸福感、道本价值观），均没有发现新的重要范畴和关系，6 个主范畴内部也没有发现新的构成因子。

二、研究结论

（一）形成结论的方法

案例研究的核心是从案例分析中得到并验证结论。根据 Miles 和 Huberman 的总结，共有 13 种形成结论的方法。第一，找到案例背后真正反复出现的实践规律。第二，在资料处理过程中得到合理的解释，这种合理的解释一旦经过案例的验证并且系统化后，就会产生比较重要的意义；第三，聚类，把相似的内容放到同一个概念框架下；第四，作譬喻，确切的譬喻可以有效地连接案例推理、分析、想象和理论，进而能让研究者从理论层面知道案例实践具有的意义；第五，清点，把案例中的证据尽可能地数量化，找出多次事件发生的次数，在统计次数和总数的基础上，可以展开进一步的频率、加权、比较等数理统计操作；第六，进行比较，在理论指导的前提下，将相关资料进行比较，包括人物、角色等，这种对比呈现可以更好地服务于理论构建和理论验证；第七，分解变量，区分一个变量的多个维度可能在案例研究中有更大的意义，这样就可以在变量和实践中建立起非常牢固的对应关系；第八，将特殊转变成普通，第三种方法的聚类是将多个内容放在一起，这相当于案例研究的一级编码，那么将特殊转变成普通就相当于案例研究的二级编码，这将提升案例资料的抽象层次，进而产生理论；第九，找出变量，找出概括性的变量来表征实践的特征，这相当于案例研究的三级编码；第十，找出变量关系，在找出变量以后，通过概念架构找出变量和变量之间的关系，一般来说变量和变量之间的关系有同时增加、同时减少、前增后减、前减后增、前增后增、前减后减等几种；第十一，寻找中介变量，寻找中介变量就是寻找两个变量中间的空白，找到两个变量中的逻辑关系；第十二，构建证据逻辑链，利用因果逻辑图的编辑方式构建案例的逻辑链；第十三，创造理论上的一致性，也就是将不同案例的零散事实归纳到一个有规律、抽象和具有综合性的主旨中，将企业实践的证据层面逐渐归纳到概念层面，最终完成"资料—变量—结构—理论"的转变。

（二）制作因果逻辑图

在进行案例研究时，理论框架的发展至关重要。以下理论将主要被整合和应用到研究过程中：社会学习理论、社会交换理论、道德领导理论。案例研究需要探索变量间的因果逻辑关系，如何更清晰、更有逻辑性地分析案例资料成为关键。在案例资料分析的基础上，笔者构建关于道德领导力、悖论领导行为、下属默契和团队绩效、工作幸福感、道本价值观的因果逻辑图，又在因果逻辑图的基础上，对案例资料作深度分析。这样可以使研究更加系统，并使得研究过程和结论可以验证。

参考 Axelrod（1976）的四步法绘制因果逻辑图：①鉴别相关语句：两名辅助研究者（企业管理专业方向研究生，对领导力与组织行为知识较为熟悉，但并不参与论文写作）从研究资料库中分别单独提取与研究问题有关的语句，并使用肯德尔和谐系数来测定相关语句的可靠性；②画出原始图形：找出相关语句的关键词，将其归类，形成道德领导力、悖论领导行为、下属默契等概念，在此基础上鉴别每个相关语句的"因"与"果"，建立原始因果图，此步骤需要另外两名辅助研究者来进行，并使用肯德尔和谐系数来测定原始因果图的可靠性；③利用现有理论框架将概念归类；④修正因果逻辑图（因果逻辑图如图 4.2 所示）。

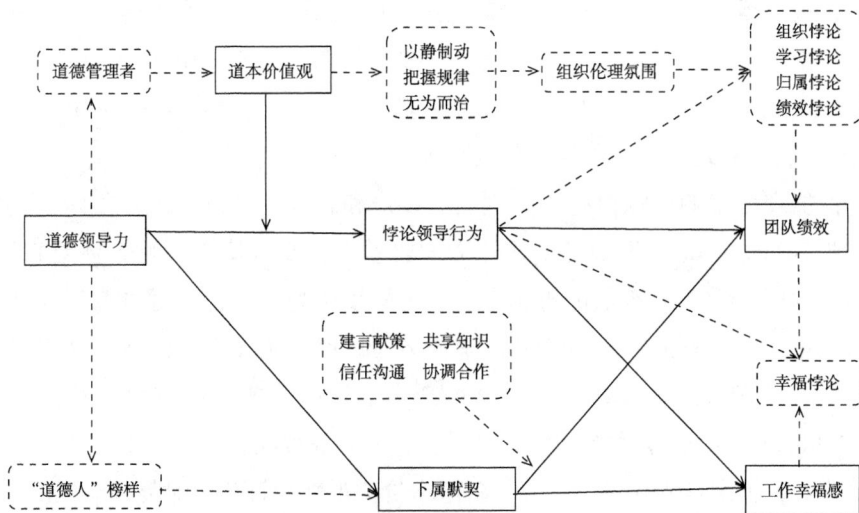

图 4.2　因果逻辑

三、修正后的理论模型

通过案例研究，笔者发现团队过程中的一些关键变量，如下属默契、悖论领导行为等都会对团队绩效产生积极的影响，这对第三章所提出的假设模型进行了很好的验证。在第三章假设理论模型和第四章案例研究结果的基础上，提出修正后的理论模型，修正后的模型补充了道本价值观的调节作用。

（一）调节效应研究假设

道德领导力是一种基于价值观驱动的领导风格，可以影响下属的自我概念和信念，进而影响他们的动机、态度和行为（EISENBEISS et al., 2015）。下属模仿领导，重视诚实信任，把共同的价值观融入他们的身份。Piccolo 等（2010）发现，道德领导力有助于让员工感到自己的工作充满价值，更有内在动机去努力工作和提升绩效。道德与社会过程中嵌入的规范、价值观和信仰有关，这些规范、价值观和信仰定义了是非标准（CRANE et al., 2017）。道德领导力已经被证明在下属实现价值观过程中发挥重要作用，员工的不道德行为会因道德领导力的积极影响而减少。

关于领导力的观点反映了一个国家的主流文化，优秀领导者的素质是他们解释自己文化的一种方式。中国企业的管理者深受传统儒家、道家文化的影响，或多或少具有辩证思维。辩证法思想深深植根于道家思想，道家思想影响下的领导特质主要有坚忍不拔、谦虚、利他、灵活和诚实等。领导力的有效性取决于领导者的工作方式与下属的工作方式之间的兼容性（ZHU et al., 2009），这一点对道德型领导者更为明显。

价值观会影响个体对行为的判断、评价和态度，具体来说：①内在价值决定外在行为；②价值观是个体行为的驱动力；③价值观影响个体对自己、工作和组织的看法。道本价值观有助于道德领导力的发挥。通过在工作场所面对悖论，处理紧张的矛盾关系，整合不同观点，领导者可能会表现出看似不一致、复杂甚至冲突的行为，这就会在下属中造成误解或引起负面影响（SHAO et al., 2019）。因此，悖论领导行为的有效性在很大程度上取决于组织中的成员，特别是领导者，是否具备道本价值观来理解和应对复杂局面。

Bandura 等（2000）认为，人（组织）、环境和行为三个变量之间存在双向影响。也就是说，组织的思维方式、行为方式和环境之间存在相互作用，就像个体受到影响一样。例如，在道德观念方面，企业会制定措施防止员工滥用公司的资源或信息，这有可能导致员工产生不信任感，从而形成对企业的负面态度，进而导致消极行为。当企业管理者设定了组织的道德基调时，它可以通过其价值观和目标所定义的政策与实践来促进道德规范。以价值观为基础的领导，塑造道德标准，强调道德的重要性，为个体发展和塑造组织文化提供了强大的力量。组织在文化中嵌入价值观的主要机制包括领导者做什么、关注什么，以及如何分配资源。正如 Schein（2010）所说，当领导者不断地塑造和促进期望的价值观、信念和假设时，他们能更好地营造组织氛围。根据道本管理理论，道本价值观使领导者能够以更强大的信心面对组织悖论，成功地调动自己的认知资源，产生解决问题的最佳方案，从而积极应对困难和挑战。拥有道本价值观的领导者能够更好地处理组织悖论，以"兼而有之"的方式满足矛盾需求，从而避免恶性竞争，在组织中营造和谐高效的工作氛围。因此，提出以下假设：

H13：道本价值观调节了道德领导力与悖论领导行为之间的正向关系，道本价值观程度越高，道德领导力对悖论领导行为的正向影响作用就越强。

（二）修正后的概念模型图

为直观起见，修正后的概念模型图如图 4.3 所示。

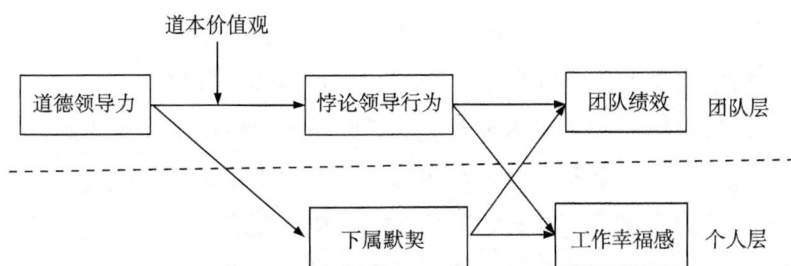

图 4.3　修正后的概念模型

第五章　基于扎根理论的道本价值观测量量表开发

第一节　研究方法与数据收集

一、扎根理论概述

扎根理论是一种定性研究方法，旨在探索有关现象的经验看法和新见解。扎根理论是由 Glaser 和 Strauss 在 20 世纪 60 年代发展起来的一种归纳式生成理论的方法（GLASER et al., 1967），其目的是产生一种理论来解释一种行为模式。采用定性研究方法，可以于行为或现象存在时获得更自然的洞察力，而不仅仅是获得数据。为了理解定性研究的意义，不同学者强调了不同的特征。以下四个特征是理解定性研究本质的关键：关注过程、研究人员是数据收集和分析的主要工具、归纳过程、结果具有丰富的描述性。

定性研究的第一个特点为定性研究者倾向于在情境中收集数据。研究人员通过直接访谈，并观察受访者在环境中的行为来收集这些数据。定性研究是为了了解特定背景情况下互动的独特性。定性研究的第二个特点为研究人员是数据收集和分析的主要工具。定性研究人员通过检查文件、观察行为和访谈参与者来收集数据。此外，研究人员可以通过言语和非言语交流来拓展自己的理解，处理信息和总结材料，与受访者一起检查解释的准确性。定性研究的第三个特点是归纳过程。在这个过程中，研究人员收集数据来构建概念、假设或理论，而不是演绎地检验假设。所有的研究都有一定的理论框架，使研究者能够专注于调查和解释数据。定性研究的第四个特点为定性研究的结果具有丰富的描述性，用文字和图片而不是数字传达研究者对一种现象的了解。

扎根理论被描述为"解释性"，首先，它使用定性和非结构化数据，代表对新组织形式实际成员的主观理解；其次，它涉及主观抽样和分析技术，理论建构策略主要是归纳的。同时，该方法也利用了实证主义方法的优点：提供了系统的编码程序，旨在消除实证主义中"经验主义传统"，要求对归纳步骤的所有发现（概念和关系）进行演绎验证，其方式符合实证主义的演绎逻辑。扎根理论的一个独特之处是，数据收集（或采样）和数据分析同时进行，而不是像许多传统方法那样按顺序进行。

扎根理论是指理论在系统的数据分析过程中"自我揭示"和"自然发现"的方法。这种新的理论本质上是对数据的"超越"和"简化"，正如 Strauss 和 Glaser（1967）所说，扎根理论系统过程的严格性可以揭示真相，独立于研究者的观点和影响。扎根理论是一种提取和涌现的理论，使用开放式策略得出命题或理论，为构建理论而进行调查。

在解释性个案研究、扎根理论等归纳理论建构的不同方法中，选择扎根理论有以下原因：首先，与所有其他归纳方法相比，它强调研究人员需要沉浸在数据中，并且需要有意识地防止强加与数据中的模式不匹配的理论（GLASER et al, 1967）；其次，它鼓励研究人员通过借鉴不在同一实质领域的广泛理论方法，来发展和丰富有根据的理论；最后，它借鉴了实证主义和解释主义方法的优点。扎根理论主张在收集数据之前对文献进行有限的审查，以避免先入为主的概念。

扎根理论将实证检验融入分析过程中，并引导研究人员对实证结果进行理论解释。在经验数据和新兴分析之间来回移动的迭代过程，使得收集的数据越来越集中，分析也越来越理论化。新兴的结果通常以假设、模型或抽象概念理论的形式呈现，通过不断比较数据和分析参与者共性构建理论。数据分析由编码过程组成，从持续的数据比较中得出共性和重复出现的主题，从而在归纳阶段之后得出新的概念；通过归纳反射和常量数据比较来分析数据。为了确定新兴理论，编码过程如下：采用开放编码（初始主题）、轴向编码（开放编码的最终主题类别）和选择性编码（轴向编码的核心理论）。

扎根理论是一种从实证研究中收集数据、比较和提取重复分类趋势的方法，以引入基于证据的理论。具体来说，扎根理论研究主要包括 7 个步骤：①确定感兴趣的领域；②通过访谈、文本评论、图片、视频、焦点小组、媒体收集数据；③开放编码，其中包括为收集的所有数据命名，以便最终建立标题和类别；④进行选择性编码和理论抽样确定主要类别，重新开始数据收集过程；⑤整理笔记以找到理论代码，最终确定新理论与主题布局；⑥阅读文献并将其整合到新理论中，证明和解释该理论如何弥补文献中的空白，回答问题，并提供见解；⑦完成对理论的描述撰写并解释其最终确定过程。

二、数据收集及分析

研究主要采用正式访谈法收集资料。正式访谈方法采用半结构化设计，可以最大限度地利用调查数据。笔者通过手写笔记和访谈录音收集数据，将所有的访谈数据转录到 Word 文件中，设定研究目标以便收集足够的数据来进行有效的编码分析。半结构化访谈主要在参与者办公室进行，持续 60 ~ 90 分钟。笔者首先就受访者团队领导方式和领导价值观提出问题。笔者为了获得更多信息和更清晰的答案，要求受访者提供客观例子。在确保数据饱和之前，数据收集一直在进行，也就是说，即使进一步访谈不会产生新信息，收集的数据也会得到足够支持。研究采用同步数据收集和数据分析策略，数据分析始于数据收集过程。为提高信度和效度，笔者遵循特定数据收集程序，详细记录研究过程，遵循中立原则，确保数据可确认性。为了减少数据收集过程中概念效度和信度方面存在的潜在问题，本书采用三角测量方法来提高研究结果和结论的质量。

撰写备忘录是扎根理论研究的一个重要组成部分，它可以在数据收集过程中让研究者捕捉即时反应和想法。备忘录还提供了进行数据比较和初步数据分析的机会，为后续访谈和数据收集提供参考。每次访谈，笔者都会写备忘录，记下关键的观察、想法、问题、模式、比较、关键词或短语，以及当时的感受。在整个数据分析过程中，使用备忘录来定位关键想法，或者重新审视相关问题。在数据收集和分析的过程中，备忘录可以起到识别和排除个人感受和偏见的作用。

同行评议可以提供客观的反馈，有助于验证研究主题及其可信度。首先，笔者采用成员检查来确保调查结果的准确性。向每位受访者提供所有笔录，以验证所有陈述都被正确地转录。此外，笔者还向受访者提供了每个阶段研究的结果。在整个分析过程中，笔者通过与 3 名具有企业伦理研究背景的管理学专业博士进行交流来验证研究者的解释，并使研究中的偏差实现最小化。笔者使用这些验证程序可确保研究的调查结果符合实际情况。

第二节　价值观的概念与测量

一、价值观的概念

价值观是社会科学如社会学、心理学、哲学和政治学等学科领域的重要概念。对价值观的定义，研究者们的见解有所不同。在《辞海》中对于价值观的定义是"关于价值的一定信念、倾向、主张和态度的系统观点"。具有代表性的定义是人类学家 Kluckhohn 等（1958）提出的，一个人或一个群体，内隐的或外显的，对于什么是值得做的、最好去做的一种构想。这种构想影响了个人或群体的行为方式、途径和目的的选择。这个定义勾勒出了价值观影响行为的过程，进一步把价值观背后的原因解释为一些价值取向，提出了价值取向的定义：价值取向是影响行为的一套相当普遍性的、有组织的构念系统。这套构念系统是有关对大自然的看法、人在大自然位置的看法、人与人之间关系的看法，以及对处理人与人、人与环境的关系的看法。同样的环境与事物，由于不同文化的不同看法，使我们持有不同的价值观。Rokeach（1973）认为，价值观是一种持久的信念，是个人或团体所偏好的一种行为方式或存在的终极状态。这个定义补充了价值观的持久性。在很多情况下，价值观可以解释人的行为。价值观是内化的社会表征或道德信仰，人们以此作为其行为的最终理由，价值观包含了认知和情感的要素，并起着指导行为的作用。

价值观之所以重要，是因为它影响角色和交流的规范。然而在组织行为领域的研究中，却很少对价值观的作用进行细致深入的分析。造成这一现象的原因主要是：第一，价值观难以观察，测量有难度；第二，现有文献对于价值观如何塑造行为的关注较少；第三，价值观总是和其他的社会心理现象合并；第四，价值观在不同历史和文化背景下存在多样性。

价值观是组织文化的核心，是规范、典礼、管理活动及其他文化活动的实质。同时，它具有可操作性定义和可测量性。大量研究表明，价值观是组织文化的主要载体，对整个企业运行起到至关重要的作用。具有共同价值观的组织成员对环境的解释较为一致，从而缩短了沟通距离，减少了工作不确定性等负面影响。此外，组织价值观有适应整合作用：对外具有外在适应作用，即组织调整自己以适应外界的变化；对内具有内部整合作用，即组织协调内部人际关系完成组织目标。

虽然存在界定及测量等诸多问题，但由于价值观对人的态度和行为有着重要的影响，所以在组织行为学研究中仍然需要进一步对这一领域进行深入和具体的探索。作为社会科学领域的一个核心概念，价值观的概念和测量已经受到了广泛的关注，然而由于存在种种困难，对于价值观作用机制的研究仍然相对较少。大多数关于价值观的研究仍然停留在概念界定、跨文化背景下的量表开发、跨文化情境下价值观比较研究等，对于价值观在具体情境及具体行动中的作用的研究相对较少。

二、价值观的类别

尽管就价值观如何发挥作用达成了一致，但是由于其社会和文化的背景因素，存在不同的价值观类别。"价值"是一个含义十分复杂的范畴，在不同学科里有不同的含义。当人们用价值来评价事物或现象时，就形成了价值观。所谓价值观，是指人们关于什么是价值、怎样评判价值、如何创造价值等问题的根本观点。价值观具有普遍性，心理学家指出，价值观是一个人的核心信念，是自我概念的重要组成部分。价值观与情感系统相联系，当价值观得到满足时，人们会感到高兴；当价值观受到挫折时，人们会感到愤怒。

Rokeach（1973）提出了一个包含36种价值观的清单，包括最终状态价值观（如智慧、正义）和过程价值观（如诚实、雄心勃勃）等，其他学者则区分了宏观层面的文化价值观、微观层面的个人价值观或更具体的价值观，如道德价值观和亲社会价值观等。个人价值观是个体认为具有内在价值的社会原则、目标和标准，是个人生活的指导原则。组织价值观是关于组织成员在努力实现组织目标时应表现出行为标准的信念和想法。工作价值观是一个重要领域的特定价值观。工作价值观被定义为"工作环境中基本价值观的具体表达"，工作价值观可以预测各种与工作相关的结果，如职业愿景、职业选择、决策过程、工作积极性，以及工作满意度等。

三、工作价值观

工作价值观不同于个人价值观，因为它与工作有关，但二者具有相似的结构特征。Super（1970）将工作价值观概念化为"个体为了满足需要而寻求达到的目标"，并提出了工作价值观清单，包括 15 种工作价值观：成就、美学、利他主义、同事、创造力、经济回报、智力刺激、独立性、管理、威望、安全、监督关系、环境、多样性和生活方式。

工作价值观涉及并影响个人的认知、态度和行为，个体通过社会化学习，以社会接受的方式来表达他们在工作中的需求。首先，工作价值观与动机相关，工作价值观塑造了员工对工作场所的偏好，这直接影响员工的态度和行为。尤其是在人力资源开发领域，工作价值观越来越受到重视。其次，工作价值观是决定一个人工作行为的信念，反映了员工的动机、目标、偏好的工作环境、人际关系以及工作风格。有研究表明，工作价值观是工作绩效和满意度的前因。工作价值观影响个人对工作的认知和意图，因为它与薪酬、勤奋、忠诚、人际关系、社会地位和个人成就有关。最后，工作价值观能够评估员工的工作绩效和满意度，有助于了解他们对工作岗位的适应性。工作价值观反映了组织员工对工作成就和绩效的个人期望。人们通常也会对与自己属于同一群体的其他人表现出更强的认同感。

此外，工作价值观还设定了建立工作规则、塑造工作态度和结果的标准，拥有不同工作价值观的人往往强调不同的结果。许多理论提出了领导者价值观在创造和维持组织文化过程中的作用。领导者对组织结构、政策和程序所作的决定，源于他们对什么是可取、什么是不可取的价值取舍。随着时间的推移，这些决定形成了组织文化的基础。组织文化是最基本的组织特征之一，它会受到创始人和领导者价值观的影响。领导者价值观与组织特征之间有许多理论模型。有道德文化的组织可以促进员工以道德的方式行事。

工作价值观对工作场所有重要影响，对员工的工作动机、工作满意度、承诺和工作态度都有影响。团队关系是一种高层结构，由多个积极关系组成，这些关系表明了整体关系的强度以及双方的需求和期望得到满足的潜力。当员工和团队的思想价值观保持一致时，团队内部冲突就会减少，拥有相似价值观的员工更有可能基于相似的方式解决问题。研究发现，个体的价值观往往与工作环境中所坚持的价值观一致（ADKINS, et al., 1994），当团队成员的价值观一致时，团队成员更容易相互信任并形成合作默契。

四、我国传统文化与价值观

我国有着悠久、独特的历史文化，研究国人的价值取向与结构，对准确刻画国人乃至我国社会的本质特征具有重要学术意义。一些社会学家和心理学家研究了传统文化对价值观的影响，这对于研究以员工为载体的组织价值观具有重要意义。Kluckhohn 认为价值观是一种文化产物，要从行动目的、行为方式以及欲望等方面加以了解。可见，文化是价值观产生的基础。价值观来源于文化环境、国民性、历史传统，同时，反作用于前三者。

许多学者对国内企业所作的一些实证研究发现，国内的组织价值观深受传统文化的影响。文化是管理悖论及员工对领导行为期望类型的边界条件。文化价值观也必然会对组织中的领导行为产生影响。传统的哲学和文化根源影响着所有公民的思维模式和行为，包括领导行为。即使在一个快速发展的时代，领导实践也反映出独特的文化特质。

Schein（2010）认为组织文化主要存在于三个层面：可观察的人工制品、信念和价值观以及潜在的基本假设。人工制品是文化的表现形式，它们代表了进入一个组织时可以观察到和感受到的东西，例如，建筑物的物理布局、产品和技术、公布的政策和规范，以及组织成员观察到的行为。基本假设是在组织中被视为理所当然的那些潜在的、无意识的假设。虽然它们可能难以察觉，但它们决定了组织中的行为。组织的信念和价值观最初是公司领导者的主张，然后在组织中受到挑战和辩论。如果领导者的这些主张或信念不断产生积极的结果，那就可以转化为组织的共同信念和价值观。这些价值观、规范提供了组织成员在实践中遵循的日常操作原则。

Chalofsky（2010）提出基于价值观的组织文化，他用这个概念来描述一种真实的组织文化，这种文化不仅宣扬价值观，而且实践价值观。基于价值观的组织文化是组织内部的一股强大力量，它能促进组织和谐，增强组织的社会责任感，表达对员工的真正关心和尊重，欣赏、认同员工的成就。这是一种嵌套在共同价值观、规范和行为体系中的组织文化，从而推动整个组织发展。组织文化影响和激励成员以特定的方式塑造他们的思维和行为，有助于在组织内部建立有利于常规和传统的结构（SCHEIN，1990）。以价值观为基础的组织文化的这些特征和属性与员工相关的积极成果（如员工绩效、工作幸福感、工作满意度等）相联系。

五、人性假设与道本价值观

人性化的领导哲学是建立在相应的人性假设基础上的。儒家哲学关注人际关系，强调仁爱，重视伦理道德。儒家领导哲学的核心是仁爱，它涉及人的本质、人的关系和人的管理。"人性向善"的理论奠定了仁慈领导的基础。有学者通过道家思想的视角来描述一个理想领导者应该是什么样的。胡国栋和李苗（2019）借鉴道家管理哲学智慧，建构了水式管理哲学及其理论体系；齐善鸿等（2020）提出基于道本管理的领导思维，采用扎根理论的程序与方法探索人性结构维度，发现人性由动物性、德性、道性3个主要维度构成，其中道性又包括自然、清净、无为3个子范畴。乔永胜等（2023）在文献梳理、质性访谈、问卷调查的基础上，综合运用探索性因子分析、验证性因子分析等多种统计方法，开发了一个包含3个维度（自然、清净、无为），共9个题项的道本管理思维测量量表。"无为"并不意味着不作为或消极行动，而是一种特殊的行动。管理者必须意识到，对人或事物进行过多的干预可能会产生相反或消极的结果。道本价值观就是将人、文化、技术等置于客观规律之下思考，主张以"道"作为管理的基础，尊重人的主体性和能动性，强调自然、清净、无为。

尽管大量学者都强调在文化情境下对领导过程的探讨需要关注价值观发挥的重要作用，但在对领导力影响个人及团队过程的实证研究中，价值观的作用却很少被提及。这是因为，一方面，在不同情境下，有些价值观概念和测量工具没有被广泛接受；另一方面，尽管对价值观的重要性有所认知，由于理论基础的缺乏，鲜有一个理论框架能够对价值观的作用机理进行分析和概括。

因此，笔者认为结合学界对道家管理思想的深入研究，探讨国内企业背景下道本价值观的测量维度和结构组成，设计适合国内企业，能够反映我国传统文化影响的组织价值观测量问卷是十分必要的。

第三节　道本价值观测量量表开发

一、问卷项目收集

测量问卷的项目主要通过以下 5 种方式收集。

（一）开放式问卷

在扎根理论研究中，开放式问题很重要，因为这些问题允许出现未经探索的见解。开放式问卷主要是提出关于道本价值观的问题，以便寻找关于道本价值观的描述。受访者是学习过"道本管理哲学"这门课的南开大学在职MBA、EMBA 学生，他们大部分是企业中高层管理者。开放式问卷的题目主要有：所在企业的价值观是什么？所在企业的价值观与其他企业，特别是国外的企业，有何不同？所在企业组织学习过哪些我国传统文化课程？哪些我国传统文化思想影响了所在企业的价值观？所在企业的价值观提倡什么，反对什么？

（二）访谈

笔者以企业深度访谈和管理小组座谈方式进行访谈，访谈对象包括企业高层管理者、团队领导以及成员。

（三）访谈日志

访谈日志是质性研究中常用的一种方法，用于记录访谈过程中的详细信息，包括受访者的回答、研究者的观察和访谈中产生的其他相关信息。通过总结和分析访谈日志，识别受访者在不同主题上的观点和反应，将访谈数据与现有理论框架联系起来，解释数据背后的含义。

（四）代表性文献

笔者从权威期刊、学术网站、经典著作中选择能较为客观地描述工作价值观的文章 100 余篇，特别关注能反映我国传统文化在工作价值观中体现的文章，分析其中关于道本价值观的描述，收集整理相关资料，包括《中国人的人生价值观：测量工具修订与理论建构》（于广涛 等，2016）和《基于2012 年财富中国五百强企业的信仰价值观分析》（吴杲，杨东涛，2014）等。

（五）收集国内外相关研究

笔者收集国内外关于"工作价值观"研究的量表，尤其是反映传统文化对价值观影响的相关量表。笔者在整个数据收集、数据分析和数据报告过程中保持中立，以避免有意识或潜意识地对新出现的自然数据造成任何干扰的可能性。研究结果以数据为基础，不受研究者主观性的影响。表 5.1 提供了本项研究主要使用的数据收集方法。

表 5.1　数据收集方法

方法	说明
开放式问卷	开放式问题引导参与者思考和表达他们的感受、想法和回忆，以提供更丰富的细节，而不是只关注简单的封闭式问题
访谈	对采访数据进行录音，然后将数据从音频形式转换为文本形式
访谈日志	研究者的观察和想法都要详细记录
代表性文献	寻找具有代表性的文献，尤其是我国传统文化价值观体现在企业管理中的文章，分析其中关于道本价值观的描述
收集国内外相关研究	收集国内外关于"工作价值观"研究的量表，特别是蕴含传统儒家、道家价值观的量表

资料来源：本书作者整理所得。

在开放编码过程中，转录本中的每一行都会被反映出来，以便对初始簇进行适当分类。轴向编码将这些类别简化为更明确的模式。在选择性编码中，核心类别是通过综合描述这种现象的相互关系而形成的。每一份转录本都是逐行编码的，这些编码形成了从数据的共性中显现出来的类别和子类别。随后是轴向编码；类别被合并成融合了类似概念的主题。接下来，选择性编码提供了验证研究的核心类别。这一过程最终以理论编码完成，将之前的编码转化为回答研究问题的过程。扎根理论编码示例见表 5.2。

表 5.2　扎根理论编码示例

原始资料	初始概念
使命、愿景、价值观，决定了组织能支撑多久，在我看来，"无为"是一种非常高的管理境界，但是今天中国越来越多采用西方的管理理念，而忽视了自身传统文化中的精华。知足者富，不争才能得到更多 ……	无为而治 ……
"无为而治"不是无所事事，而是管理者将日常事务的决策权下放，充分调动下属的工作积极性，实现自组织化，员工进行自我管理，使管理过程顺其自然，让主观意志遵循客观规律，管理者重点关注组织的未来发展方向与战略规划 ……	知足不争 顺其自然 遵循规律 ……

资料来源：本书作者整理所得。

运用扎根理论，对道本价值观进行质性研究，通过 3 级编码，得到涵盖 1 个核心范畴、3 个主范畴、12 个副范畴、176 个初始概念的道本价值观结构图。在此基础上，提出道本价值观理论，认为道本价值观由自然（世界观）、清净（社会观）、无为（个人观）三个维度构成。

二、问卷项目整理

（一）初始量表题项的建立与问卷编制

为更好地整理收集到的条目，分析其中的维度，笔者开展了如下工作。

第一步：组建编码小组。由 4 名在读博士生组成，对以道为本的价值观相关文献进行学习和讨论。

第二步：萃取道本价值观相关的陈述句，将这些陈述句提炼成短语。Schein 认为组织价值观一般分为两大类：内部整合与外部适应。外部适应价值观主要与组织面对的环境有关，包括社会、顾客、同行等，是一种功能性价值观。内部整合价值观主要与组织内部的决策、员工管理、产品创新等有关，是一种精英价值观。外部适应强调组织要了解环境需求，内部整合则可以呼唤出员工的企业精神，研究在萃取过程中参考了这一理论。利用现有相关理论，同时确保所述语句能反映结构定义，收集专家反馈。

第三步：小组共识讨论。对以上陈述句，由小组讨论一致认为是道本价值观的陈述句共有43项。经过对分类方法的讨论，把43个条目分成了3类。借鉴杨中芳关于文化价值体系的理论，组织价值体系包括：①对人及其与宇宙、自然、超自然等关系的构思，对社会及其成员关系的构思（简称世界观）；②此文化所属的具体社会中，为了维系它存在而必须具有的价值理念（简称社会观）；③社会成员个人必须具有的价值观（简称个人观）。将这些条目归于这3个范畴：自然（世界观）、清净（社会观）、无为（个人观）。

第四步：转译。将以上43个条目和3种分类发放给6位国学管理专家和4位企业高管重新归类，并根据其建议对措辞做进一步修改，使其更容易被企业管理人员理解。结果发现，被试者均大致同意（每个条目同意分类方法的占90%以上，即9个以上同意）将各条目归入原先归类的范畴中。说明在语义和内容上，各价值观条目能够反映道本价值观的内涵，初步形成了道本价值观量表。

量表开发过程基于现有理论，同时确保项目反映了结构定义。根据由3位学术专家和3位非专业专家组成的专家小组的反馈意见，对初始量表进行了修订。

（二）项目分析

笔者向天津、成都两所高校MBA班级群发放电子版预测试问卷，共收回问卷336份，在剔除数据缺失的问卷之后，最终得到315份有效问卷。笔者对题目进行质与量的分析，质的分析主要是让被访者标出题意不明确的题目。量的分析是主要进行了频率分布与正态分布分析，把答案中超过3和3以下的分成两大类，任何一类超过90%都删除，同时参考Skewness正态分布偏度参数。

预测试问卷修订和项目筛选的主要原则如下：

第一，进一步寻找和分析企业中最普遍、最有影响的道本价值观内容，补充重要条目，如"高管无为而治"，条目要既有共性又有区别。

第二，根据因素分析结果，依据项目共同度的高低，选择因素共同度高、因素负荷高的项目，删去两者都低的条目，如"工作开展靠关系"。

第三，进行语义分析，改变或删去含义不明确、容易产生歧义的条目，如"凡事都有利有弊"含义太过宽泛。

项目分析的主要目的是检验所有题项的区分度，剔除不良项目，提高量表质量。将预试样本的总分由高到低依次排序，取总分最高的 27% 为高组、总分最低的 27% 为低组，对两组数据进行比较。鉴别度分析结果显示，每一个问题项皆达到显著水平，说明量表题项具有区分高分组与低分组的能力。各项目与总分的相关系数也较为显著，相关系数均高于 0.50，说明各题项内在一致性高。

通过方差同质性检验，即检验单个问卷题项与量表其他题项的积差相关系数（CITC），找出并删除未达到一致性水平的题项，以达到净化目的。遵照以下两个标准：单项—总体的相关系数（CITC）不低于 0.50（ $p < 0.05$ ）；每个题项删除后的信度系数不高于量表整体信度系数。筛选过程中，发现有 2 个题项的 CITC 小于 0.5，有 1 个题项删除该项目后 Cronbach's α 值增加。因此删除这 3 个题项。最后，经小组讨论得出初步调查问卷，包括 12 个题项。

（三）量表提纯与探索性因素分析

为了评估量表的有效性和可靠性（通过专家小组反馈进行了改进），对来自 15 家公司的 331 名企业中层管理者进行了试点研究。首先进行因子分析，因子分析的最终目标是获得具有理论意义的概括性因子。因子分析也可以确定因子负荷，它表示每个变量与因子的相关性（HAIR et al.，1998；MALHOTRA et al.，2006）。因子负荷适用于不同的样本量，样本量应足够大，以便能够可靠地估计相关性。对于因子分析，大样本量比小样本量更可取。为了进行因子分析，使用 Kaiser-Meyer-Olkin（KMO）和 Bartlett 检验分析变量之间的相关矩阵。KMO 是抽样充分性的一种度量，它测试项目之间的小部分相关性（MALHOTRA et al.，2006）。Brace、Kemp 和 Snelgar（2012）认为 0.5 或更低的 KMO 值较差，0.6 是可以接受的。如果 KMO 值超过 0.5 或接近 1，则因子分析被认为是分析相关矩阵的合适技术（HAIR et al.，1998；MALHOTRA et al.，2006）。Hair、Malhotra 等建议，如果因子的特征值超过 1，则应将其归类为显著的和有用的因子，否则不应进一步分析。如果只有一个因子的特征值大于 1，则所有项都被认为是测量单个基础结构（HAIR et al.，2012）。方差百分比也有助于确定存在多少因素。方差百分比的计算方法是用相关特征值除以因子或变量的总数，再乘以 100（MALHOTRA et al.，2006）。

探索性因子分析结果见表 5.3，经多次旋转后，得到由 3 个维度、9 个题项构成的道本价值观测量量表，总方差解释百分比达 79.47%，所有题项的因子负荷值均大于 0.7，即所有因子都准确代表测试目标，进一步证明了题项有效。单个变量和其他维度变量之间的交叉负荷较低，说明因子内变量所反映的含义保持一致。探索性因子分析的结果与预先设置的因子结果基本吻合，最终抽取了自然、清净、无为 3 个维度，道本价值观测量量表的构思得到初步验证。

表 5.3　探索性因子分析结果

题项	标准化载荷	α 系数	解释方差	累计解释方差
A_1 能把握遵循事物的发展变化规律	0.871			
A_3 能调动他人的工作自主性	0.889	0.891	28.99%	28.99%
A_4 尊重他人建议，不自以为是	0.890			
A_6 遇事冷静，不骄不躁	0.843			
A_7 淡泊名利，低调做事	0.795	0.873	25.80%	54.79%
A_8 知足不争，清心寡欲	0.866			
A_9 没有私心，以集体利益为出发点	0.912			
A_{11} 懂得授权，信任并尊重他人	0.874	0.907	24.68%	79.47%
A_{12} 做正确的事，不乱为、不妄为	0.836			

三、正式调研及量表检验

（一）验证性因素分析

通过对 315 份问卷进行验证性因子分析，结果见表 5.4，各条目对应的潜变量的路径系数均大于 0.6，相应的 C.R. 值均大于临界值 1.96，并且在 $p < 0.001$ 水平上显著；绝对拟合指数 χ^2/df 为 1.570，均方根残差 SRMR 为 0.015，近似误差均方根 RMSEA 为 0.012，CFI 达到了 0.95 以上，相对拟合指数 CFI、

NFI 和 TLI 等都达到了 0.950 以上。拟合优度指标都在理想水平，说明本书开发的道本价值观测量量表的模型拟合效果良好。同时，测量模型中没有变量存在跨越两个维度的情形，进一步证明了原来的变量分别归属于三个维度是恰当的，每个维度之间具有较高的区别效度。通过因子载荷情况来检验其效度。验证性因子分析结果表明，各个观测变量在相应的潜变量上的标准化载荷系数均在 0.5~1，而且全部通过了 t 检验，在 p < 0.001 的水平上显著，各个项目的误差也都小于 0.70。这说明本书的各变量具有充分的收敛效度。由表 5.4 可知，三维度模型的拟合效果良好。

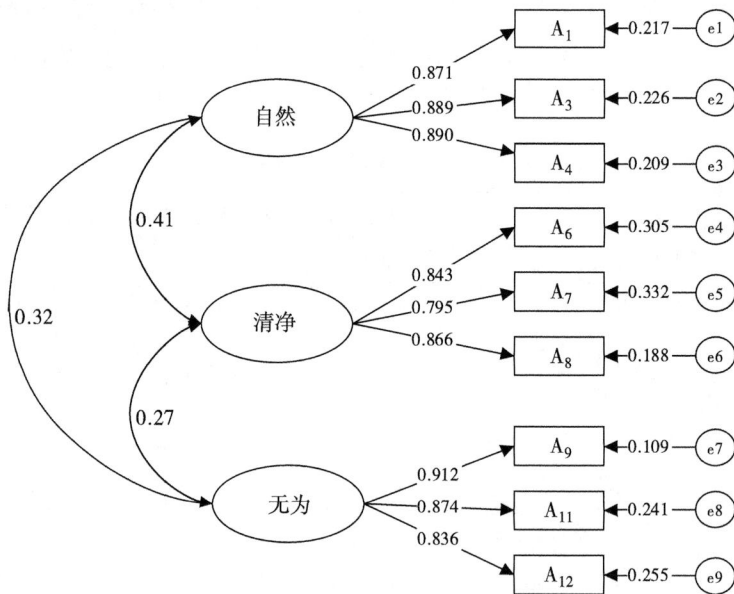

图 5.1 验证性因子分析

表 5.4 验证性因子分析结果（N = 315）

	卡方	df	RMSEA	CFI	NFI	TLI	IFI	AGFI	SRMR
单因子模型	954.338	27	0.237	0.726	0.669	0.635	0.727	0.448	0.108
二因子模型一	572.072	26	0.186	0.839	0.833	0.779	0.839	0.604	0.120
二因子模型二	211.710	26	0.108	0.911	0.938	0.924	0.945	0.846	0.048
二因子模型三	679.170	26	0.219	0.807	0.802	0.777	0.808	0.561	0.203
三因子模型	37.696	24	0.012	0.987	0.991	0.983	0.987	0.985	0.015

（二）聚合效度与区分效度

通过测量题项因子载荷和平均方差提取（AVE）检验量表的聚合效度，以测量题项因子载荷大于 0.550、AVE 值大于 0.700 为标准。结果显示，量表的因子载荷均大于 0.600，AVE 值均大于 0.700，数据结果均达到标准，量表具有良好的聚合效度（FORNELL et al.，1981）。通过对平均方差提取的平方根与变量之间的相关系数进行比较，来检验量表的区分效度，如果平均方差提取的平方根大于变量之间的相关系数，表明量表具有良好的区分效度，各项参数值见表 5.5。由表 5.5 可知，每个变量 AVE 值的平方根都大于其与其他变量之间的相关系数。因此，量表具有良好的区分效度。

表 5.5　AVE 及各维度之间的相关系数

	自然	清静	无为
自然	0.826		
清净	0.567[***]	0.796	
无为	0.613[***]	0.450[***]	0.858

注：对角线为维度的 AVE 平方根，* 表示 $p < 0.05$，** 表示 $p < 0.01$，*** 表示 $p < 0.001$。

第四节　结　论

从我国文化情境中提炼能够解释本土管理现象的概念或模型，可以弥补西方视角对我国管理现象认识上的不足。国内企业深受传统文化的影响，在文化价值观上与国外企业有着明显的不同。长期在西方情境下进行的领导机制研究，大多根植于西方的社会现实和文化根基，缺乏我国情境下本土概念的探索。因此不能照搬国外的价值观测量量表，而要立足于我国传统文化与企业管理实践，探索当前国内企业中的价值观测量量表。

在齐善鸿等（2020）关于人性结构维度研究的基础上，参考 Churchill 等学者的量表开发程序，笔者主要经历 4 个阶段完成道本价值观测量量表的研究设计工作。第一阶段，在质性研究三级编码分析的基础上设计初始测量题项；第二阶段，组织南开大学、天津理工大学等高校与研究机构的 3 位教授、

5 位企业高管、6 位博士生对初始测量题项的准确性和完备性逐条进行深度讨论，对一些语义有歧义的题项做了适当修改与补充；第三阶段，将问卷发放给 6 位国学管理专家，请专家就问卷的有效性和一致性提出观点和建议，并根据其建议对措辞进一步做修改；第四阶段，进行问卷发放调查，通过信效度分析删除无关测量题项，评估量表的聚合效度和区分效度，问卷定稿。

第六章　实证研究设计与假设模型检验

本书采用问卷调查法，研究结果的可靠性和有效性在很大程度上取决于调查问卷的设计质量，调研过程中获取的样本数据的统计分析结果直接决定研究模型及假设是否成立。科学、规范、可操作性强的调查问卷能够确保受访者客观如实地反映调查对象的现状，从而准确地揭示变量之间的关系，顺利达到解决问题和指导实践的研究目的。因此，调查问卷能否测量出受访者的真实感受、认知及行为倾向，是一个至关重要的问题。

第一节　问卷设计

一、问卷设计过程

问卷设计的关键环节之一是为构念确定合适的测量工具，除了道本价值观是新开发的量表，其余量表都来源于国内外文献中的成熟量表。大部分量表已经被国内研究者使用过并证明具有较高的信度及效度。若存在多个不同版本，则选择翻译质量较高的版本，如发表在国内管理学一流期刊上的量表。若没有找到合适的中文译本，则选择信度和效度最高、使用范围最广的英文量表，如发表在国外管理学及相关学科一流期刊上的量表，将其翻译成中文量表。具体而言，调查问卷的设计流程分为收集量表、翻译和回译量表两个基本步骤，具体情况如下所述。

（一）回顾已有文献，搜寻合适量表

笔者通过文献回顾发现，在涉及的研究变量中，国内外学者对研究变量已经开发了较为成熟的量表，并在相关研究中表现出良好的信度和效度，本书直接使用了这些成熟量表。然而，对有些变量而言，由于不同研究人员的研究视角和目的不同，设计的量表存在较大的差异，所以对这些量表进行了择优使用。笔者选择量表的过程遵循两个准则：第一，当同一个变量存在多个不同版本的量表时，首先选择接受度最高或发表于权威期刊的量表；第二，在满足第一个准则的基础上，尽量选择国内研究者已经验证过的、具有良好信度和效度的量表。

（二）回译并修订测量题项

笔者为所有变量选定测量工具之后，接下来的工作是将英文量表翻译为中文版本。笔者为了提高译文的精准度和可读性，对英文量表进行翻译和回译。具体过程如下：首先，由一名管理学专业的博士研究生、一名英语专业的博士研究生分别将英文量表翻译为中文，过程中双方不进行商讨；其次，翻译完毕之后，双方针对出现的分歧集中讨论，最终达成统一意见；再次，由其他两位专业翻译将中文量表回译为英文；最后，两组翻译人员将英文原始量表与汉译英量表进行对照，共同探讨二者之间的偏差，并剖析其原因，再对英译汉量表加以修订，修正翻译中的主观误差。最终形成一份语义清晰、结构合理、符合中文表达习惯，并能精确地传达英文原始量表内涵和外延的中文量表。

二、变量测量

研究涉及的量表均采用国内外学者开发的既有成熟量表。按照 Brislin 提出的程序，聘请一位不熟悉本书的专业翻译，对研究涉及的变量道德领导力、悖论领导行为、下属默契、团队绩效、工作幸福感与道本价值观均进行翻译和回译，经过 4 位管理学教授的审核，确保表述无误。所有量表都采用李克特（Likert）7 级量表，其中 1 表示"完全不同意或完全不符合"，7 表示"完全同意或完全符合"。

（一）道德领导力（EL）

国内学者的研究表明，Brown 等（2005）开发的量表被证明在我国情境下具有良好的信度和效度，具有较强的跨文化适用性。该量表只有一个维度，包含 10 个题项，各个题项的具体内容见表 6.1。团队所有成员对领导打分，然后采用均分聚合法计算每个团队授权领导的分数。

表 6.1　道德领导力量表

题号	测量题项
Q1-1	领导对来自员工的批评和不同意见持开放态度
Q1-2	领导训导违反道德标准的员工
Q1-3	领导在个人生活中遵循道德规范
Q1-4	领导考虑关心员工利益
Q1-5	领导会作出公平而均衡的决定
Q1-6	领导值得信赖
Q1-7	领导与员工讨论商业道德或价值观
Q1-8	领导树立正确做事的道德榜样
Q1-9	领导不仅看结果而且看取得结果的方式
Q1-10	领导在作决策时会考虑"什么才是正确的"

（二）悖论领导行为（PL）

Zhang 等（2015）开发的量表，共有 22 个题项，分为 5 个维度，各个题项的具体内容见表 6.2。

表 6.2　悖论领导行为量表

题号	测量题项
Q2-1	用公正的方式一致对待所有下属，但又认同他们独特的个性
Q2-2	将所有下属放到平等的位置，但也考虑他们的特质和个性
Q2-3	统一不带歧视地与下属交流，但也根据下属性格和需要转换沟通风格
Q2-4	统一管理下属，但也考虑他们的个性化需求
Q2-5	施加同等的工作负担，但也考虑每个下属处理不同任务的优势和能力
Q2-6	有想要去领导的欲望，但也准许下属共享领导角色
Q2-7	喜欢成为关注的焦点，但也准许他人出风头
Q2-8	要求别人懂得尊重，但同时也尊重别人
Q2-9	坚持自己的观点，但也能意识到自身的不足和他人的价值

续表

题号	测量题项
Q2-10	对自己的观点自信，但也承认自己需要向他人学习
Q2-11	抓大放小，控制主要问题，让下属处理细节
Q2-12	替下属作出最终决策，但也准许下属自行处理细节
Q2-13	在重大议题上作出决策，把相对次要的问题放权给下属
Q2-14	保持整体的控制权，但也给下属适当的自主决策权
Q2-15	强调工作表现的一致性，但也允许例外
Q2-16	阐明工作要求，但不涉及微观层面的细节
Q2-17	工作上高标准要求，但不会过分苛求
Q2-18	对工作有很高的要求，但也允许下属犯错
Q2-19	保持上下级的职级差异，但也不会摆领导架子
Q2-20	与下属保持距离，但并不冷漠
Q2-21	保持上下级的职级差异，但维护描述尊严
Q2-22	在工作中与下属保持距离，但在待人接物上平易近人

（三）团队绩效（TP）

De Jong 和 Elfring（2010）编制的量表，共 3 个题项，团队领导对团队成员完成工作的质量、数量及效率等予以评价，各个题项的具体内容见表 6.3。

表 6.3　团队绩效量表

题号	测量题项
Q3-1	团队完成工作的数量
Q3-2	团队完成工作的质量
Q3-3	团队整体工作效能

（四）下属默契（MQ）

Zheng 等（2019）编制的 8 个题项量表，各个题项的具体内容见表 6.4。

表 6.4　下属默契量表

题号	测量题项
Q4-1	我明白领导的需求，和领导有相同的思路和想法，并能够采取恰当的行动
Q4-2	无须多言，我就能经常理解领导在工作中的困惑和顾虑
Q4-3	无须多言，我就能配合领导展开工作
Q4-4	无须多言，我就能了解领导的行事风格
Q4-5	无须多言，我就能推断领导的工作思路
Q4-6	无须多言，我就能清楚领导的工作方法
Q4-7	无须多言，我与领导在工作上配合顺畅
Q4-8	无须多言，我就能与领导在工作上步调一致

（五）工作幸福感（WB）

Zheng 等（2015）编制的 6 个题项量表，各个题项的具体内容见表 6.5。

表 6.5　工作幸福感量表

题号	测量题项
Q5-1	我的工作非常有趣
Q5-2	总体来说，我对从事的工作感到非常满意
Q5-3	我总能找到办法来充实我的工作
Q5-4	我对具体工作内容感到基本满意
Q5-5	对我来说，工作是很有意义的经历
Q5-6	我对从工作中获得的成就感感到满意

（六）道本价值观（TV）

本书开发的 9 个题项量表，各个题项的具体内容见表 6.6。

表 6.6　道本价值观量表

题号	测量题项
Q6-1	能把握遵循事物的发展变化规律
Q6-2	能调动他人的工作自主性
Q6-3	尊重他人建议，不自以为是

题号	测量题项
Q6-4	遇事冷静，不骄不躁
Q6-5	淡泊名利，低调做事
Q6-6	知足不争，清心寡欲
Q6-7	没有私心，以集体利益为出发点
Q6-8	懂得授权，信任并尊重他人
Q6-9	做正确的事，不乱为、不妄为

（七）控制变量

以往研究证明，团队绩效与团队任期、团队规模有关（VEGT et al., 2005）。并且，人口统计学多样性会影响团队过程及团队绩效（SCHIPPERS et al., 2003）。有学者建议，可以减少模型中的控制变量以提高其估计精度，如果模型中包含的控制变量不能捕捉到结果变量的差异，那么模型可能会被错误地设定（HUSELID et al., 1997）。因此，本书将年龄、性别、团队任期和团队规模作为控制变量。

三、预调研实施及结果

在翻译英文量表过程中，翻译者尽管严格遵循相关原则开展每个环节的工作，保证语义准确、语言简练、通俗易懂，然而难免存在一些不足之处。另外，由于中西方文化不同，人们的思维方式、语言逻辑和行文结构等都存在一定差异，中文翻译可能很难完全准确表达英文原文的内涵和外延，更难的是以恰当的形式让受访者准确地认知和把握，这些难题可能会影响到问卷质量。尤其对首次开发应用的测量工具，其有效性和可信度需要进行严格审查。

调查结果和结论取决于收集的数据。数据必须是高质量、有效和可靠的。Zohrabi（2013）列举了测量数据和工具有效性的各种方法，如内容效度、效用标准以及内部和外部有效性。内容效度与如何充分有效地衡量技能、行为和要素有关。内部效度涉及研究结果反映现实世界的程度。为了验证这一点，研究人员需要对数据和研究工具进行审查，并提供反馈。过于复杂的术语、必须重新表述。此外，不符合目的的题项应予以舍弃。总之，所有题项都应该经过专家验证。评估内部效度有以下几种方法：成员检查、向参与者提供研究结果以供验证和确认、三角测量、从不同来源收集数据、长期观察、同行检查、评估研究人员偏见等。研究结果的可靠性与可复制性有关。在定量研究中，很容易得到相同的结果，因为数据是由数字组成的。研究结果的可靠性可以通过以下方式来验证：三角测量，包括使用各种数据收集程序，如访谈，或使用不同来源的调查问卷；研究人员阐明如何收集和分析数据，结果是如何实现的；不同研究阶段和过程的研究设计。Cronbach's α 系数被用于测量内部的一致性、可靠性，超过 70% 为可接受值。为了提高研究的外部可靠性，研究人员在研究过程中应注意数据收集和分析方法。

笔者为了找出初始调查问卷中可能存在的问题，进而予以修正和完善，在进行大规模的正式问卷调查之前，抽取了少量样本进行小规模试测，其目的在于：第一，考察调研对象能否准确地理解测量题项的含义；第二，确定测量题项是否能够有效地反映概念的内涵和外延；第三，考虑测量题项之间以及一个概念不同维度之间是否具有较高的内部一致性。

试测数据的检验过程包括信度检验和效度检验：一是运用 SPSS26.0 统计软件计算各个变量的校正项目总分相关系数（CITC）和 Cronbach's α 系数，从而判断测量量表是否具有良好的信度；二是进行 Bartlett 球形检验和 KMO 测度，考察变量是否适合做探索性因子分析，然后采取主成分分析法和方差极大法分析量表的效度水平。根据试测的分析结果，找出问题和不足，再对每个测量量表进行修正和完善，最终形成正式的调查问卷。

实施大规模正式问卷调查之前，笔者在天津的一家大型科技企业进行了小规模抽样调查，调查对象为该公司研发、销售和人力资源等部门的员工。在小规模调研过程中，共发放 260 份问卷，收回 256 份，剔除 7 份不合格问卷（如漏答、多选、态度敷衍、具有较为极端的倾向性等）之后，得到有效问卷总计 249 份。

在试测过程中，笔者从两个方面分析调查问卷的测量题项是否合适：一是测量量表是否具有良好的信度，依据 CITC 值和 Cronbach's α 系数两个指标来作出判断；二是通过探索性因子分析法，考察量表的因子结构，并对量表的效度水平作出判断。

首先，笔者运用 SPSS26.0 统计软件分析各个概念的测量量表的 CITC 值和 Cronbach's α 系数。Cronbach 指出，当测量题项的 CITC 值小于 0.5 时，表示题项信度偏低，应该予以删除。笔者在判定某个测量题项是否应该保留时，除了观察 CITC 值，还应该综合考察整个量表的 Cronbach's α 系数的变化情况。在某个测量题项的 CITC 值低于临界值的情况下，笔者如果将该题项删除之后，整个量表的 Cronbach's α 系数会变大，这时才应该作出删除该题项的决定。换言之，笔者删除某题项之后，整个量表的 Cronbach's α 系数并没有改变，或更小，则应该选择保留该题项。

其次，笔者采用 SPSS26.0 统计软件对各个概念的测量题项进行探索性因子分析以检验量表的效度水平。具体做法如下。首先，笔者利用 Bartlett 球形检验和 KMO 测度来考察测量量表是否适合做探索性因子分析，当 KMO 值大于 0.7 时，表明该量表可以进行因素分析；当 KMO 值小于 0.7 时，表明该量表不适合继续进行因素分析。在满足了因素分析的条件之后，笔者采取主成分分析法和方差极大法继续考量测量量表的效度情况，判断标准是：如果每个测量题项的因子载荷都大于 0.4，且不存在跨因子载荷问题（交叉载荷小于0.4），那么表示测量量表的效度符合相关要求。

经检验，各量表的 Cronbach's α 均大于 0.7，表示量表具有较强的内部一致性。CITC 值和 Cronbach's α 都能满足临界标准的要求，不需要删除任何一个题项。探索性因子分析的结果同样符合测量要求，测量量表的 KMO 值均大于 0.7，每个测量题项的因子载荷都大于 0.4，且不存在交叉载荷问题。鉴于此，在大规模正式调研过程中，可以使用试测问卷的测量量表，无须删除、增加或修正任何一个测量题项。

第二节　大规模调研

一、数据获取及样本描述

笔者为了验证假设模型，从北京、天津、苏州和成都等城市选择 10 家国内公司，覆盖信息技术、制造业、金融、化工等 8 个行业。在征得公司负责人的同意后，笔者与公司的人力资源部门取得联系，人力资源部门协助研究者与相关团队取得联系，并向受访团队解释了本书的目的和程序。为保证问卷的回收率，受访团队被安排到会议室或者利用团队开会时间来回答问卷。填答问卷前，笔者向受访团队介绍调研情况及基本要求，再发放调研问卷。受访者被告知调查结果只作为学术研究使用，数据将完全保密，除了笔者，其他任何人都不会得到问卷信息。

为了减少同源偏差，本书共使用了两套问卷。领导者问卷包含团队绩效、悖论领导行为、道本价值观和个人信息等。员工问卷包含道德领导力、下属默契、工作幸福感及个人信息等。问卷分三次发放，所有的数据都是在研究人员的指导下收集的。在问卷调查过程中，笔者始终与公司人力资源部门保持密切联系，确保在各个时间点参与调查的团队没有成员离开或更换职位。第一阶段，对团队绩效进行评估。问卷被分发给72个企业高层管理团队，有效问卷回收率为93.3%。第二阶段，在第一次调查问卷发放两周后，笔者向720名员工发放了一份关于道德领导力的问卷，这次调查有685份有效问卷返回。第三阶段，第二次调查问卷发放两周后，笔者向685名有效回答的员工又发放了一份关于工作幸福感和下属默契的问卷，这些员工中有667人返回了有效问卷。综合三个阶段，笔者使用62个团队的667名员工的调查数据作为分析样本。

分析样本中，员工平均年龄为34.7岁，其中36.9%为女性，94.1%的员工持有学士及以上学位。团队领导者平均年龄44.3岁，其中27.0%为女性。团队平均任期为5.62年，团队平均规模为11名员工。有效样本构成情况如表6.7所示。

表 6.7　有效样本构成情况（N=667）

项目	类别	数量	比例	项目	类别	数量	比例
性别	男	421	63.1%	教育程度	大专及以下	40	6.0%
	女	246	36.9%		本科	334	50.1%
年龄	25岁及以下	27	4.0%		硕士及以上	293	44.0%
	26～30岁	87	13.0%	工作年限	6个月至1年	53	8%
	31～35岁	353	52.9%		1年以下至3年	180	27%
	36岁及以上	200	30.0%		3年以上	434	65%

问卷收集数据后笔者需要考虑几个问题，如缺失数据、异常值和可疑答案等。初步数据分析和筛选旨在发现这些问题，并确保所收集数据的准确性和正确性。笔者不仅检查了缺失数据和异常值，还检查了数据的正态性、多重共线性和同构性，以便为更高级的统计分析做好准备（HAIR et al., 2012）。本书参考 Armstrong 和 Overton（1977）的建议，确保无反应偏差在本书中不是一个关键问题，双尾 T 检验的结果表明，前 25% 和后 25% 受访者在人口统计学变量（如工作年限）上没有显著差异。

二、聚合检验

本书中，相对低层次变量而言，道德领导力和悖论领导行为都是高层次的变量，用各团队成员在此变量上得分的平均值作为其衡量指标。本书参考 Bliese（2000）以及 James、Demaree 和 Wolf（1993）的建议，在聚合之前，首先考察变量的组内一致性和组间的差异性。组内相关系数（ICC）、组内评价者一致性系数（Rwg）被用来衡量各团队成员评价的变量是否适合于聚合到团队层次。道德领导力和悖论领导行为的 ICC（1）值分别为 0.48 和 0.47，二者的 ICC（2）值分别为 0.91 和 0.92。两个变量的 ICC（1）值和 ICC（2）值都分别超过了 0.12 和 0.7 的临界值，这说明变量达到了聚合要求，适合聚合到团队层面进行分析。其次，为了更进一步说明聚合的合理性，分别计算了相应的 Rwg 值（道德领导力：均值，0.83；中值，0.85；悖论领导行为：均值，0.87；中值，0.89）。最后，从这些结果中可以看到，变量的均值和中值都超过了 0.7，说明数据是可以在团队层面聚合的，这种聚合是有效的。

三、共同方法偏差与验证性因素分析

本书为了避免常见的方法偏差，测量了不同来源、不同时间点的自变量和因变量，事前也做了预防处理，包括隐匿研究目的、变量名称、问项错项排列等，以减少调查对象的一致性填写动机。但是由于问卷采用自我报告的方式，仍然有存在同源偏差的可能。因此，根据 Podsakoff 和 Organ 的建议，进行 Harman 单因子检验。结果显示，特征根大于 1 的因子不止一个，且没有一个因子的方差解释率大于 40%，说明本书并没有严重的同源偏差问题。但是，本书考虑到 Harman 单因子检验是一种不敏感的检验方式，同时采用验证性因素分析来检验同源偏差。

　　与基于个体的、单水平效度不同，基于团队的（如总体或群体水平）推理需要应用多水平效度（ZUMBO et al., 2011）。然而，在以往的文献中，很少有研究系统地检验多层次效度。只关注单层水平，忽视多层次间的有效性，会导致假设测量在两个水平上同样有效。这就可能导致偏差，并会影响研究结果。根据 Geldhof 等（2013）的建议，为了获得多层数据的可靠估计值，采用多水平验证性分析（MCFA）方法，MCFA 是 MSEM 的一个特例，它只关注指标与其潜在变量之间的关联，而不考虑潜在变量之间的结构关系。多水平验证性分析（MCFA）方法可以同时对组内协方差矩阵和组间协方差矩阵进行分析，通过允许单独估计特定级别的测量模型参数，分解组内和组间的可靠性。在验证个体水平的同时解释群体水平的影响。MLM 或 HLM 是一种替代方法，它允许在不重构多级数据的情况下对其进行分析。MLM 方法将残差分解为不同数据层次的残差分量。HLM 的另一个优点是允许截距因组而异，自变量的影响因组而异。此外，HLM 允许对交叉分类数据进行分析，而这是使用传统的分解或聚合方法无法做到的。交叉分类数据是分层数据的一种特殊情况，当一个主题被两个或多个簇分类时，这些簇不是分层的或相互嵌套的。交叉分类数据的一个例子是来自同一社区的学生上不同的学校。在这种情况下，一级学生信息嵌套在同一级别的变量中。

　　HLM 作为线性回归的延伸，需要一些与 OLS 方法类似的假设（MAAS et al., 2004）。HLM 假定因变量和自变量之间存在线性关系，它还要求观测的同质性和独立性。由于多层次数据的性质，HLM 的正态性假设与 OLS 中的正态性假设略有不同。HLM 在估计自下而上效应时也有局限性。

　　Lüdtke 等（2008）证明，与以群体平均数为中心的 HLM 方法相比，MSEM 减少了估计偏差。MSEM 的另一个优点是提供了一个更多级的中介模型的分析，有些模型不能使用 HLM 方法进行分析，例如，在高层次具有结果变量的中介模型。

四、变量描述性统计、相关性分析及信效度检验

　　对各量表进行一致性检验结果显示，道德领导力、悖论领导行为、团队绩效、下属默契、工作幸福感和道本价值观的 α 值分别为 0.92、0.88、0.87、

0.86、0.91 和 0.86，且联合信度（CR 值）均大于 0.7（见表 6.8），说明各量表均具有较高的信度；本书使用 Mplus8.3 软件进行验证性因子分析，结果显示所有题项的因子载荷都达到了 0.7 以上的水平，并且在 0.001 显著性水平下显著，这说明在指标和所测变量之间存在统计显著性。经计算，6 个变量的 AVE 估计值均高于它们相关系数的平方值，本书中对各个概念的测量满足收敛效度并具有较高的区分效度。

表 6.8　信度效度检验

变量	Cronbach's α	CR	AVE
道德领导力	0.92	0.949	0.757
悖论领导行为	0.88	0.952	0.768
团队绩效	0.87	0.946	0.745
下属默契	0.86	0.937	0.711
工作幸福感	0.91	0.933	0.712
道本价值观	0.86	0.950	0.763

五、假设检验与统计分析

利用 Mplus8.3 软件构建多层结构方程模型。在对嵌套数据检验中介效果方面，MSEM 相比传统的 HLM 更具优势，更适合对潜变量结构方程模型进行分析（BAUER et al. 2006；PREACHER et al. 2010）。本书遵循 Preacher 等的建议，在组间水平上考察潜在变量和潜在组均值之间的链式关系，使用 Mplus8.3 运用稳健的极大似然法（Maximum Likelihood Method）对数据进行多层次路径分析，在测试多条路径的同时，考虑了数据的嵌套性质。稳健的极大似然法对于多层次中介分析有很强的实用性，它能够容纳大样本数据，并提供稳健的标准误（YUAN et al.，2000）。模型检验结果见表 6.9。

表 6.9　MSEM 检验结果

路径	层次关系	效应值
H1：EL → TP	2 → 2	0.127[**]
H2：EL → PL	2 → 2	0.302[***]
H3：PL → TP	2 → 2	0.238[***]

路径	层次关系	效应值
H4: EL → MQ	2 → 1	0.133**
H5: EL → WB	2 → 1	0.226***
H6: PL → WB	2 → 1	0.231***
H7: MQ → TP	1 → 2	0.127***
H8: MQ → WB	1 → 1	0.272***
H9: EL → PL → TP	2 → 2 → 2	0.217***
H10: EL → PL → WB	2 → 2 → 1	0.246***
H11: EL → MQ → TP	2 → 1 → 2	0.263***
H12: EL → MQ → WB	2 → 1 → 1	0.252***

注：员工数 =667，团队数 =62；1= 个人层面变量；2= 团队层面变量；EL= 道德领导力；TP= 团队绩效；PL= 悖论领导行为；MQ= 下属默契；WB= 工作幸福感；表中为非标准化系数；*$p < 0.05$；** $p < 0.01$；***$p < 0.001$（双尾检验）。

六、MSEM 结果分析

假设 1、假设 2 提出道德领导力正向影响团队绩效、悖论领导行为。结果如表 6.9 所示，道德领导力正向影响团队绩效（$\beta = 0.127$，$p < 0.01$），假设 1 得到验证；道德领导力正向影响悖论领导行为（$\beta = 0.302$，$p < 0.001$），假设 2 得到验证。

假设 3、假设 6 提出悖论领导行为与团队绩效、工作幸福感呈正相关。因悖论领导行为与团队绩效同属高层次变量，故可直接检验其影响关系。结果如表 6.9 所示，悖论领导行为正向影响团队绩效（$\beta = 0.238$，$p < 0.001$），假设 3 得到验证；悖论领导行为与工作幸福感处在不同层次，但高层次的组间变量无法预测组内变量在成员之间的差异，实质上仍为组间关系。因此，为检验 2 → 1 直接效应，检验组间预测变量道德领导力和组内结果变量工作幸福感的组均值之间的结构系数。结果见表 6.9，悖论领导行为正向影响工作幸福感（$\beta = 0.231$，$p < 0.001$），假设 6 得到验证。

假设 4、假设 5 提出道德领导力与下属默契、工作幸福感呈正相关。虽然道德领导力与其他两个变量处在不同层次，但高层次的组间变量无法预测组内变量在成员之间的差异，实质上仍为组间关系。因此，为检验 2 → 1 直接效应，检验组间预测变量道德领导力和组内结果变量下属默契、工作幸福感的组均值之间的结构系数。结果见表 6.9，假设 4 和假设 5 得到验证。

假设 7 提出下属默契（低层次 / 组内变量）正向影响团队绩效（高层次 / 组间变量）。为检验 1 → 2 直接效应，参考 Nohe 等的检验方法，检验下属默契的组内均值与团队绩效关系的结构系数。结果见表 6.9，下属默契与团队绩效显著正相关（$\beta = 0.127$，$p < 0.001$），假设 7 通过验证。

假设 8 提出下属默契正向影响工作幸福感。因下属默契与工作幸福感同属低层次变量，故可直接检验其影响关系。结果见表 6.9，下属默契正向影响工作幸福感（$\beta = 0.272$，$p < 0.001$），假设 8 得到验证。

假设 9 提出的悖论领导行为在道德领导力与团队绩效间的 2 → 2 → 2 链式中介关系。结果见表 6.9，链式中介效应显著（$\beta = 0.217$，$p < 0.001$），假设 9 得到验证。

假设 11 提出下属默契在道德领导力与团队绩效间的 2 → 1 → 2 链式中介关系。本书参考 Zhang 等推荐的方法，在组间检验组层次的潜变量和组均值潜变量之间的链式关系。因为任何始于高层次预测变量的中介关系只可能在组间层次成立，混合组内和组间关系会带来对中介效应的错误估计。因此，本书将高层次的三段路径系数（道德领导力—下属默契组均值潜变量、下属默契组均值潜变量—团队绩效）的乘积来检验这一链式中介效应。结果见表 6.9，该 2 → 1 → 2 跨层链式中介显著（$\beta = 0.263$，$p < 0.001$），假设 11 通过验证。

假设 10、假设 12 的跨层链式中介效应的检验方法与假设 11 的检验方法一致，结果见表 6.9，中介效应均显著（$\beta = 0.246$，$p < 0.001$；$\beta = 0.252$，$p < 0.001$），假设 10、假设 12 通过验证。

假设 13 提出领导者的道本价值观调节了道德领导力与悖论领导行为之间的正向关系。MSEM 检验结果表明，道本价值观对道德领导力与悖论领导行为的调节效应显著（$\beta = 0.097$，$p < 0.001$），假设 13 通过验证。

第三节　道德利他动机下电力企业低碳转型演化策略

在全球气候变化的严峻挑战下，电力行业作为温室气体排放的主要来源之一，其绿色低碳转型成为应对这一全球性问题的关键举措。鉴于资源日益枯竭和环境承载能力不断下降的现状，传统的化石能源为主导的能源结构已难以支撑经济社会的可持续发展。因此，推动能源结构调整，实现能源多元化发展，成为确保能源安全和促进经济社会可持续发展的有效途径。

一、绿色电力证书

绿色电力证书（Green Electricity Certificate，GEC）作为一种市场化机制，其核心功能在于证明特定电力产品源自可再生能源（涵盖风能、太阳能、水能等）。该机制通过允许公司或个人购买绿色电力证书，间接支持清洁能源的生产活动，从而有效减少温室气体排放，对环境保护具有积极作用。

在全球能源革命与绿色低碳转型的大背景下，可再生能源电力凭借无碳排放、清洁环保及可再生等特性，成为能源结构转型的核心驱动力。绿色电力证书制度在此背景下应运而生，并细分为补贴绿证与无补贴绿证两大类。补贴绿证主要针对的是纳入国家补贴清单的陆上风电与光伏电站项目。这类绿证的核发，旨在通过市场机制激励并保障这些依赖国家补贴的可再生能源项目能够持续运营与发展。

相对而言，无补贴绿证的核发范围则更为广泛，涵盖了平价（低价）陆上风电与光伏发电项目，以及那些已超过全生命周期合理利用小时数或达到补贴年限的可再生能源发电项目。无补贴绿证的推出，标志着可再生能源项目在逐步摆脱对政策补贴依赖的同时，仍能通过市场机制获得认可与价值实现，进一步促进了可再生能源行业的市场化与可持续发展。

二、演化博弈模型构建

从电力企业低碳转型的视角出发，构建一个基于博弈理论的竞合模型，以深入剖析绿电（可再生能源电力）与火电（化石能源电力）在电力市场中的复杂互动关系。该模型的核心在于定量分析，旨在揭示在不同互利条件下，双方所能达到的最优竞合均衡电量与电价。具体而言，研究通过引入利他因子这一关键变量，深入探讨其变化对双方利润及其他均衡变量（如市场份额、生产成本等）的潜在影响。利他因子的引入，旨在模拟电力企业在决策过程中可能展现出的合作倾向，即一方在追求自身利益最大化的同时，也考虑并尊重对方的利益，从而形成一种互利共赢的竞合关系。

（一）模型假设

表 6.10 总结了本节模型中使用的符号及说明。

表 6.10　符号及说明

符号	说明
a, b	电成本系数
r	上限售卖电价
s	电价变化率
TGC	可交易绿电证书
π_c	火电企业的利他效用
π_g	绿电企业的利他效用
U_c	火电企业利润
U_g	绿电企业利润
ε	绿电企业对火电企业的利他因子
δ	火电企业对绿电企业的利他因子
u_{ci}	绿电企业利他时，火电企业利润增加平均变化率
u_{gi}	火电企业利他时，绿电企业利润增加平均变化率
v_{ci}	火电企业利他时，自身利润损失平均变化率
v_{gi}	绿电企业利他时，自身利润损失平均变化率
F_c	火电企业偏离互利时的风险损失额度
F_g	绿电企业偏离互利时的风险损失额度
M_c	双方互利时火电企业额外增值利润

续表

符号	说明
M_g	双方互利时绿电企业额外增值利润
q_g, q_c	市场上电力消费者对绿电和火电的需求
E_{ci}, E_{gi}	绿电与火电企业的期望利润

为了提高能源效率，减少碳排放，符合市场交易运营实际情况，且便于模型推导和理论分析，作如下基本假设。

假设1：绿电与火电都有自己的待决策略和收益函数，并且完全有权单独行动以最大化自己的收益。收益不仅取决于自己的策略，还取决于双方的互利竞合行为。

假设2：转型模型中存在一个不确定因素，在绿电企业制度策略时是模糊的，在火电企业制度策略时显示出来。不确定性参数同时影响绿电与火电的收益。

假设3：不确定因素依赖于决策，但完全未知。电力企业可以通过主动控制来限制不确定因素的变化范围。电力企业在低碳转型过程中需要在预期利润和 Cvar（Conditional value at risk）之间作出权衡。考虑不确定因素带来的潜在风险，提高模型的实用性。

假设4：电力企业面临的市场逆需求函数均为线性函数，根据双边交易渠道类型的不同而具体进行设定。

（二）互利竞合转型模型

在市场对绿电和火电的均衡需求两种情况下，构建模型不仅需要加强企业转型的内部控制，而且要考虑外部风险因素的不确定性。需要考虑最优电价 p^* 和最优电产量 q^* 的均衡需求，并分析碳排放限额对均衡结果的影响。基于以上模型和前文所述，得到电力企业的决策模型表述如下：

$$
\begin{cases}
\underset{q>0}{\operatorname{argmax}} \, \pi_c = \underset{q>0}{\operatorname{argmax}} \left(U_c + \sum_{i=1}^{N} \delta_i U_g \right) \\
\underset{p>0}{\operatorname{argmax}} \, \pi_g = \underset{p>0}{\operatorname{argmax}} \left(U_g + \sum_{i=1}^{N} \varepsilon_i U_c \right)
\end{cases}
\tag{1}
$$

式（1）是具有主从递阶结构的优化问题，属于双层规划问题。双层规划模型中，上层为单目标模型，下层为多目标模型，目标函数均为非线性函数，下层目标函数为凹函数，且为求最大值问题，下层规划对应的 KKT（Karush–Kuhn–Tucker）条件所确定的解，即为下层规划最优解。下层模型目标函数的 KKT 最优性条件替换下层规划。同时，下层规划最优解作为上层规划的约束条件，将双层多目标规划问题转化为单层单目标规划问题进行求解。依旧利用 KKT 条件，双层问题转化为单层问题，先求解转型成本最小化问题即收益最大化，接着再确定外部风险问题，这两个问题可以依次求解。

决策模型包含预期收益并权衡存在的风险。较高的收益意味着承担较高的风险。相比之下，保守型企业倾向于规避风险。用逆向归纳法对该问题进行求解，则电力企业利他效用函数最大化对应优化问题：

$$\max \pi = \max\left[\left(p - \frac{1}{2}aq^* - b\right)q^* + \varepsilon\left(r - sq^* - p\right)q^*\right] \tag{2}$$

其中决策变量 $q > 0$ 是市场需求电量，$p > 0$ 为零售电价，$r > 0, s > 0$ 分别为上限售卖电价及电价变化率；成本函数为二次函数 $\frac{1}{2}aq^2 + bq$，其中 $0 < a < b \leqslant r$ 为成本系数。

一阶最优反应方程为：

$$\frac{\partial \pi}{\partial p} = (1 - \varepsilon)q^* + (p - aq^* - b)\frac{\partial q^*}{\partial p} - p + \varepsilon\left[(r - sq^* - w)\frac{\partial q^*}{\partial p} - sq^*\frac{\partial q^*}{\partial p}\right] = 0 \tag{3}$$

其中：$\frac{\partial q^*}{\partial p} = \frac{\delta - 1}{2s + a\delta}$，结合式（3）和 $q_i^* = \frac{r - p + \delta(p - b)}{2s + a\delta}$ 可以得到最优产电量及电价分别为：

$$\begin{cases} q^* = \dfrac{(r - b)(1 - \varepsilon\delta)}{4s(1 - \varepsilon) + [1 - (2\varepsilon - 1)\delta]a + 2s\varepsilon(1 - \delta)} \\ \\ p^* = \dfrac{r - \delta b - q^*(2s + a\delta)}{2s + a\delta} \end{cases} \tag{4}$$

命题 1：绿电企业利他程度 ε 提高，将增加最优产电量 q^*，降低最优电价 p^*；绿电企业利他程度 ε 的提高，将减少最优产电量 q^*，提高最优电价 p^*。

证明：根据式（4）有：

$$\frac{\partial q^*}{\partial \varepsilon} = \frac{(2s+a\delta)(1-\delta)(r-b)}{\left\{a+4s+a\delta-2\varepsilon\left[(a+s)\delta+s\right]\right\}^2} > 0 \qquad \frac{\partial p^*}{\partial \varepsilon} = -s\frac{\partial q^*}{\partial \varepsilon} < 0$$

$$\frac{\partial p^*}{\partial \varepsilon} = \frac{\partial p^*}{\partial q^*}\frac{\partial q^*}{\partial \varepsilon} = -\left(\frac{2s+a\delta}{1-\delta}\right)\frac{(2s+a\delta)(1-\delta)(r-b)}{\left\{a+4s+a\delta-2\varepsilon\left[(a+s)\delta+s\right]\right\}^2} < 0$$

$$\frac{\partial q^*}{\partial \delta} = \frac{(a+2s\varepsilon)(1-\varepsilon)(r-b)}{\left\{a+4s-2s\varepsilon-\varepsilon\left[2s\varepsilon(a+s)\delta-a\right]\right\}^2} < 0 \qquad \frac{\partial p^*}{\partial \delta} = -s\frac{\partial q^*}{\partial \delta} > 0$$

$$\frac{\partial p^*}{\partial \delta} = \frac{\partial p^*}{\partial q^*}\frac{\partial q^*}{\partial \delta} = \left(\frac{2s+a\delta}{1-\delta}\right)\frac{(a+2s\varepsilon)(1-\varepsilon)(r-b)}{\left\{a+4s-2s\varepsilon-2\delta\left[(a+s)-a\right]\right\}^2} > 0$$

命题得证。

命题2：绿电企业利他程度 ε 提高，将在增加火电企业利润 U_c 的同时降低自身利润 U_g；火电企业利他程度 δ 提高，将在增加绿电企业利润 U_g 的同时降低自身利润 U_c。

证明：绿电与火电均实现博弈关系中的利润最大化，根据式（3）有以下式子。

$$\begin{cases} \dfrac{\partial U_c}{\partial q} = r - 2sq^* - p^* = 0 \\ \dfrac{\partial U_g}{\partial p} = q^* + (p - aq^* - b)\dfrac{\partial q^*}{\partial p} = \dfrac{p^* - (2s+a)q^* - b}{2s+a\delta} = 0 \end{cases} \qquad (5)$$

由式（5）结合命题1的证明过程，可以推导双方互利均衡利润对利他因子的变化率为：

$$\frac{\partial U_c}{\partial \varepsilon} = \frac{\partial U_c}{\partial q^*}\frac{\partial q^*}{\partial \varepsilon} + \frac{\partial U_c}{\partial p^*}\frac{\partial p^*}{\partial \varepsilon} = r - 2sq^* - p^* + q^*\frac{2s+a\delta}{1-\delta}\frac{\partial q^*}{\partial \varepsilon} > 0$$

其中由式（5），得到 $r - 2sq^* - p^* + q^*\dfrac{2s+a\delta}{1-\delta} > r - 2sq^* - p^* > 0$

$$\frac{\partial U_g}{\partial \varepsilon} = \frac{\partial U_g}{\partial q^*}\frac{\partial q^*}{\partial \varepsilon} + \frac{\partial U_g}{\partial p^*}\frac{\partial p^*}{\partial \varepsilon} = \left[p^* - q^*\left(a + \frac{2s+a\delta}{1-\delta}\right) - b\right]\frac{\partial q^*}{\partial \delta} < 0$$

其中由式（5），得到 $p^* - q^*\left(a + \dfrac{2s+a\delta}{1-\delta}\right) - b < p^* - q^*(a+2s) - b = 0$

同理： $\dfrac{\partial U_c}{\partial \delta} = \dfrac{\partial U_c}{\partial q^*}\dfrac{\partial q^*}{\partial \delta} + \dfrac{\partial U_c}{\partial p^*}\dfrac{\partial p^*}{\partial \delta} = r - 2sq^* - p^* + q^*\dfrac{2s+a\delta}{1-\delta}\dfrac{\partial q^*}{\partial \delta} < 0$

$$\frac{\partial U_g}{\partial \delta} = \frac{\partial U_g}{\partial q^*}\frac{\partial q^*}{\partial \delta} + \frac{\partial U_g}{\partial p^*}\frac{\partial p^*}{\partial \delta} = \left[p^* - q^*\left(a + \frac{2s+a\delta}{1-\delta}\right) - b\right]\frac{\partial q^*}{\partial \delta} > 0$$

命题得证。

命题 3：绿电与火电企业利他程度的提高，将增加双方的总利润 U。

证明：根据式（5）可以推导双方互利均衡总利润对利他因子的变化率为：

$$\frac{\partial U}{\partial \varepsilon} = \frac{\partial U_c}{\partial \varepsilon}\uparrow + \frac{\partial U_g}{\partial \varepsilon}\uparrow = \left[r - (a+2s)q^* - b \right]\frac{\partial q^*}{\partial \varepsilon} > 0$$

其中 $r - (a+2s)q^* - b > r - (a+4s)q^* - b = 0$

$$\frac{\partial U}{\partial \delta} = \frac{\partial U_c}{\partial \delta}\uparrow + \frac{\partial U_g}{\partial \delta}\uparrow = \left[r - (a+2s)q^* - b \right]\frac{\partial q^*}{\partial \delta} > 0$$

命题得证。

（三）演化动态模型

在电力市场的长期动态博弈中，基于有限理性的电力企业依据市场环境和内部条件的变化，通过逐步试验和调整策略以适应碳减排约束下的低碳转型需求。这一过程可通过目标函数构成的微分方程来描述，反映了企业根据市场反馈和内部改进逐步稳定策略的过程。转型过程中，企业的稳定发展均衡状态是市场中长期博弈的结果，既受自身条件（技术能力、资金状况、管理水平）影响，也受外部因素（政策变化、市场需求、竞争态势）驱动。通过设定碳排放成本、绿电比例、市场竞争强度等转型变量，并利用复制动态原理分析企业转型稳定性，可揭示企业在不同外部条件和内部调整下达到稳定转型状态的过程，探讨影响转型演化路径的关键因素，如政策激励、碳排放约束、市场需求和竞争格局，从而识别出不同情境下的最优转型路径和策略。

通过构建微分方程和设定相关转型变量，可以深入分析电力企业在低碳转型中的稳定性及演化路径，为政策制定者和企业决策者提供科学依据，帮助其在面对市场和政策变动时制定更加有效的策略。火电企业选择利他策略的比例 x 随时间变化的动态方程为：

$$S(x) = \frac{dx}{dt} = x(1-x)(E_{c0} - E_{c1})$$
$$= x(1-x)\left\{ y\left[(v_{c2}-v_{c1})\delta + (u_{c2}-u_{c1})\varepsilon + M_c + F_c - F_g\right] - \delta u_{c2} + F_g \right\} \tag{6}$$

同理，可以得到绿电企业选择利他策略的比例 y 随时间变化的动态方程：

$$S(y) = \frac{dy}{dt} = y(1-y)(E_{g0} - E_{g1})$$

$$= y(1-y)\left\{x\left[(v_{g2} - v_{g1})\varepsilon + (u_{g2} - u_{g1})\delta + M_g + F_g - F_c\right] - \varepsilon u_{g2} + F_c\right\}$$

（7）

式（6）和式（7）两个微分方程共同构成了绿电与火电企业动态转型演化系统：

$$\begin{cases} S(x) = \dfrac{dx}{dt} = x(1-x)\{y\left[(v_{c2} - v_{c1})\delta + (u_{c1} - u_{c2})\varepsilon + M_c + F_c - F_g\right] \\ \qquad\qquad\qquad -\delta v_{c2} + F_g\} \\ S(y) = \dfrac{dy}{dt} = y(1-y)\{x\left[(v_{g2} - v_{g1})\varepsilon + (u_{g1} - u_{g2})\delta + M_g + F_g - F_c\right] \\ \qquad\qquad\qquad -\varepsilon v_{g2} + F_c\} \end{cases}$$

（8）

可见，双方系统中初始利他策略比例 x、y 的数值是可变的，整个系统的均衡状态对 x、y 的微小扰动也不具备稳健性，可以通过调整相关变量朝所期望的策略方向转型改变。下一步分析演化博弈中策略选择比例不再随时间变化，系统达到均衡状态，即趋于稳定。则由式（8）得出：

$$\begin{cases} S(x) = \dfrac{dx}{dt} = 0 \\ S(y) = \dfrac{dy}{dt} = 0 \end{cases}$$

（9）

求解该微分方程组，可以得到 5 个局部均衡点分别为：$A(0,0)$，$B(0,1)$，$C(1,0)$，$D(1,1)$，$P(x^*, y^*)$。其中：

$$x^* = \frac{\varepsilon v_{g2} - F_c}{(u_{g1} - u_{g2})\delta + (v_{g2} - v_{g1})\varepsilon + M_g + F_g - F_c}$$

$$y^* = \frac{\varepsilon v_{c2} - F_g}{(v_{c2} - v_{c1})\delta + (u_{c1} - u_{c2})\varepsilon + M_c + F_c - F_g}$$

（10）

根据佛里德曼等在演化博弈中采用的雅可比矩阵分析方法，系统均衡点稳定性可由雅可比矩阵 J 的局部稳定性分析得到。具体方法为：分别计算矩阵 J 的行列式 $\text{Det}(J)$ 和矩阵的迹 $\text{Tr}(J)$，并由二者的符号判断均衡点的稳定性：当 $\text{Det}(J) > 0$，且 $\text{Tr}(J) < 0$ 时，均衡点为 ESS 稳定策略；当 $\text{Det}(J) > 0$，且 $\text{Tr}(J) > 0$ 时，均衡点为不稳定策略；当 $\text{Det}(J) < 0$，且 $\text{Tr}(J) = 0$ 或不确定时，均衡点为鞍点。则式（9）对应的雅可比矩阵如下：

$$J = \begin{pmatrix} \dfrac{\partial S(x)}{\partial x} & \dfrac{\partial S(x)}{\partial y} \\[3mm] \dfrac{\partial S(y)}{\partial x} & \dfrac{\partial S(y)}{\partial y} \end{pmatrix} \quad (11)$$

其中

$$\begin{cases} \dfrac{\partial S(x)}{\partial x} = (1-2x)\{y[(v_{c2}-v_{c1})\delta + (u_{c1}-u_{c2})\varepsilon + M_c + F_c - F_g] - \delta v_{c2} + F_g\} \\[3mm] \dfrac{\partial S(x)}{\partial y} = x(1-x)[(v_{c2}-v_{c1})\delta + (u_{c1}-u_{c2})\varepsilon + M_c + F_c - F_g] \\[3mm] \dfrac{\partial S(y)}{\partial x} = y(1-y)[(v_{g2}-v_{g1})\varepsilon + (u_{g1}-u_{g2})\delta + M_g + F_g - F_c] \\[3mm] \dfrac{\partial S(y)}{\partial y} = (1-2y)\{x[(v_{g2}-v_{g1})\varepsilon + (u_{g1}-u_{g2})\delta + M_g + F_g - F_c] - v_{g2} + F_c\} \end{cases} \quad (12)$$

可以计算 $\mathrm{Det}(J) = \dfrac{\partial S(x)}{\partial x}\dfrac{\partial S(y)}{\partial y} - \dfrac{\partial S(x)}{\partial y}\dfrac{\partial S(y)}{\partial x}$，$\mathrm{Tr}(J) = \dfrac{\partial S(x)}{\partial x} + \dfrac{\partial S(y)}{\partial y}$，得到各均衡点的行列式 $\mathrm{Det}(J)$ 和迹 $\mathrm{Tr}(J)$ 见表 6.11。

表 6.11　雅可比矩阵均衡点 Det（J）和迹 Tr（J）

均衡点	Det（J）	Tr（J）
A（0，0）	$(F_g - \delta v_{c2})(F_c - \varepsilon v_{g2})$	$F_g - \delta v_{c2} + F_c - \varepsilon v_{g2}$
B（0，1）	$[(u_{c2}-u_{c1})\varepsilon - v_{c1}\delta + M_c + F_c](v_{c2}\delta - F_c)$	$\varepsilon(u_{c1}-u_{c2}+v_{g2}) - \delta v_{c1} + M_c$
C（1，0）	0	$\delta(v_{c2}+u_{g1}-u_{g2}) - \varepsilon v_{g1} + M_g$
D（1，1）	$[(u_{c2}-u_{c1})\varepsilon - v_{c1}\delta + M_c + F_c] \times$ $[(u_{g1}-u_{g2})\delta - v_{g1}\varepsilon + M_g + F_g]$	$-[(u_{c2}-u_{c1})\varepsilon - v_{c1}\delta + M_c + F_c +$ $(u_{g1}-u_{g2})\delta - v_{g1}\varepsilon + M_g + F_g]$
$P(x^*,y^*)$	L	0

其中

$$L = -\frac{[(u_{g1}-u_{g2})\delta - v_{g1}\varepsilon + M_g + F_g][(u_{c1}-u_{c2})\varepsilon - v_{c1}\delta + M_c + F_c](v_{g2}-F_c)(\delta v_{c2}-F_g)}{[(u_{g1}-u_{g2})\delta + (v_{g2}-v_{g1})\varepsilon + M_g + F_g - F_c][(v_{c2}-v_{c1})\delta + (u_{c1}-u_{c2})\varepsilon + M_c + F_c - F_g]}$$

上述各均衡点的行列式 Det（J）和迹 Tr（J）的符号与相关假设及设定的损益变量有关，以下将根据不同的情境分类进行讨论。

（四）转型演化情境分析

1. 转型演化稳定性情境分析

情境 1：在碳减排的强约束下，绿电与火电在互利竞合策略下双方利润净增量必定大于其偏离竞合下所获利润净增量，转型演化必然稳定趋于互利竞合策略。

证明：此时，由绿电与火电单方的直接利润增加扣除风险损失额度后的利润净增量为：

$$\varepsilon u_{c2} - F_c < 0, \quad \delta u_{g2} - F_g < 0$$

则必有 $\varepsilon u_{c2} - F_c < 0 < \varepsilon u_{c1} - \delta v_{c1} + M_c$ 且 $\delta u_{g2} - F_g < 0 < \delta u_{g1} - \varepsilon v_{g1} + M_g$ 恒成立。均衡点 $P(x^*, y^*)$ 中 $\varepsilon u_{c2} - F_c < 0 < \varepsilon u_{c1} - \delta v_{c1} + M_c$，不满足其相应的存在条件，则转型演化系统其余 4 个均衡点的演化稳定性计算结果见表 6.12，证毕。

表 6.12 场景 1 中每个均衡点 Det（J）和迹 Tr（J）

均衡点	Det（J）符号	Tr（J）符号	稳定性
A（0,0）	+	+	不稳定
B（0,1）	−	−	鞍点
C（1,0）	−	−	鞍点
D（1,1）	+	−	ESS

此时演化系统存在一个不稳定点 $A(0,0)$，两个鞍点 $B(0,1)$ 和 $C(1,0)$，以及唯一的演化稳定点 $D(1,1)$，表示绿电与火电都采取互利竞合策略是 ESS 稳定策略。其系统演化路径如图 6.1 所示。

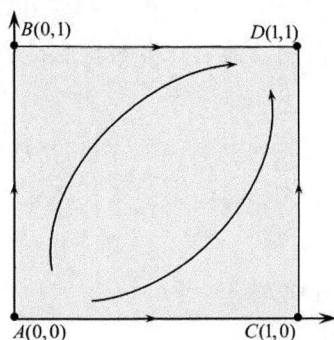

图 6.1 场景 1 的演化收敛域

由图 6.1 可见，情境 1 下，由于绿电与火电单方的投机行为，将面临很高的风险损失额，因此无论从任何初始条件出发，绿电与火电最终都必然稳定收敛于 D（1，1）互利竞合转型发展策略。

2. 转型演化不定性情境分析

情境 2：通常情况下，信息不对称、反馈及决策存在滞后效应等原因，组织转型发展存在不确定性因素增加，若在碳减排的弱约束下，绿电与火电转型演化缓慢，绿电与火电单方偏离转型发展风险增大，趋于完全竞争的策略中。结合前述公式，得出以下证明过程。

证明：（a）若绿电与火电在碳减排的弱约束下，竞合利润净增量均小于其投机获得的利润净增量。此时有 $\varepsilon u_{c1} - \delta v_{c1} + M_c < \varepsilon u_{c2} - F_c$ 且 $\delta u_{g1} - \varepsilon v_{g1} + M_g < \delta u_{g2} - F_g$ 成立。

根据前述，均衡点 P（x^*，y^*）在该情境下 $x^* \notin$（0，1），$y^* \notin$（0，1），不满足其相应的存在条件，则演化动力系统其余 4 个均衡点的演化稳定性计算结果见表 6.13。

表 6.13　场景 2（a）中各均衡点 Det（J）和迹 Tr（J）

均衡点	Det（J）符号	Tr（J）符号	稳定性
A（0，0）	+	−	ESS
B（0，1）	−	不稳定	鞍点
C（1，0）	−	不稳定	鞍点
D（1，1）	+	+	不稳定

此时系统存在一个不稳定点 D（1，1），两个鞍点 B（0，1）和 C（1，0），以及唯一的演化稳定点 A（0，0），表示绿电与火电在碳减排的弱约束下偏离转型发展，都采取自身经济利益最大化策略是 ESS 稳定。其转型演化路径如图 6.2（a）所示。

（b）若火电在碳减排的弱约束下，竞合利润净增量均小于其投机获得的利润净增量。此时有 $\varepsilon u_{c1} - \delta v_{c1} + M_c < \varepsilon u_{c2} - F_c$ 且 $\delta u_{g1} - \varepsilon v_{g1} + M_g > \delta u_{g2} - F_g$ 成立。根据前述，均衡点 P（x^*，y^*）不存在，则演化动力系统其余 4 个均衡点的演化稳定性计算结果见表 6.14。

表 6.14　场景 2（b）中各均衡点 Det（J）和迹 Tr（J）

均衡点	Det（J）符号	Tr（J）符号	稳定性
$A（0,0）$	+	−	ESS
$B（0,1）$	−	+	不稳定
$C（1,0）$	−	不稳定	鞍点
$D（1,1）$	+	不稳定	鞍点

此时系统存在一个不稳定点 $B（0,1）$，两个鞍点 $C（1,0）$ 和 $D（1,1）$，以及唯一的演化稳定点 $A（0,0）$，表示在碳减排的弱约束下，绿电与火电都采取自身经济利益最大化策略是 ESS 稳定策略。其系统演化路径如图 6.2（b）所示。

（c）若绿电在碳减排的弱约束下，竞合利润净增量均小于其投机获得的利润净增量。此时有 $\varepsilon u_{c1} - \delta v_{c1} + M_c > \varepsilon u_{c2} - F_c$ 且 $\delta u_{g1} - \delta v_{g1} + M_g < \delta u_{g2} - F_g$ 成立。根据前述，均衡点 $P（x^*, y^*）$ 也不存在，则演化动力系统其余 4 个均衡点的演化稳定性计算结果见表 6.15。

表 6.15　场景 2（c）中各均衡点 Det（J）和迹 Tr（J）

均衡点	Det（J）符号	Tr（J）符号	稳定性
$A（0,0）$	+	−	ESS
$B（0,1）$	−	不稳定	鞍点
$C（1,0）$	+	+	不稳定
$D（1,1）$	−	不稳定	鞍点

此时系统存在一个不稳定点 $C（1,0）$，两个鞍点 $B（0,1）$ 和 $D（1,1）$，以及唯一的演化稳定点 $A（0,0）$，表示在碳减排的弱约束下，绿电与火电都采取经济自身利益最大化策略是 ESS 稳定策略。其系统演化路径如图 6.2（c）所示，证毕。

情境 3：在碳减排的弱约束下，若绿电与火电在互利竞合策略下双方利润净增量均大于其投机策略（单方面偏离竞合）下所获利润净增量，转型演化收敛方向将具有不确定性，系统最终稳定策略与初始条件及鞍点位置有关。

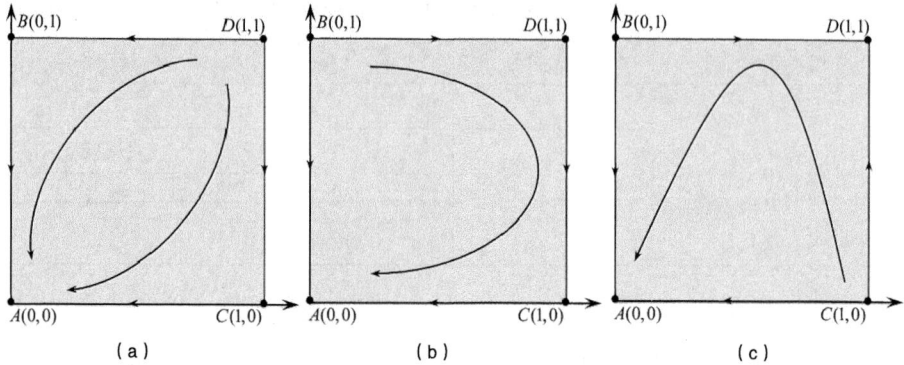

图 6.2 场景 2 的演化收敛域

证明：此时有 $\varepsilon u_{c1} - \delta v_{c1} + M_c > \varepsilon u_{c2} - F_c$ 且 $\delta u_{g1} - \varepsilon v_{g1} + M_g > \delta u_{g2} - F_g$ 成立。可得转型演化系统 5 个均衡点的演化稳定性计算结果见表 6.16。

表 6.16 场景 3 中各均衡点 Det（J）和迹 Tr（J）

均衡点	Det（J）符号	Tr（J）符号	稳定性
$A(0,0)$	+	−	ESS
$B(0,1)$	+	+	不稳定
$C(1,0)$	+	+	不稳定
$D(1,1)$	+	+	ESS
$P(x^*,y^*)$	−	0	鞍点

此时系统存在两个不稳定点 $B(0,1)$ 和 $C(1,0)$，一个鞍点 $P(x^*,y^*)$，以及两个演化稳定点 $A(0,0)$ 和 $D(1,1)$，分别表示在碳减排的弱约束下，若绿电与火电在互利竞合策略下双方转型演化收敛方向将具有不确定性，自身利益最大化策略均是 ESS 稳定策略。其系统演化路径如图 6.3 所示。

由图可见，当初始状态位于区域 S_{CPBD} 内时，系统演化最终将收敛于稳态均衡点 D（1，1），即绿电与火电都选择适度合作的互利竞合策略是 ESS 稳定策略，区域 S_{CPBD} 是选择互利竞合策略的收敛域，其面积大小代表转型发展演化系统最终向双方互利演化的概率；当初始状态位于区域 S_{ABPC} 内时，系统演化最终将收敛于稳态均衡点 A（0，0），即绿电与火电都在碳减排的弱约束下，自身经济利益最大化策略是 ESS 稳定策略，区域 S_{ABPC} 是自由发展策略的收敛域，其面积大小代表动力系统最终向双方利益竞争演化的概率。显然，两个收敛域的面积总和为 1，且哪种稳定策略的收敛域面积大，动力系统最终向该策略演化的可能性就越大。

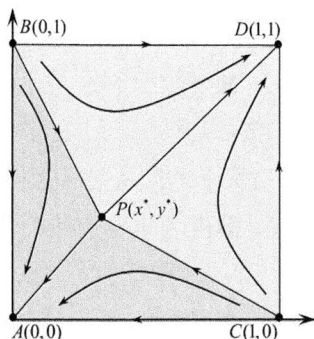

图 6.3　场景 3 的演化收敛域

（五）电力企业竞合演化影响因素

在碳减排约束下，绿电与火电的转型演化均衡稳态可能会收敛于完全竞争状态，也可能发展为双方选择互利的均衡状态。这种均衡稳态的实现受到鞍点的影响，使得最终结果具有不确定性。转型演化过程本质上是动态变化的，企业的收益直接影响其策略选择，从而影响未来的转型路径。初始条件及内外部因素的调整对演化路径有显著影响。通过修改这些参数，可以改变鞍点的位置，从而使系统的演化路径从不确定向确定方向转变。这样，绿电与火电的转型演化将可能朝向碳减排约束下的互利竞合方向收敛。因此，对初始条件和相关影响因素进行有效的调整和优化，是实现稳定的低碳转型发展的关键。

依据上述分析发现，在碳减排约束条件下可能存在鞍点 $P(x^*, y^*)$ 及两个收敛域，其中收敛域 S_{CPBD} 的面积越大，转型演化系统收敛于最优稳态均衡点 $D(1, 1)$ 的概率就越大，绿电与火电最终选择互利竞合作为双方长期稳定策略的可能性就越大。而收敛域 S_{ABPC} 的面积又取决于鞍点 $P(x^*, y^*)$ 的位置，如图 6.3 所示。收敛域 S_{CPBD} 的面积可以表示为 $S_{\triangle CPD} + S_{\triangle PBD}$，即：

$$S_{CPBD} = S_{\triangle CPD} + S_{\triangle PBD} = \frac{1}{2}\left(1 - y^* + 1 - x^*\right) = 1 - \frac{1}{2}\left(x^* + y^*\right)$$

可以得到收敛域 S_{CPBD} 面积对影响因素中任一参数 θ 的变化率为：

$$\frac{\partial S}{\partial \theta} = -\frac{1}{2}\left(\frac{\partial x}{\partial \theta} + \frac{\partial y}{\partial \theta}\right)$$

以下将通过分析相关参数变化对鞍点的作用，得到影响因素变化对收敛域 S_{CPBD} 面积的影响。根据鞍点 $P(x^*, y^*)$ 的解析形式，对鞍点位置的主要影响因素有：风险损失额度 F_c、F_g、额外增值利润 M_c、M_g、利润增加平均变化率 u_{c1}、u_{g1}、u_{c2}、u_{g2}，利润损失平均变化率 v_{c1}、v_{g1}、v_{c2}、v_{g2}。

命题 4：其他参数不变的情况下，提高偏离互利时双方的风险损失额度 F_c，F_g，有利于在碳减排约束条件下绿电与火电长期关系向互利竞合方向演化。

证明：

$$\frac{\partial x^*}{\partial F_g} = -\frac{\varepsilon v_{g2} - F_c}{\left[(u_{g1} - u_{g2})\delta + (v_{g2} - v_{g1})\varepsilon + M_g + F_g - F_c\right]^2} < 0$$

$$\frac{\partial y^*}{\partial F_g} = -\frac{\varepsilon v_{c2} - F_g}{\left[(v_{c2} - v_{c1})\delta + (u_{c1} - u_{c2})\varepsilon + M_c + F_c - F_g\right]^2} < 0$$

$$\frac{\partial S}{\partial F_g} = -\frac{1}{2}\left(\frac{\partial x^*}{\partial F_g} + \frac{\partial x^*}{\partial F_g}\right) > 0$$

同理：$\dfrac{\partial S}{\partial F_c} = -\dfrac{1}{2}\left(\dfrac{\partial x^*}{\partial F_c} + \dfrac{\partial x^*}{\partial F_c}\right) > 0$，证毕。

命题 5：其他参数不变的情况下，提高互利时双方额外增值利润 M_c，M_g，将激励推动在碳减排约束条件下绿电与火电长期关系向互利竞合方向演化。

证明：

$$\frac{\partial x^*}{\partial M_c} = 0$$

$$\frac{\partial y^*}{\partial M_c} = -\frac{\varepsilon v_{c2} - F_g}{\left[(v_{c2} - v_{c1})\delta + (u_{c1} - u_{c2})\varepsilon + M_c + F_c - F_g\right]^2}$$

$$\frac{\partial S}{\partial M_c} = -\frac{1}{2}\left(\frac{\partial x^*}{\partial M_c} + \frac{\partial x^*}{\partial M_c}\right) > 0$$

同理：$\dfrac{\partial S}{\partial M_g} = -\dfrac{1}{2}\left(\dfrac{\partial x^*}{\partial M_g} + \dfrac{\partial x^*}{\partial M_g}\right) > 0$，证毕。

命题 6：其他参数不变的情况下，提高互利时双方利润增加平均变化率 u_{c1}，u_{g1}，有利于在碳减排约束条件下绿电与火电长期关系向互利竞合方向演化；增加投机时双方利润增加平均变化率u_{c2}、u_{g2}，会促使在碳减排弱约束条件下绿电与火电长期关系向自身利益最大化方向演化。

证明：

$$\frac{\partial x^*}{\partial u_{c1}} = 0, \quad \frac{\partial y^*}{\partial u_{c1}} = -\frac{\varepsilon v_{c2} - F_g}{\left[(v_{c2} - v_{c1})\delta + (u_{c1} - u_{c2})\varepsilon + M_c + F_c - F_g \right]^2} < 0$$

$$\frac{\partial S}{\partial u_{c1}} = -\frac{1}{2}\left(\frac{\partial x^*}{\partial u_{c1}} + \frac{\partial x^*}{\partial u_{c1}} \right) > 0 \quad 同理：\frac{\partial S}{\partial u_{g1}} > 0$$

$$\frac{\partial x^*}{\partial u_{c2}} = 0, \quad \frac{\partial y^*}{\partial u_{c2}} = -\frac{\varepsilon v_{c2} - F_g}{\left[(v_{c2} - v_{c1})\delta + (u_{c1} - u_{c2})\varepsilon + M_c + F_c - F_g \right]^2} < 0$$

$$\frac{\partial S}{\partial u_{c2}} = -\frac{1}{2}\left(\frac{\partial x^*}{\partial u_{c2}} + \frac{\partial x^*}{\partial u_{c2}} \right) > 0 \quad 同理：\frac{\partial S}{\partial u_{g2}} > 0，证毕。$$

命题 7：其他参数不变的情况下，增加双方自身利润损失平均变化v_{c1}、v_{g1}、v_{c2}、v_{g2}。无论是在互利竞合情况下还是存在投机的情况下，总会导致在碳减排弱约束条件下绿电与火电长期关系向自身利益最大化方向演化。

$$\frac{\partial x^*}{\partial v_{c1}} = 0, \quad \frac{\partial y^*}{\partial v_{c1}} = -\frac{\varepsilon v_{c2} - F_g}{\left[(v_{c2} - v_{c1})\delta + (u_{c1} - u_{c2})\varepsilon + M_c + F_c - F_g \right]^2} > 0$$

$$\frac{\partial S}{\partial v_{c1}} = -\frac{1}{2}\left(\frac{\partial x^*}{\partial v_{c1}} + \frac{\partial x^*}{\partial v_{c1}} \right) < 0 \quad 同理：\frac{\partial S}{\partial v_{g1}} < 0$$

$$\frac{\partial x^*}{\partial u_{c2}} = 0, \quad \frac{\partial y^*}{\partial u_{c2}} = -\frac{\varepsilon v_{c2} - F_g}{\left[(v_{c2} - v_{c1})\delta + (u_{c1} - u_{c2})\varepsilon + M_c + F_c - F_g \right]^2} > 0$$

$$\frac{\partial S}{\partial v_{c2}} = -\frac{1}{2}\left(\frac{\partial x^*}{\partial v_{c2}} + \frac{\partial x^*}{\partial v_{c2}} \right) < 0, \quad 同理：\frac{\partial S}{\partial v_{g2}} < 0，证毕。$$

根据模型结论及演化假设，绿电与火电之间在碳减排约束条件下能使双方利润都有所改进。此时，实现双方互利竞合关系演化稳定的过程，也是双方利润得以长期增长的过程。给定参数条件下，可以通过不同情境下演化约束条件，分析可行互利竞合关系所对应的不同收敛域，即演化收敛域，从而建立双方互利关系策略集与最终演化结果之间的量化关系。

（六）仿真分析

为验证绿电与火电转型互利竞合关系演化的相关结论，并进一步分析演化结果之间的量化关系，选取某省电力公司作为研究对象，同一地区市场环境下，独立售电公司面临的市场逆需求函数与前文相同，公司下属的发电企业燃煤机组均为 660MW（数据来源于某省电力公司）。

演化模型中双方利润平均变化率的计算，来源于模型求解分析结论。表 6.17 显示了采用利润对利他因子的偏导数，来对绿电与火电企业利润增加（损失）平均变化率进行计算。通过选取利他因子（ε，δ）计算双方在互利竞合及存在风险损失时各自利润的增加（损失）变化率。为便于进一步演化分析，相关数据在 Stata18 中均采用归一化方法进行处理，得到归一化后的利润变化率，并求其均值。同时设定合理的风险损失额与增值利润参数。

表 6.17　演化相关损益变量参数

	利润增加平均变化率		利润损失平均变化率		风险损失额	增值利润
绿电企业	u_{c1}	u_{c2}	v_{c1}	v_{c2}	F_c	M_c
	0.64	0.86	0.30	0.65	[0.26，0.49]	[0.10，0.32]
火电企业	u_{g1}	u_{g2}	v_{g1}	v_{g2}	F_g	M_g
	0.57	0.79	0.39	0.76	[0.26，0.49]	[0.10，0.32]

使用 Matlab2023a 对演化过程进行模拟仿真，步长选取 0.1，演化时间设定 [0，100]（仿真演化程序中该时间体现为迭代次数），首先验证既定参数条件下，模拟不同利他因子集的最终演化走向；其次检验相关影响因素取值变化时，利他因子集的变动以及对转型模型演化结果的影响。

1. 转型演化动态仿真

绿电与火电转型系统演化过程中，受相关假设及情境约束的限制，在给定参数条件下，并不是所有互利竞合关系都符合演化约束前提，或能满足让系统向确定方向演化的条件。即不同的演化情境和约束条件对应不同的可行利他因子集合，分析相关约束条件可以得到不同演化收敛方向的利他因子可行域。以下取定初始风险损失额 $F_c = F_g = 0.26$，超额增值利润 $M_c = M_g = 0.10$，根据上节公式，上述参数下利他因子演化可行域分别为：

$$\omega_1 : s.t \begin{cases} 0.5\delta < \varepsilon < 1.27\delta \\ 0 < \varepsilon < 0.38 \\ 0 < \delta < 0.30 \end{cases}$$

$$\omega_2 : s.t \begin{cases} 0.5\delta < \varepsilon < 1.27\delta \\ \delta > \min\left(-1.46\delta + 1.65, -0.46\delta + 0.87\right) \\ 0.38 < \varepsilon < 1 \\ 0.30 < \delta < 1 \end{cases}$$

$$\omega_3 : s.t \begin{cases} 0.5\delta < \varepsilon < 1.27\delta \\ \varepsilon < -1.46\delta + 1.65 \\ \varepsilon < -0.46\delta + 0.87 \\ 0.38 < \varepsilon < 1 \\ 0.30 < \delta < 1 \end{cases}$$

上式中利他因子取值的三个区域 ω_1，ω_2，ω_3 即是情境 1、情境 2、情境 3 对应的约束集，此时转型演化系统分别收敛于互利竞合策略、利益最大化策略及不确定性策略三种情况。可得利他因子集三个演化可行区域，如图 6.4 所示，以下分别验证三个可行域中互利竞合关系的最终演化结果。

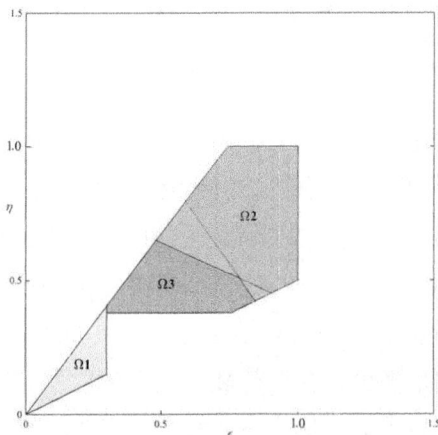

图 6.4　转化演化系统中利他因素可行域

2. 仿真分析讨论

（1）当利他因子集 $\left[(\varepsilon, \delta) \in \omega_1\right]$ 时，转型演化系统的 ESS 策略是互利竞合。给定参数条件下，根据 ω_1 约束条件，对于该区域利他因子策略集而言，风险损失额属于强约束条件，其演化过程对应于情境 1。在区域内任取利他系数（$\varepsilon = 0.1$，$\delta = 0.2$）$\in \omega_1$ 进行验证，系统演化仿真结果如图 6.5 所示，无论绿电与火电选择竞合策略初始比例是多少，在可行域 ω_1 内取值的所有利他策略集，其长期演化结果都会稳定收敛于互利竞合策略，符合情境 1 的理论分析结果。

电力企业只要制定适宜的风险损失额，必将大幅降低投机利润实际所得，绿电与火电长期竞合关系的稳定性将得到保障。但是这种关系中的合作是适度的，同时也是有限的，其深入程度与风险损失额正向相关。

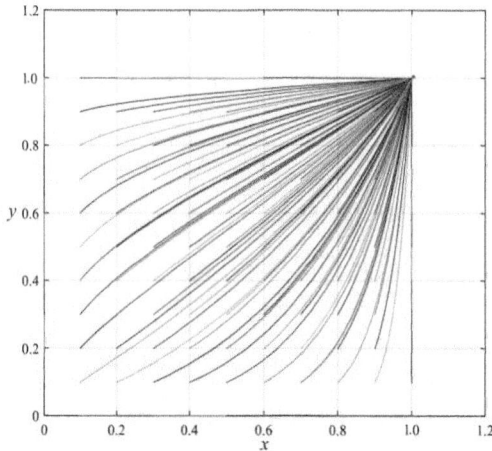

图 6.5　场景 1 的系统演化模拟 $[(\varepsilon,\delta)\in\omega_1]$

（2）当利他因子集 $[(\varepsilon,\delta)\in\omega_2]$ 时，转型演化系统的 ESS 策略是利益最大化策略。给定参数条件下，根据 ω_2 约束条件，对于该区域利他因子策略集而言，风险损失额属于弱约束条件，其演化过程对应于情境 2。由于情境 2 的三类情况最终演化结果相同，仿真图像类似，可在 ω_2 内任取利他系数（$\varepsilon=0.65$，$\delta=0.72$）$\in\omega_2$ 进行验证。转型演化系统仿真结果如图 6.6 所示，无论双方选择竞合策略初始比例是多少，在可行域 ω_2 内取值的所有利他因子集，其演化结果都会稳定收敛于利益最大化策略，符合情境 2 的理论分析结果。

分析表明互利竞合关系中，若现有风险损失额相对不强，并存在任何一方（双方）采取投机策略所获利润净增值高于双方转型互利发展时，互利合作机会成本较高，双方将缺乏构建或维持长期互利关系的意愿，也会失去推动双方转型发展的动力。

（3）当利他因子集 $[(\varepsilon,\delta)\in\omega_3]$ 时，转型演化系统的 ESS 策略具有不确定性。给定参数条件下，根据 ω_3 约束条件，对于该区域利他因子集而言，险损失额属于弱约束条件，其演化过程对应于情境 3。在区域内任取利他系风

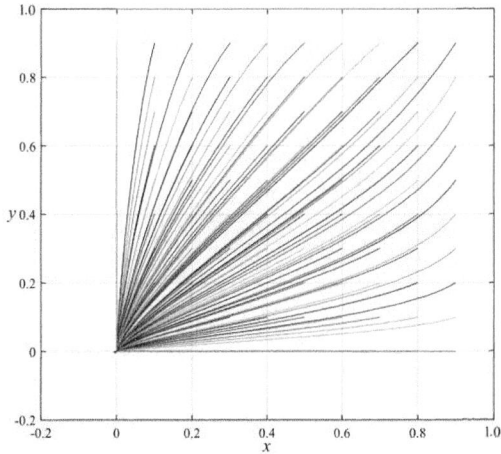

图 6.6　场景 2 的系统演化模拟 $[(\varepsilon, \delta) \in \omega_2]$

数（ε=0.44），如图 6.7 所示，ω_3 内利他策略集，其转型演化结果受竞合策略初始比例及鞍点 $P(x^*, y^*)$ 位置的双重影响呈现不确定性，符合情境 3 的理论分析结果。进一步验证不同初值的演化收敛结果，计算鞍点 $P(x^*, y^*)$=（0.49, 0.41）并在其划分的演化收敛域内分别找到（x=0.3，y=0.4），（x=0.5，y=0.4）作为初值点。如图 6.8 所示，当以（0.3，0.4）作为初始概率仿真时，双方最终演化收敛于完全竞争策略；当以（0.5，0.4）作为初始概率仿真时，双方最终演化收敛于互利竞合策略。

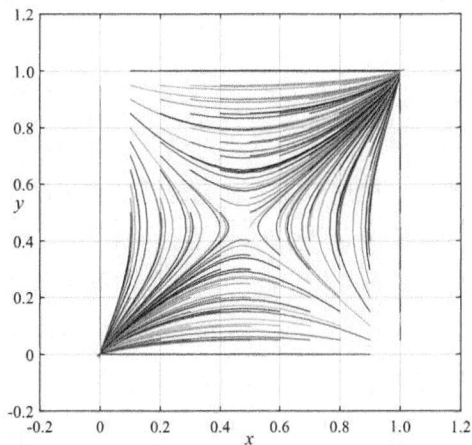

图 6.7　场景 3 的系统演化模拟 $[(\varepsilon, \delta) \in \omega_3]$

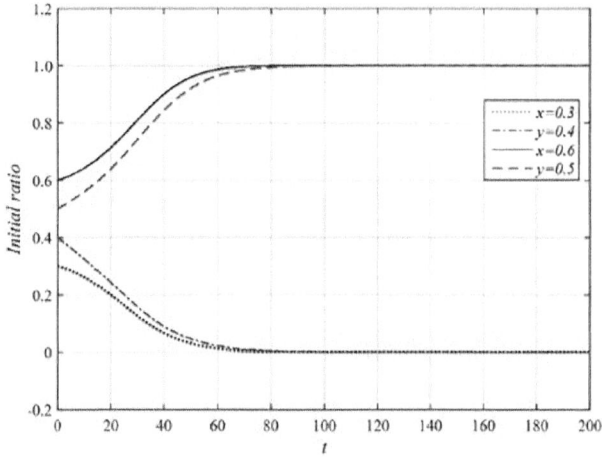

图6.8　不同初始值下系统演化仿真 [(ε , δ) ∈ ω₃]

电力市场中，尽管短期内互利竞合为双方带来的利润净增值可能高于风险损失额，但由于风险损失额相对较弱，而市场投机超额利润总是存在，这必将增加转型发展所面临风险的担忧，在难以明确权衡利弊的环境下，绿电与火电将受到内外部多方面因素影响，其长期转型演化呈现不确定性。

3. 转型演化策略影响因素仿真

（1）风险损失额越高，转型演化系统收敛于互利竞合策略的可能性越高。其他参数不变情况下，为方便讨论令风险损失额相同，$F_c = F_g = F$，将初始风险损失额 $F=0.26$ 增加至 $F=0.4$。对比初始利他因子可行域图，约束函数均向右上方移动，使得互利竞合策略可行域相对面积 ω_1 明显扩大，而利益最大化策略可行域相对面积 ω_2 显著缩小，各可行域内利他因子取值呈整体上升趋势。取（$\varepsilon = 0.44$，$\delta = 0.51$）$\in \omega_3$ 分析不确定策略可行域 ω_3 中的收敛情况，在双方原有罚金 $F=0.26$ 情况下，图6.9（a）表明该互利水平属于原来不确定策略可行域 ω_3，双方演化结果具有不确定性；当违约罚金增加至 $F=0.4$ 时，图6.9（b）显示该互利水平下转型演化系统结果跳出不确定策略可行域 ω_3，转入互利竞合策略可行域 ω_1，此时鞍点已不存在，双方最终必将稳定于该互利竞合水平；随着风险违约金持续增加，当 $F=0.5$ 时，如图6.9（c）所示，系统演化时间缩短，收敛速度加快，收敛具有更好的一致性。仿真分析表明，无论竞合策略的初始条件如何，提高风险损失额，能有效增强双方转型互利竞合演化的确定性，强化双方进一步深入转型发展抵御风险的能力，让转型发展在更高层面展开。

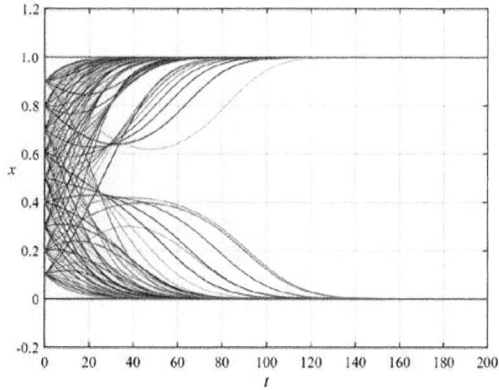

图 6.9（a）　F=0.26 系统演化仿真

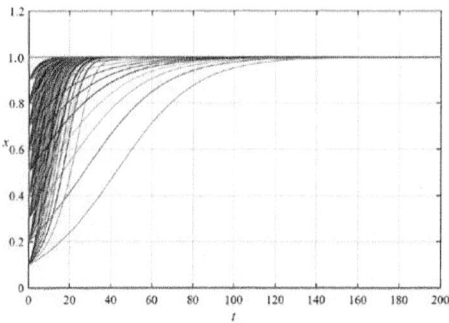

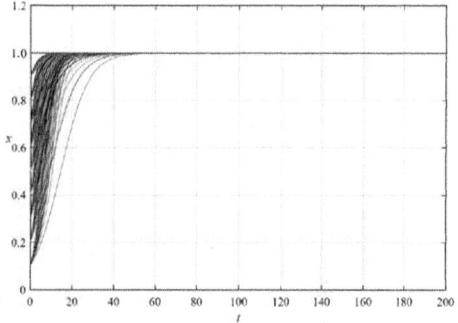

图 6.9（b）　F=0.4 系统演化仿真　　　　图 6.9（c）　F=0.5 系统演化仿真

（2）双方额外增值利润越高，转型演化系统收敛于互利竞合策略的可能性越高。其他参数不变情况下，为方便讨论设定双方具有相同额外增值利润，$M_c = M_g = M$，将增值利润从 M=0.1 调至 M=0.2。对比前面初始利他因子可行域图，约束函数向右上方移动，利益最大化策略可行域 ω_2 相对面积明显缩小，不确定性策略可行域 ω_3 相对面积显著扩大，互利竞合策略可行域 ω_1 相对面积不变，ω_2 和 ω_3 内利他因子取值呈整体上升趋势。同样取（ε =0.44，δ = 0.51）$\in \omega_3$ 分析不确定策略可行域 ω_3 中的收敛情况，图 6.10（a）为双方原有增值利润 M=0.1 的演化情况，当增值利润增加至 M=0.2 时，如图 6.10（a）所示，上述互利水平仍属于新的不确定策略可行域 ω_3，但随着持续增加 M=0.3，收敛速度在逐步提高，如图 6.10（b）所示。由于仍属于不确定可行域，双方演化结果仍受新的鞍点与初始条件影响。仍以（0.3，0.4），（0.5，0.4）作为初值点进行仿真，两种初始概率情况下系统演化均收敛于互利竞合策略，表明系统收敛于互利竞合策略的初始值增多，且收敛速度也大幅提高。

仿真分析表明，绿电与火电互利关系带来的增值利润激励作用，降低了转型发展缓慢的可能性，积极推动了双方转型发展对更多合作形式的尝试及对现有合作程度的提升。同时也降低了相应初始条件门槛，提高了转型系统向互利竞合策略演化的概率。

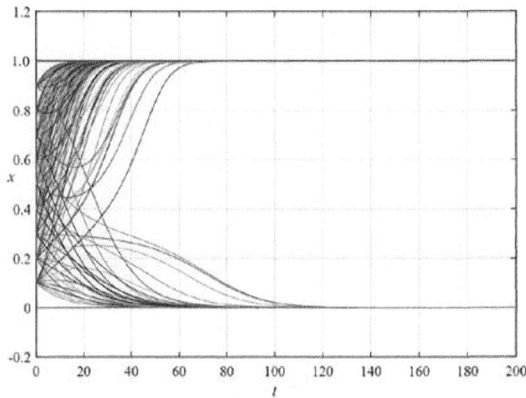

图 6.10（a）　M=0.2 系统演化仿真

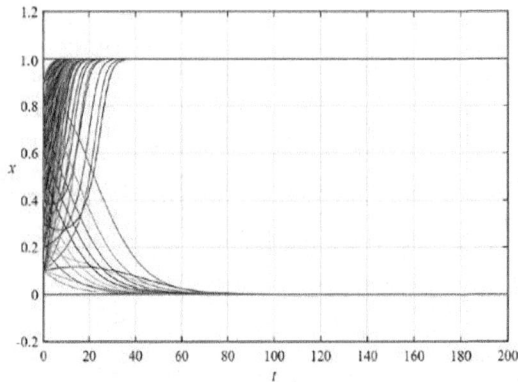

图 6.10（b）　M=0.3 系统演化仿真

（3）双方"互利利润增加平均变化率"越高，转型系统演化收敛于互利竞合策略的可能性越高；双方"投机利润增加平均变化率"越高，系统演化收敛于利益最大化策略的可能性越高。其他参数不变情况下，为方便讨论，同时提高双方"互利利润增加平均变化率",将(u_{c1} =0.64, u_{g1} =0.57)调整至(u_{c1} =0.7, u_{g1} =0.6)。对比初始利他因子可行域图,约束函数向右上方移动,约束函数范围稍许扩大,使得利益最大化策略可行域 ω_2 相对面积缩小,而不确定性策略可行域 ω_3 相对面积明显扩大,互利竞合策略可行域 ω_1 相对面积微增,ω_2 和 ω_3 内利他因子取值呈整体上升趋势。选取(0.5,0.4)作为初值点进行仿真,由图6.11(a)可见,原参数条件下系统演化收敛于利益最大化策略,调整 u_{c1},u_{g1} 后系统演化收敛于互利竞合策略,即提高 u_{c1},u_{g1} 促进了不确定策略可行域中的利他因子集向互利竞合收敛。

同理,同时增加双方"投机利润增加平均变化率",将(u_{c2} =0.86,u_{g2} =0.79)调整至(u_{c2} =0.9,u_{g2} =0.8)。对比初始利他因子可行域图,约束函数向左下方移动,完全竞争策略可行域 ω_2 相对面积扩大,不确定策略可行域 ω_3 相对面积压缩,互利竞合策略可行域 ω_1 相对面积不变。选取(0.5,0.5)作为初值点进行仿真,由图6.11(b)可见,原参数条件下系统演化收敛于互利竞合策略,调整 u_{c2},u_{g2} 后系统演化收敛于利益最大化策略,即提高 u_{c2},u_{g2} 将可能导致不确定策略可行域中的利他因子集利益最大化收敛。

仿真分析表明,绿电与火电的"互利利润增加平均变化率"越高,必然走向利益最大化的互利竞合关系越少,具有不确定性演化结果的互利竞合关系越多,双方向互利竞合演化所需初始条件的门槛降低,促进了双方转型发展竞合策略演化;双方"投机利润增加平均变化率"越高,投机所获超额利润净增量越大,必然走向利益最大化的互利关系越多,双方向互利竞合演化所需初始条件的门槛提高,双方最终向转型发展方向进程缓慢。

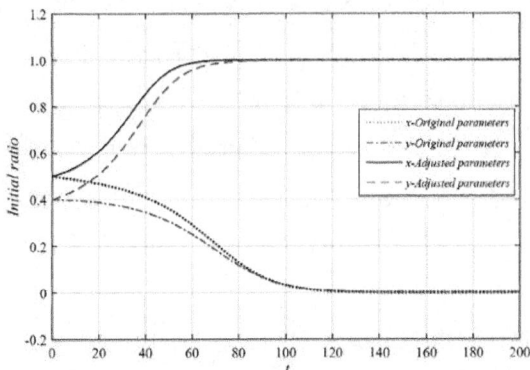

图6.11（a）u_{c1}, u_{g1} 调整前后的系统演化模拟

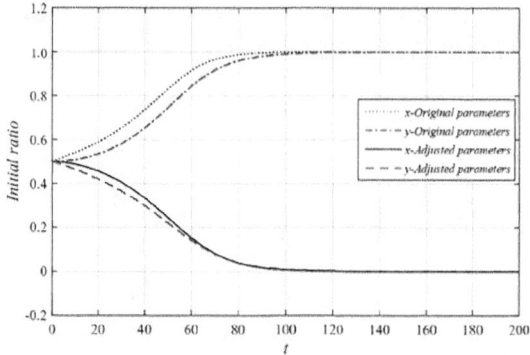

图 6.11（b） u_{c2}，u_{g2} 调整前后的系统演化模拟

（4）双方竞合时"自身利润损失平均变化率"越高，系统演化收敛于利益最大化策略的可能性越高。其他参数不变情况下，为方便讨论，同时增加双方"互利时自身利润损失平均变化率"，将（$v_{c1}=0.3$，$v_{g1}=0.39$）调整至（$v_{c1}=0.4$，$v_{g1}=0.5$）。对比初始利他因子可行域图，约束函数向左下方移动，约束函数范围缩小，使得利益最大化策略可行域 ω_2 相对面积显著扩大，而不确定性策略及互利竞合策略可行域相对面积大幅缩小。仍取 $[（\varepsilon=0.44$，$\delta=0.51）\in\omega_3]$ 分析不确定策略可行域 ω_3 中的收敛情况。选取（0.6，0.5）作为初值点进行仿真，由图 6.12（a）可见，原参数条件下系统演化收敛于互利竞合策略，调整 v_{c1}、v_{g1} 后系统演化收敛于利益最大化策略，即提高 v_{c1}、v_{g1} 将导致不确定策略可行域中的利他因子集更可能向利益最大化收敛。同理，同时增加双方在"对方投机时自身利润损失平均变化率"，将（$v_{c2}=0.65$，$v_{g2}=0.76$）调整至（$v_{c2}=0.9$，$v_{g2}=0.8$）。对比初始利他因子可行域图，约束函数向左下方移动，互利竞合策略可行域 ω_1 相对面积压缩，而不确定性策略可行域 ω_3 相对面积微增。利益最大化策略可行域 ω_2 面积不变。仍取 $[（\varepsilon=0.44$，$\delta=0.51）\in\omega_3]$ 进一步分析双方不确定策略可行域 ω_3 中的收敛情况，选取（0.5，0.45）作为初值点进行仿真，由图 6.12（b）可见，原参数条件下系统演化收敛于互利竞合策略，调整 v_{c2}、v_{g2} 后系统演化收敛于利益最大化策略，即提高 v_{c2}、v_{g2} 将导致不确定策略可行域中的利他因子集更可能向利益最大化收敛。

仿真分析表明，绿电与火电"互利时自身利润损失平均变化率"的提高，大幅减少了双方可行互利竞合关系，使得更多的转型发展进程缓慢；"对方投机时自身利润损失平均变化率"的增加，使得转型演化发展稳定的互利竞合关系减少，系统互利竞合水平降低。因此，对双方互利竞合关系的长期稳定性具有负向效应。

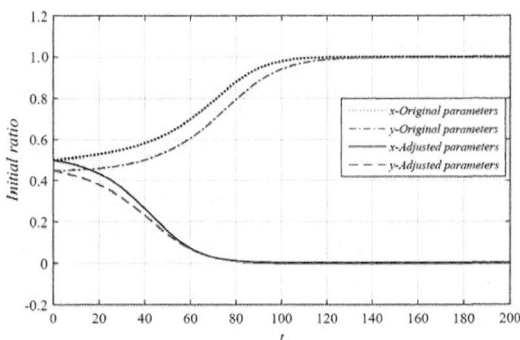

图 6.12（a） v_{c1}、v_{g1} 调整前后系统演化仿真

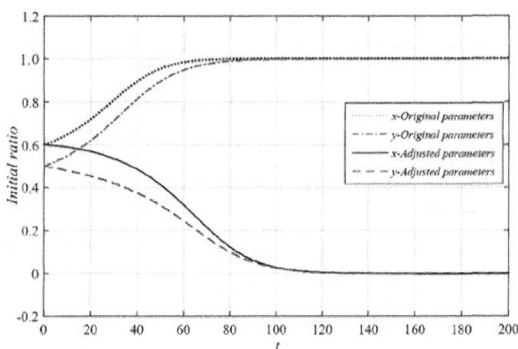

图 6.12（b） v_{c2}、v_{g2} 调整前后系统演化仿真

（七）结论

电力行业的低碳转型涉及复杂的合作与竞争关系，特别是在绿电与火电的转型过程中，如何平衡二者的利益至关重要。通过讨论竞合博弈模型下利他因子的变化，分析在不同情境下的长期竞合演化稳定策略，以及在碳减排约束下的低碳转型路径，并结合实际案例对不同利他因子可行域内的竞合演化策略进行了分情境讨论，旨在通过量化调整方法，探寻电力企业低碳转型的有效路径。研究结论不仅具有理论价值，还对实际操作具有较强的指导意义，能够有效推动以绿电替代燃煤电力的进程，加速社会对清洁能源的投资

和应用，最终实现低碳经济的目标。

具体而言，基于互利偏好理论，量化研究绿电与火电转型中的合作竞争关系，通过构建长期竞合演化动力模型，分析双方在不同条件下的竞合最优均衡电量和价格，并探讨利他因子变化对均衡变量的影响。该模型不仅能够揭示在不同利他因子情境下双方的演化策略，还能评估影响竞合演化结果的内外部因素，从而提供对转型发展模式的优化建议。研究表明，在绿电与火电互利关系条件下，通过量化调整内外部因素（如风险损失额、竞合额外增值利润及"互利利润增加平均变化率"），能够提高双方转型发展演化的效果。这种量化调整有助于明确最优的产电量及电价，实现双赢的转型目标。反之，若"投机利润增加平均变化率"或竞合过程中"自身利润损失平均变化率"较高，则可能导致双方转型发展进程缓慢，影响长期的可持续性。

因此，在电力行业的低碳转型过程中，"利他动机"扮演着关键角色，尤其在绿电与火电的转型合作中，具有深远的影响。利他动机不仅影响了双方的合作深度和广度，还决定了转型过程中的策略选择和政策效果。有效的利他动机能够促使各方超越短期的利益得失，关注长期的环境和社会效益，从而推动电力行业的可持续发展。

首先，利他动机在电力行业低碳转型中的作用主要体现在促进长期合作和资源共享上。绿电与火电企业在转型过程中，常常面临资源、技术和市场的不确定性。如果仅仅出于个人或企业自身的短期利益考虑，可能会导致合作的缺乏和资源的浪费。然而，当各方都具备利他动机，即不仅关注自身利益，还愿意为了整体环境和社会的福祉而作出牺牲时，他们更有可能达成长期合作协议，分享技术和资源。这样，绿电企业可以获得火电企业在技术和市场方面的支持，火电企业则能从绿电企业的创新和市场拓展中受益，共同推动低碳转型的进程。

其次，利他动机促进了双方在转型过程中采取更加开放和合作的策略。在低碳转型过程中，绿电和火电企业需要在很多方面达成一致，例如技术标准、市场机制和政策支持等。利他动机驱动下，企业更倾向于采用开放的态度，主动参与制定行业标准和政策，推动绿色技术的应用。这种开放性不仅可以加速技术进步和政策落地，还能增强整个行业的稳定性和可持续性，从而在长远中实现共同的利益最大化。

再次，利他动机在应对政策挑战和市场风险中发挥了重要作用。电力行业的低碳转型通常伴随着政策调整和市场不确定性。例如，政府可能会出台新的环境法规，市场可能会出现价格波动。在这种情况下，具备利他动机的企业更能够积极应对这些挑战，通过合作与共享信息来减轻政策风险和市场波动带来的负面影响。利他动机促使企业不仅关注自身的应对策略，还积极参与政策讨论和市场调节，为整个行业的稳定和发展作出贡献。

最后，利他动机也影响了利益分配和收益共享的方式。低碳转型过程中，利益的分配和收益的共享是一个重要问题。如果各方仅关注自身利益，可能会导致利益分配不均，甚至引发利益冲突。具备利他动机的企业更愿意公平分配利益，采取合作共赢的模式，这不仅有助于提升企业之间的信任关系，还能推动转型过程中更多的创新和投资。例如，绿电企业和火电企业可以在研发阶段共同投资，分享技术成果，在市场推广时共享收益，这种方式既能减少资源浪费，又能最大化双方的整体利益。

综上所述，利他动机在电力行业低碳转型中具有至关重要的作用。它不仅促进了企业之间的长期合作和资源共享，还推动了开放合作的策略选择，增强了应对政策和市场风险的能力，并优化了利益分配和收益共享的方式。通过展现利他动机，企业能够赢得公众的支持和社会的认可，从而在低碳转型过程中实现可持续发展和共同利益最大化。因此，推动利他动机的培育和强化，对于实现电力行业的低碳转型目标具有重要的战略意义。

第七章　研究结论及展望

第一节　主要研究结果

Guest 从共生的观点研究了员工幸福感与组织绩效之间的关联，本书借鉴 Guest（2017）提出的协同效应，采用更细致的视角来确定领导力影响"幸福悖论"的作用机制，从而补充了他的研究工作。同时本书也回应了 Torre 等（2012）发出的呼吁，他们认为高绩效管理和高工作幸福之间实证研究应该是一体的。

一、道德领导力的跨层作用机制

领导力是以某种方式影响另一个人或一个群体的过程。从跨层的视角确定领导者如何有效地管理个人和团队，有助于组织更全面地理解领导力的作用。因为团队领导者面临的一个关键挑战是，创建一个团队环境，让员工为共同目标而协作（KOZLOWSKI et al., 2012），同时提升工作幸福感和团队绩效。

过去 20 年，组织学者对悖论和悖论理论的研究兴趣与日俱增（PUTNAM et al., 2016），这种兴趣扩展到了组织领导者面临的悖论（ZHANG et al., 2015）。本书结合我国传统文化，在定性与定量相结合的基础上，通过严谨、科学的论证过程，探讨道德领导力如何管理多重相互关联的悖论，不仅在团队层面探讨了道德领导力通过悖论领导行为对团队绩效的影响机制，而且从跨层视角探讨了道德领导力对工作幸福感的作用路径，扩展了悖论理论的研究范围，补充了相关变量在不同文化背景下的实证结果。

二、道德领导力与悖论领导行为的整合作用

悖论普遍存在于企业中，它给领导者带来了更多挑战和机遇。根据悖论理论，具有悖论思维的领导者能够接受和整合相互竞争的需求，有将矛盾并置、探索和整合，从而挖掘悖论的积极潜力。矛盾的紧张关系需要领导者具备悖论思维，以一种更为整体和全面的心态，利用元素之间的区别协同作用来寻求协调的解决方案，而不是寻求一个明确的"非此即彼"的决定。"兼而有之"的思维方式，不需要以牺牲一个为代价来选择另一个，而是以一个新想法形式来创造性地解决紧张关系，这个新想法包含了对立元素。如果没有悖论思维，对看似矛盾的紧张局势作出狭隘的反应可能会适得其反。悖论视角可以看作多维视角的反映，这也是领导系统思维的特征之一。领导者运用悖论领导行为的程度与其系统思维正相关。道本价值观可以使领导者更具系统性和全面性，能更好地整合道德领导力与悖论领导行为的协同作用。

本书实证了道德领导力和悖论领导行为的结合是如何产生协同效应的，可以产生任何单一领导行为都不能达到的更高层次的目标和绩效。研究结果表明高效的领导者，并不总是依赖单一的领导风格，而是根据情境需求（例如，目标类型、员工发展水平）调整他们的领导风格，整合不同类型甚至相互矛盾的领导风格来管理组织悖论。

三、幸福悖论的解决路径

尽管组织悖论很常见，但学界对领导者如何管理悖论以及处理它们之间的复杂关系知之甚少（FAIRHURST et al., 2019）。Fairhurst 等（2019）在对悖论文献的回顾中，将悖论的多样性和悖论领导行为之间的相互关系，确定为一个关键但尚未探索的主题。因此，本书的主要结果之一是探索管理者如何以嵌套领导行为的方式处理悖论，以及这种方式对团队层和个人层结果的影响。

根据社会认知理论，四种信息来源能够驱动效能观的形成：掌握经验、替代性经验、言语说服和生理唤醒。领导者通过悖论领导行为，向员工展示如何处理复杂环境中矛盾的紧张关系，可以成为员工学习的榜样（ZHANG et al., 2015）。这种替代学习是发展自我效能的主要驱动力。领导者对控制与授

权的双重关注，构建了一个提供自主性和灵活性的工作环境，支持尝试创新解决方案的员工，在团队中创造一个有条理、有界限的工作环境，鼓励创造性行为，使员工观察、理解、反思自己的工作方法，增强内在动机，这就增强了员工的主动性和创造性，进而提升工作幸福感。

道德领导力对团队绩效及员工幸福感的影响主要表现在四个方面：一是领导者在团队中扮演着"道德榜样"和"道德管理者"的双重角色。道德领导力利用悖论领导行为同时满足团队和员工的需求，为员工释放积极的角色信号，从而引发员工模仿行为。二是领导者公平对待所有团队成员。这种不偏不倚的态度将极大地增强下属与领导、团队成员的心理安全感和工作幸福感，从而有效地提高团队绩效。三是领导能够正确地认识到他们在团队中的职责是领导，而不仅仅是管理或监督。因此，与其他类型的领导者相比，道德型领导者更愿意在团队过程中授予下属权力，给予下属更多自主和自由，促进员工能力的发挥。四是领导者注重培养团队合作默契，在管理过程中运用悖论领导行为，协调和整合两极矛盾，把相互竞争的需求当作实现创新的机会，有助于解决组织多元化矛盾，同时满足组织、团队和员工的竞争性需要。

四、道本价值观的调节作用

文献回顾表明，组织目标与当地社会和文化价值观之间的错位是导致团队项目失败的关键因素（THAMHAIN，2013）。不同文化背景下，个体对悖论的舒适度存在差异。文化因素无疑会影响悖论领导行为作用的发挥。受我国传统文化儒家、道家哲学的影响，国人更强调相互依存、平衡与协调，而西方则更强调对立。Keller、Loewenstein 和 Yan（2017）的研究表明，文化和组织条件会影响个体应用悖论框架的方式。因此，跨文化研究是悖论领导行为研究的重要趋势。本书检验了道本价值观在道德领导力和悖论领导行为之间的调节作用，有助于丰富本土管理理论。

第二节　理论贡献

回顾现有文献，尚缺乏关于道德领导力影响团队绩效和员工幸福感的系统中介机制，本书拓展了这一研究主题，进一步明确了道德领导力影响团队绩效、员工幸福感的系统作用机制，主要在以下四个方面作出理论贡献。

一、明确道德领导力对个人及团队层面积极成果的影响机制

研究模型确立了道德领导力影响个人和团队层面积极成果的作用机制，回应了先前学者的呼吁，即从更全面的角度对领导过程进行多层次考察。以往学者在解释领导力对团队效果的影响机制时，大多数以个人特质、团队氛围、组织机构等为中介因素，对团队绩效前因变量的研究集中在个体差异、领导因素以及组织环境层面。本书在现有文献研究的基础上，通过整合道德领导力与悖论领导行为，以颇具本土管理特色的"下属默契"作为跨层中介变量，通过跨层研究剖析团队因素和个人因素的交互作用，为未来团队绩效研究提供新的理论视角。

二、为企业管理悖论研究提供理论参考

通过确立道德领导力、悖论领导行为、下属默契与工作幸福感之间的理论框架，从悖论的视角来研究并解决高工作绩效和高幸福感之间的内在紧张关系。以往关于领导行为对团队绩效、工作幸福感的研究，多数是单一层次、单一中介路径的研究，缺乏对中间变量的探索，本书通过跨层分析发现并证实了悖论领导行为与下属默契在其中的积极作用，为未来关注"幸福悖论"研究提供了新的理论视角。研究成果为企业管理悖论相关研究提供理论参考，对悖论思维的有效性作出更深层次的理论分析。

三、整合道德领导力与悖论领导行为

传统的领导力研究往往"不区分'领导—下属'互动和'领导—团队'互动"，这就导致对"领导力和团队如何互动"的理解存在局限（KOZLOWSKI et al.，2006）。领导力是通过各种行为来实现的，这些行为旨在满足团队需求，提高团队效率。领导行为的有效性一定程度上取决于它们与其他领导行为的结合方式，然而关于这种组合的理论和实证研究却很少。本书回应了 Yukl（2012）发出的关于"概念上不同领导行为的组合及其相互作用研究"的呼吁。Yukl 认为，对领导力有效性的深入理解，需要超越对单一结构的关注，重视"交织在系统中的互补行为"。正如本书结果所证明的，通过悖论视角整合道德领导力与悖论领导行为，进一步从理论上分析领导者如何应对矛盾的紧张局势，从而为悖论理论的深化研究提供了更细致的视角，对未来寻求悖论领导行为和其他领导风格之间互动研究具有借鉴意义。

四、丰富本土管理理论研究

现有研究并无关于道本价值观的测量量表及实证研究。本书在现有研究成果的基础上，一是对道本价值观进行概念界定，明晰道本价值观的内涵，界定道本价值观维度，丰富了现有相关文献；二是通过多种统计分析方法，开发出具有较高信度和效度的道本价值观测量量表，为后续研究提供了结构清晰的测量工具；三是为现有定性结论提供定量支持。通过构建关于道本价值观的结构方程模型，揭示了道本价值观影响领导力的作用机制，对现有研究中关于"无为而治""道法自然"等定性研究结论提供定量支持。

第三节　实践启示

一、组织层面

（一）组织的人力资源管理实践应认识到道德领导力的重要价值

组织人力资源管理实践在促进商业道德和企业社会责任方面发挥重要作用（SHEEHAN et al.，2014），而道德领导力是促进商业道德和企业社会责任的最重要战略之一。领导在组织中通过制定道德规范、树立道德榜样来发挥影响力。研究表明，道德领导力的主要特征，即利他主义、基于道德和价值观的行为以及尊重员工，都会对员工幸福感产生积极影响。许多员工似乎对管理者的领导风格并不满意，这本身就是他们缺乏工作幸福感的表现。忽视员工幸福感的领导方式对组织来说，是有消极影响的，这样会降低员工的工作积极性和满意度，并导致员工缺勤甚至离职，阻碍组织长远发展。正如本书所证实的，领导者道德行为在影响员工合作默契的形成方面发挥关键作用。领导风格在整个组织运行过程中起着非常重要的作用，对组织绩效、组织创新、客户满意度，以及员工幸福感都有重要影响。研究表明，在大多数组织中，以道德为导向的领导力越来越重要，因为道德型领导者具备崇高的价值观，给予下属支持和激励，使他们产生满足感和幸福感，从而更高效地完成任务。

组织在人力资源管理实践中，可以开展道德领导力相关培训，将领导行为的道德程度纳入绩效考核体系，对领导的道德行为进行评估、发展和奖励。发展道德领导力的另一个重要特征是领导者道德发展的纵向视角。Ardichvili（2013）指出，人力资源开发专业人士在设计领导力发展计划时，需要考虑领导者在认知和道德发展水平上的进步。道德发展有三个主要层面，包括前传统、传统和后传统（GEORGE，1999）。前传统层面的人是以自我为中心的思考者，他们寻求奖励，避免惩罚；而传统层面的人则没有那么自私，遵从社会"什么是对的"期望；后传统层面的人更加自主，接受道德原则不是因为社会认为它是正确的，而是因为他们知道"正确的原则意味着什么"。道德领导力发展有助于组织从营利等传统规范，转变为承担传统上认为超出组织范围的责任，例如，企业社会责任。从这个意义上说，组织需要培养后传统层面的领导者，以成功地承担企业社会责任和促进商业道德。

（二）组织管理实践需要考虑价值观对工作态度及行为的影响

随着经济社会从非人性化的工业社会向更加人性化的后工业社会转变，道德导向的人性化领导受到广泛关注。当前我国经济充满活力，在很大程度上与我国传统文化中的领导哲学有关，这些哲学思想植根于当今我国企业家的领导风格和实践中。基于传统文化价值观而非极端竞争力和追求狭隘个人目标的道德型领导者，对组织的长远发展更具影响力。换言之，领导者对道德价值观的坚持和承诺为员工建立一个理想的道德价值观模式，可以在员工心目中树立一个良好的道德榜样，给组织和个人带来诸多益处。本书在扎根理论的基础上，开发了道本价值观测量量表，可以据此在管理实践中对团队领导者的价值观进行测评，为团队领导者的行为矫正提供参考意见。

根据社会学习理论，个体学习是根据自己所在环境中榜样的态度、价值观和行为来进行的。价值观会影响组织成果，为了确保组织持久发展，管理者必须具备道本价值观，抓住并运用管理的本质规律，统领全局。组织悖论的复杂和多元，要求领导者必须培养对矛盾紧张关系的深刻理解和重视，关注悖论带来的正能量，努力权衡利弊来协调组织的紧张关系（LEWIS et al.，2014），运用一种看似自相矛盾的方法，解决矛盾需求，处理紧张局势。组织可以设计领导力专项训练，培养领导者识别悖论、管理悖论的能力，以促进团队和组织的长期发展。管理者应重视悖论领导行为在促进团队默契上的积极作用。对于团队而言，良好的合作默契对提升团队绩效和工作幸福感至关重要，默契可以有机地协调系统内的角色，增强团队协作能力，使团队更好地应对当今动态商业环境的挑战。

（三）组织需要重视员工工作幸福感，以实现组织和员工的最佳利益

组织目标、结构、文化和运行过程中存在大量矛盾，引发绩效、组织、归属感和学习之间矛盾的紧张关系。组织需要考虑并利用这些紧张关系来创造价值。当组织采用社会责任实践和尊重员工利益时，组织相关绩效和员工幸福感会同时提高。组织采取积极主动和对社会负责的内外部战略，实践企业社会责任、改善工作环境、鼓励员工参与，可以提升员工的价值感和满意度，进而提升组织财务绩效（CAVACO et al.，2014）。Raes、Bruch 和 De Jong（2013）的研究发现，当管理者考虑员工的幸福感时，领导行为直接提高了员工的满意度、忠诚度和生产效率。

员工普遍超负荷的工作状态引起了学者们的广泛关注。当组织只关心高绩效，不关心员工幸福感时，这种行为将导致次优决策，降低管理效率。学者们深入探讨组织在推动幸福感方面的作用，组织可以将工作幸福感提升到战略高度，将幸福感融入工作设计来优化组织绩效。将幸福感融入工作设计中，不仅能提高生产力和组织绩效，同时也能推动创新，加强个人和组织之间的关系。

二、团队层面

（一）领导者应具备悖论领导行为

组织中的团队面临着相互矛盾但又相互关联的紧张关系，这些被称为"悖论"的紧张关系随着时间的推移而共存并持续。管理者必须意识到无处不在的悖论所带来的紧张局势，需要从"非此即彼"的视角转向"兼而有之"的视角。组织中存在多个层面的紧张和悖论，而且这些悖论具有复杂的相互关系，由于角色作用不同，组织成员对这些悖论的看法、解释和理解各不相同，这些不同的观点往往导致多重悖论（SCHAD et al.，2016）。领导者往往陷入处理特定悖论的陷阱，而忽略了其他重要的悖论，可能引发更多的紧张局势（FAIRHURST et al.，2019；PUTNAM et al.，2016）。

组织成功的关键，在于其管理者能否激励员工最大限度地发挥能力，并加强他们对组织目标的承诺。悖论领导行为可以让领导者和下属以一种综合方式解决组织的紧张关系。通过悖论领导行为，管理者能够思考矛盾、包容矛盾、利用矛盾，寻求"兼而有之"的、更具创造性的替代方案，处理好组织发展中的各种矛盾，消除潜在障碍，使个人、团体和组织始终保持灵活性和弹性，实现共同成长。此外，悖论领导行为可以使领导者将紧张局势作为创新素材，利用并整合相互矛盾的需求，释放团队潜力，探索更优的"兼而有之"，激活更具活力的决策和创造性解决方案。

当管理者在动态复杂的环境中应对不同需求时，有效的办法是超越表面的冲突，采取综合观点，重视组织多重悖论的系统性，创造性地建立联系，运用悖论领导行为，通过更复杂、更细致和更综合的方法，处理复杂的矛盾关系。正如联合利华首席执行官保罗·波尔曼所说，普通公司和优秀公司之间的区别是一种和的心态。我们必须发现并制造紧张关系，迫使人们进入不同的思考空间……这不仅是一个绩效问题，也是一个生存问题，因为管理悖论有助于培养创造力和高绩效。

（二）领导者需要采用整合式的领导风格

根据社会认知理论，组织环境会影响员工的认知。有关领导力方面文献一直致力于将组织行为的伦理方面纳入对领导力更全面理解，不仅要解决领导力有效性问题，还要解决道德适当性和责任感问题。道德型领导者鼓励下属互相帮助、共同进步，在团队中创造积极的工作环境。积极的工作环境能培养员工的组织承诺，鼓励员工关注群体和组织目标。当员工得到上级支持和反馈时，会促进更高质量的合作关系。实证研究表明，当员工从上级那里获得反馈和认可形式的支持时，信任感会增强，压力感和倦怠会减少（TUCKEY et al., 2012）。高质量的人际关系可以将组织中扮演不同但相互依存角色的员工联系起来，提高了组织的学习和应变能力。

组织越来越依赖团队来执行重要的活动和流程。根据 Gully 等（2002）的研究，当团队成员在以下方面相互依赖时，团队有效性会更高：①有效任务绩效所需的任务相关交互水平（任务相互依赖）；②团队成员目标（个人目标）之间的相互关联；③团队成员共享的奖励、惩罚和反馈（结果相互依赖）。领导者需要整合多种领导方式，创造性地思考并整合团队中相互竞争的需求，促进团队成员的相互依赖，使工作流程从独立的任务结构转变为更互惠的任务结构，鼓励并奖励团队成员之间的合作成果，促进团队内部的良性竞争，培养合作默契。默契一定程度上反映了团队成员之间协调、合作、支持与共识的水平，领导者通过创建任务、目标和结果相互依赖的适当组合，不仅可以减少团队多样性的负面影响，还能激发工作团队高效运作的合作默契。

三、个人层面

（一）员工要积极建言以促进组织发展

员工的主动行为已成为组织在当前高度竞争的商业环境中获得竞争优势、确保长期发展的关键因素。员工建言可以在组织各个层面发挥积极作用，与个人层面的结果，如工作满意度、创新、自我效能感、组织公民行为（NG et al., 2012）；团队层面的结果，如团队绩效、工作流程、团队创新（邓今朝等，2018；MORRISON, 2011）；以及组织层面的结果，如组织绩效、组织学习（DETERT et al., 2007），都呈正相关。然而由于领导 – 下属关系普遍具有高权力距离，员工可能会对表达意见或建议感到不安，通常选择保持沉默。

越来越多的组织意识到能够适应环境变化、及时提出宝贵意见的创造性员工对组织的重要性，企业正在寻找更具主动性、批判性和创造性的员工，通过合理利用员工的技能、专业知识和经验，使组织能够对动态的市场需求作出积极反应，更快速灵活地应对组织面临的挑战和机遇。例如，许多公司都鼓励员工提出新颖而有用的想法。员工建言是影响个人、团队和组织层面创造力和有效性的重要因素，员工应该运用自己的智慧和知识，采取适当行动，提供明确建议，促进组织的可持续发展和创新绩效的实现。

（二）员工之间要培养合作默契以提升团队绩效

员工必须注重团队合作。越来越多的组织将团队协作和员工创造力视为保持竞争力、增长和成功的两个关键因素（HILLER et al., 2006）。团队合作是组织业务的重要环节，员工通过团队合作来提升自己的技能和知识水平，这会影响组织绩效和效率。一项元分析强调了团队合作对员工绩效的重要性（LEPINE et al., 2008）。当今的工作变得越来越相互依赖，任何一名员工都不可能光靠自己完成组织目标，这意味着员工需要其他成员的帮助配合、信息资源共享，与其他成员协作来完成任务。团队合作为个体提供了相互协作和学习的机会，有助于团队获得更好的任务绩效。默契是团队成员间高质量的合作关系，这种关系在提升员工绩效和工作幸福感方面起着关键作用。

团队合作的相互依赖性要求团队成员在角色责任的基础上进行互动。当团队默契性较差时，员工不能集中精力完成任务，这将浪费大量时间和精力。团队默契较差的员工即使高度投入工作中，也无法取得良好的团队绩效，因为缺乏默契会分散精力、时间和资源。相比之下，良好的团队合作默契可以使成员节省更多的时间和获得更多的资源，从而提升合作效率。

（三）员工需要运用悖论思维来适应复杂多变的工作环境

员工需要有弹性以应对不断的挑战和冲击，并作出灵活的反应。员工弹性被定义为"员工利用资源在工作中不断适应和成长的能力，特别是在面临挑战的情况下"（LEWIS et al., 2014）。弹性是组织成功运作的必要条件，包括组织内和组织间合作、组织学习、知识共享和组织灵活性，涉及组织不断地、持续地进化，以匹配或超越运营环境需求的能力，这种能力可以对不断变化的环境进行长期、可持续的调整。越来越多的组织将发展员工视为提升组织弹性的战略，不断培训员工，增强员工的应变能力，驾驭急剧变化的商业环境，以适应一系列不确定的未来。

Meneghel 等（2016）研究表明，工作需求、资源、弹性和绩效之间的关系比预期的要复杂得多。更具体地说，工作需求可能会引发压力，从而导致消极情绪，降低弹性。先前研究已经确定了个体工作中经常面临的众多压力源，包括互动质量差、沟通渠道差、缺乏上级支持和消极的组织文化。虽然已经确定了这些压力源，但对员工如何利用集体资源来克服这些压力的探索在很大程度上被忽略了，员工不仅要用权变思维来处理短期需求，更要用悖论思维来处理看似不相干、对立的长期矛盾需求，将挑战转化为机遇，积极地适应复杂多变的工作环境。

（四）组织协同与可持续发展需重视道德责任（如环境责任）

在可持续发展的进程中，道德责任的践行，尤其是环境责任的落实，是确保经济、社会与环境协调发展的关键。以大同市为例，作为资源型城市，其在推动可持续发展的实践中，高度重视道德责任的落实，通过组织协同与道德责任的有机融合，取得了显著成效。针对长期依赖煤炭资源导致的生态环境问题，大同市采取了多项治理措施。一方面，通过发展新能源产业、提高能源使用效率等方式，有效减少了对煤炭资源的依赖；同时，加大对大气污染和水污染的治理力度，显著改善了生态环境。另一方面，大同市积极推动绿色发展和循环经济，发展装备制造、现代医药、文化旅游等多元化产业，实现经济转型。在此过程中，政府、企业、社会组织及公众协同合作，共同践行道德责任，注重资源的节约和循环利用，提高了资源利用效率，推动了城市的可持续发展。大同市的实践经验表明，通过组织协同与道德责任的共同践行，能够有效促进经济、社会与环境的协调发展，为资源型城市的可持续发展提供了宝贵借鉴。

第四节　研究局限及未来展望

一、研究局限

首先，研究结果表明在道德领导力的作用下，工作幸福感和高工作绩效可以共生。考虑到我国文化的特点，未来可以引入其他中介或调节变量（权力距离、传统思维、集体主义等）以拓展其作用机制。此外，尽管学者们认识到组织及领导者经常面临多重嵌套的悖论，然而现有关于组织悖论的研究大多局限于单一悖论的视角，今后可针对组织的多重悖论进行跨层研究。

其次，对工作价值观的文献综述表明，目前对工作价值观量表的基本结构还缺乏共识。对道本价值观的研究未能展开全面分析，未来研究可以结合四个更广泛的领域：一是内在工作价值观，与自主性、创造力、多样性、成就、挑战和激励有关；二是外在工作价值观，与物质、安全感和工作环境有关；三是社会工作价值观，与人际交往、利他主义和社会贡献有关；四是地位工作价值观，与声望、权力和影响力有关。

最后，研究样本来自国内企业，可能有地域局限性。未来可以进行跨文化研究，探讨本书结论是否适用于其他文化情境。此外，团队具有不同层次的相互依赖关系，这些依赖关系构成了团队成员之间的工作流程。本书样本数据都来源于大型企业，对于其他中小型企业的适用性需要进一步检验。

二、未来研究展望

首先，在过去几十年中，道德领导力越来越受到学者和组织领导者的关注。大量研究证实了道德领导力对包括企业绩效在内的多种组织成果产生了积极影响。然而现有文献对组织如何培养道德领导力提供的见解有限。因此，未来研究可以更多关注组织管理实践如何促进道德领导力的发展。

其次，根据 Glaser 的说法，扎根理论研究生成的理论可以被随后更多的研究数据不断更新并完善。扎根理论的"可修改性"确保了理论的灵活性，使理论能适应不断变化的组织环境和新的概念数据。一个高度可修改的扎根理论可以很容易地整合新的范畴，以便该理论能够在不断变化的情境下继续生效。未来研究可对"道本价值观"概念进行跨领域多维探究，以深化和拓展现有研究成果。

最后，可以将悖论领导行为扩展到其他管理研究领域。悖论存在于组织多个层面：微观层面（个体对悖论的感知和应对行为）、中观层面（团队创新悖论）、宏观层面（战略管理悖论）。现有文献主要集中于微观、宏观层面上的悖论，未来可以更多关注悖论的跨组织管理，拓展悖论理论的研究领域。例如，人力资源管理领域可以用悖论思维来研究如何管理下属，战略管理领域可以研究如何用悖论思维来管理多重利益相关者冲突，满足看似矛盾的利益相关者需求。

附录 A　访谈提纲

	访谈项	认知	行为	结果
1	介绍一下您的基本情况，如性别、年龄、学历、在团队中的岗位、工作年限。			
2	您对直接上司的领导风格和领导方式有怎样的看法？请描述其领导品质和领导行为。			
3	在工作中，当您面对矛盾的需求时，会采取哪些行为处理这些矛盾关系？			
4	您是怎么看待人性的？您所在企业的管理制度和企业文化与人性认知有关联吗？			
5	您所在的团队重视员工幸福感吗？您怎么看待幸福感和工作绩效之间的关系？			
6	您觉得中国文化的传统价值观有哪些？这些价值观会影响您在工作中的态度和行为吗？			
7	描述您的价值观，您认为价值观会影响工作中的行为吗？			
8	您认为企业是不是一个纯粹的经济组织？企业的经济效益和商业伦理有怎样的关联？			
9	领导者的实事求是、以身作则、诚信正直、道德榜样等品质重要吗？谈谈您的看法。			
10	您所在的团队是如何开展工作的？团队的合作氛围怎么样？			
11	团队在工作中会遇到哪些困难？团队是怎么处理这些困难的？			
12	发展企业离不开员工的贡献，您所在的企业重视员工发展吗？有哪些具体措施？			
13	当团队成员对如何开展工作意见不统一时，会采取哪些行为？			
14	当团队其他成员在工作上与您有意见冲突时，您是怎么处理的？			
15	描述一下您所在的团队的运行模式，如果没有管理制度的约束，您认为团队成员会积极主动地工作吗？			
16	如何描述您和团队其他成员的关系？团队成员之间经常沟通吗？			

续表

	访谈项	认知	行为	结果
17	团队的管理状况如何？有哪些不足或成功之处？团队协调性、一致性如何？			
18	管理层是通过什么方法了解员工的生活与精神状态的？会采取哪些措施来指导、激励员工？			
19	您会针对工作中存在的问题向上级领导及其他团队成员提建议或意见吗？您觉得这样有风险吗？			
20	当工作中遇到伦理困境的时候，您的上级领导会以身作则吗？具体有哪些行为？			
21	团队成员之间在绩效上有良性竞争制度吗？他们之间是如何相互借鉴和学习的？			
22	您所在企业的价值观是怎样的？您觉得工作价值观会影响企业的管理实践吗？			
23	您在工作中感到幸福吗？什么样的工作状态能让您感到满足并拥有成就感？			
24	您所在的团队工作绩效是怎样的？哪些措施能提升团队合作效率？			
25	您在工作中拥有自主权吗？是否达到预期？团队中的责任与权利是如何分配的？			
26	描述一下团队成员的构成情况、工作方式、技能特点以及您对团队成员的熟悉程度。			
27	您认为价值观是如何影响团队的计划、行动和结果的？价值观的作用性体现在哪些方面？			
28	在实现团队绩效过程中，您认为需要哪些资源来完成任务？组织和领导者是否给予了足够支持和帮助？			
29	您认为您上司是值得信赖的榜样吗？他的哪些品质或行为让您觉得值得信赖？			
30	团队成员是如何与上级领导互动的？哪些领导行为能提高团队合作效率？			

附录 B 员工调查问卷

您好！感谢您在百忙之中填写这份问卷。这是一份纯学术研究调查问卷，旨在了解领导力影响团队绩效和工作幸福感的作用机制，不涉及任何商业机密或个人信息，问卷采用匿名方式，填答的所有内容将严格保密，您不必有任何顾虑。请您客观真实地填写问卷，答案无对错、好坏之分。衷心感谢您的支持和参与！

一、问卷内容

1. 以下是对您上级领导行为的评价，请根据真实感受和实际情况，对下列各项陈述的符合程度作出评定，并在右侧对应的数字上画"√"，其中 1 表示"完全不同意或完全不符合"，7 表示"完全同意或完全符合"。

项目	选项						
1. 领导对来自员工的批评和不同意见持开放态度	1	2	3	4	5	6	7
2. 领导训导违反道德标准的员工	1	2	3	4	5	6	7
3. 领导在个人生活中遵循道德规范	1	2	3	4	5	6	7
4. 领导考虑关心员工利益	1	2	3	4	5	6	7
5. 领导会作出公平而均衡的决定	1	2	3	4	5	6	7
6. 领导值得信赖	1	2	3	4	5	6	7
7. 领导与员工讨论商业道德或价值观	1	2	3	4	5	6	7
8. 领导树立正确做事的道德榜样	1	2	3	4	5	6	7
9. 领导不仅看结果而且看取得结果的方式	1	2	3	4	5	6	7
10. 领导在作决策时会考虑"什么才是正确的"	1	2	3	4	5	6	7

2. 以下是对您与上级领导合作默契程度的评价，请根据真实感受和实际情况，对下列各项陈述的符合程度作出评定，并在右侧对应的数字上画"√"，其中 1 表示"完全不同意或完全不符合"，7 表示"完全同意或完全符合"。

项目	选项						
1. 我明白领导的需求，和领导有相同的思路和想法，并能够采取恰当的行动	1	2	3	4	5	6	7
2. 无须多言，我就能经常理解领导在工作中的困惑和顾虑	1	2	3	4	5	6	7
3. 无须多言，我就能配合领导展开工作	1	2	3	4	5	6	7
4. 无须多言，我就能了解领导的行事风格	1	2	3	4	5	6	7
5. 无须多言，我就能推断领导的工作思路	1	2	3	4	5	6	7
6. 无须多言，我就能清楚领导的工作方法	1	2	3	4	5	6	7
7. 无须多言，我与领导在工作上配合顺畅	1	2	3	4	5	6	7
8. 无须多言，我就能与领导在工作上步调一致	1	2	3	4	5	6	7

3. 以下是对您上级领导行为的评价，请根据真实感受和实际情况，对下列各项陈述的符合程度作出评定，并在右侧对应的数字上画"√"，其中 1 表示"完全不同意或完全不符合"，7 表示"完全同意或完全符合"。

项目	选项						
1. 领导用公正的方式一致对待所有下属，但又认同你们独特的个性	1	2	3	4	5	6	7
2. 领导将所有下属放到平等的位置，但也考虑你们的特质和个性	1	2	3	4	5	6	7
3. 领导统一不带歧视地与下属交流，但也根据下属性格和需要转换沟通风格	1	2	3	4	5	6	7
4. 领导统一管理下属，但也考虑他们的个性化需求	1	2	3	4	5	6	7
5. 领导施加同等的工作负担，但也考虑每个下属处理不同任务的优势和能力	1	2	3	4	5	6	7
6. 领导有想要去领导的欲望，但也准许下属共享领导角色	1	2	3	4	5	6	7
7. 领导喜欢成为关注的焦点，但也准许他人出风头	1	2	3	4	5	6	7
8. 领导要求别人懂得尊重，但同时也尊重别人	1	2	3	4	5	6	7
9. 领导坚持自己的观点，但也能意识到自身的不足和他人的价值	1	2	3	4	5	6	7

续表

项目	选项						
10. 领导对自己的观点自信，但也承认自己需要向他人学习	1	2	3	4	5	6	7
11. 领导抓大放小，控制主要问题，让下属处理细节	1	2	3	4	5	6	7
12. 领导替下属作出最终决策，但也准许下属自行处理细节	1	2	3	4	5	6	7
13. 领导在重大议题上作出决策，把相对次要的问题放权给下属	1	2	3	4	5	6	7
14. 领导保持整体的控制权，但也给下属适当的自主决策权	1	2	3	4	5	6	7
15. 领导强调工作表现的一致性，但也允许例外	1	2	3	4	5	6	7
16. 领导阐明工作要求，但不涉及微观层面的细节	1	2	3	4	5	6	7
17. 领导工作上高标准要求，但不会过分苛求	1	2	3	4	5	6	7
18. 领导对工作有很高的要求，但也允许下属犯错	1	2	3	4	5	6	7
19. 领导保持上下级的职级差异，但也不会摆领导架子	1	2	3	4	5	6	7
20. 领导与下属保持距离，但并不冷漠	1	2	3	4	5	6	7
21. 领导保持上下级的职级差异，但维护员工尊严	1	2	3	4	5	6	7
22. 领导在工作中与下属保持距离，但在待人接物上平易近人	1	2	3	4	5	6	7

4. 以下是对您工作感受的描述，请根据真实感受和实际情况，对下列各项陈述的符合程度作出评定，并在右侧对应的数字上画"√"，其中 1 表示"完全不同意或完全不符合"，7 表示"完全同意或完全符合"。

项目	选项						
1. 我的工作非常有趣	1	2	3	4	5	6	7
2. 总体来说，我对从事的工作感到非常满意	1	2	3	4	5	6	7
3. 我总能找到办法来充实我的工作	1	2	3	4	5	6	7
4. 我对具体工作内容感到基本满意	1	2	3	4	5	6	7
5. 对我来说，工作是很有意义的经历	1	2	3	4	5	6	7
6. 我对从工作中获得的成就感感到满意	1	2	3	4	5	6	7

二、个人基本信息

请在下列题目选项字母上打"√"或在____上填写您的情况。

1. 性别：A. 男　B. 女

2. 年龄：_____岁

3. 教育程度：A. 大专及以下　B. 本科　C. 硕士及以上

4. 团队规模：_____人

5. 与现在的主管共事时间：_____年

6. 所在职能部门：_____

7. 在团队的工作时间：_____年

请您将填好的问卷交还给问卷发放人员，非常感谢您的支持与合作！

附录 C　管理者调查问卷

您好！感谢您在百忙之中填写这份问卷。这是一份纯学术研究调查问卷，旨在了解领导力影响团队绩效和工作幸福感的作用机制，不涉及任何商业机密或个人信息，问卷采用匿名方式，填答的所有内容将严格保密，您不必有任何顾虑。请您客观真实地填写问卷，答案无对错、好坏之分。衷心感谢您的支持和参与！

一、问卷内容

1. 以下是对您工作行为的评价，请根据真实感受和实际情况，对下列各项陈述的符合程度作出评定，并在右侧对应的数字上画"√"，其中 1 表示"完全不同意或完全不符合"，7 表示"完全同意或完全符合"。

项目	选项						
1. 用公正的方式一致对待所有下属，但又认同他们独特的个性	1	2	3	4	5	6	7
2. 将所有下属放到平等的位置，但也考虑他们的特质和个性	1	2	3	4	5	6	7
3. 统一不带歧视地与下属交流，但也根据下属性格和需要转换沟通风格	1	2	3	4	5	6	7
4. 统一管理下属，但也考虑他们的个性化需求	1	2	3	4	5	6	7
5. 施加同等的工作负担，但也考虑每个下属处理不同任务的优势和能力	1	2	3	4	5	6	7
6. 有想要去领导的欲望，但也准许下属共享领导角色	1	2	3	4	5	6	7
7. 喜欢成为关注的焦点，但也准许他人出风头	1	2	3	4	5	6	7
8. 要求别人懂得尊重，但同时也尊重别人	1	2	3	4	5	6	7
9. 坚持自己的观点，但也能意识到自身的不足和他人的价值	1	2	3	4	5	6	7

续表

项目	选项						
10. 对自己的观点自信，但也承认自己需要向他人学习	1	2	3	4	5	6	7
11. 抓大放小，控制主要问题，让下属处理细节	1	2	3	4	5	6	7
12. 替下属作出最终决策，但也准许下属自行处理细节	1	2	3	4	5	6	7
13. 在重大议题上作出决策，把相对次要的问题放权给下属	1	2	3	4	5	6	7
14. 保持整体的控制权，但也给下属适当的自主决策权	1	2	3	4	5	6	7
15. 强调工作表现的一致性，但也允许例外	1	2	3	4	5	6	7
16. 阐明工作要求，但不涉及微观层面的细节	1	2	3	4	5	6	7
17. 工作上高标准要求，但不会过分苛求	1	2	3	4	5	6	7
18. 对工作有很高的要求，但也允许下属犯错	1	2	3	4	5	6	7
19. 保持上下级的职级差异，但也不会摆领导架子	1	2	3	4	5	6	7
20. 与下属保持距离，但并不冷漠	1	2	3	4	5	6	7
21. 保持上下级的职级差异，但维护员工尊严	1	2	3	4	5	6	7
22. 在工作中与下属保持距离，但在待人接物上平易近人	1	2	3	4	5	6	7

2. 以下是对您工作价值观方面的描述，请根据真实感受和实际情况，对下列各项陈述的符合程度作出评定，并在右侧对应的数字上画"√"，其中 1 表示"完全不同意或完全不符合"，7 表示"完全同意或完全符合"。

项目	选项						
1. 能把握遵循事物的发展变化规律	1	2	3	4	5	6	7
2. 能调动他人的工作自主性	1	2	3	4	5	6	7
3. 尊重他人建议，不自以为是	1	2	3	4	5	6	7
4. 遇事冷静，不骄不躁	1	2	3	4	5	6	7
5. 淡泊名利，低调做事	1	2	3	4	5	6	7
6. 知足不争，清心寡欲	1	2	3	4	5	6	7
7. 没有私心，以集体利益为出发点	1	2	3	4	5	6	7
8. 懂得授权，信任并尊重他人	1	2	3	4	5	6	7
9. 做正确的事，不乱为、不妄为	1	2	3	4	5	6	7

3. 以下是对您下属行为的评价，请根据真实感受和实际情况，对下列各项陈述的符合程度作出评定，并在右侧对应的数字上画"√"，其中 1 表示

"完全不同意或完全不符合"，7 表示"完全同意或完全符合"。

项目	选项						
1. 下属发现影响团队工作的问题并对此提出建议	1	2	3	4	5	6	7
2. 下属不仅对影响团队的问题提出建议，而且鼓励其他成员参与其中	1	2	3	4	5	6	7
3. 下属即使有不同甚至反对的意见，也要把关于工作的不同看法和同事交流	1	2	3	4	5	6	7
4. 下属会讲出来可能对团队有帮助的观点	1	2	3	4	5	6	7
5. 下属能参与那些影响团队工作和生活质量的议题	1	2	3	4	5	6	7
6. 下属就工作程序中的新方案提出自己的建议和想法	1	2	3	4	5	6	7

4. 以下是对您团队完成绩效情况的描述，请根据真实感受和实际情况，对下列各项陈述的符合程度作出评定，并在右侧对应的数字上画"√"，其中 1 表示"非常差"，7 表示"非常好"。

项目	选项						
1. 团队完成工作的数量	1	2	3	4	5	6	7
2. 团队完成工作的质量	1	2	3	4	5	6	7
3. 团队整体工作效能	1	2	3	4	5	6	7

二、个人基本信息

请在下列题目选项字母上打"√"或在____上填写您的情况。

1. 性别：A. 男　B. 女

2. 年龄：_____岁

3. 教育程度：A. 大专及以下　B. 本科　C. 硕士及以上

4. 团队规模：_____人

5. 所在职能部门：_____

6. 在团队的工作时间：_____年

请您将填好的问卷交还给问卷发放人员，非常感谢您的支持与合作！

参考文献

［1］曹曼，席猛，赵曙明.高绩效工作系统对员工幸福感的影响：基于自我决定理论的跨层次模型［J］.南开管理评论，2019，22（2）：176–185.

［2］邓今朝，喻梦琴，丁栩平.员工建言行为对团队创造力的作用机制［J］.科研管理，2018，39（12）：171–178.

［3］范恒，周祖城.伦理型领导与员工自主行为：基于社会学习理论的视角［J］.管理评论，2018，30（9）：164–173.

［4］胡国栋，李苗.张瑞敏的水式管理哲学及其理论体系［J］.外国经济与管理，2019，41（3）：25–37+69.

［5］胡婧，李超平.道德型领导与下属工作幸福感关系研究［J］.江西社会科学，2019，39（6）：221–227.

［6］李锡元，闫冬，王琳.悖论式领导对员工建言行为的影响：心理安全感和调节焦点的作用［J］.企业经济，2018，37（3）：102–109.

［7］罗瑾琏，胡文安，钟竞.悖论式领导、团队活力对团队创新的影响机制研究［J］.管理评论，2017，29（7）：122–134.

［8］彭伟，李慧，周欣怡.悖论式领导对员工创造力的跨层次作用机制研究［J］.科研管理，2020，41（12）：257–266.

［9］彭伟，马越.悖论式领导对团队创造力的影响机制：社会网络理论视角［J］.科技进步与对策，2018，35（22）：145–152.

［10］齐善鸿，乔永胜，乔日升.基于扎根理论的人性结构完善研究［J］.未来与发展，2020，44（6）：99–104.

［11］齐善鸿，等.新管理哲学：道本管理［M］.大连：东北财经大学出版社有限责任公司，2011.

［12］齐善鸿，布玉兰，滕海丽．基于道本管理的领导思维形式及升级路径探析［J］.领导科学，2020（24）：4-7.

［13］齐善鸿，乔永胜，乔日升，等．管理科学的后现代转向与"道本信仰型"企业文化［J］.未来与发展，2019，43（12）：66-71.

［14］乔永胜，乔日升，陈丽红．参与型领导对团队绩效的影响：组织支持感与下属默契的跨层链式中介作用［J］.管理评论，2023，35（3）：196-206.

［15］乔永胜，乔日升．道德型领导对团队绩效的影响：一个跨层链式中介模型［J］.太原学院学报（社会科学版），2023，24（5）：30-37+2.

［16］乔永胜，齐善鸿，乔日升，等．道本管理思维测量量表开发与检验［J］.太原学院学报（社会科学版），2023，24（2）：25-32.

［17］任华亮，郑莹，张庆垒．工作幸福感对员工创新绩效的影响：工作价值观和工作自主性的双重调节［J］.财经论丛，2019（3）：94-103.

［18］施涛，曾令凤．组织学习与组织绩效：工作幸福感的中介作用［J］.管理工程学报，2015，29（3）：39-50.

［19］唐贵瑶，陈琳，袁硕．道德型领导对企业声誉的影响：一个有调节的中介模型［J］.管理评论，2019，31（12）：170-180.

［20］刘西真，赵慧军．工作幸福感对知识共享的影响［J］.首都经济贸易大学学报，2019，21（4）：84-92.

［21］涂乙冬，陆欣欣，郭玮，等．道德型领导者得到了什么？道德型领导、团队平均领导—部属交换及领导者收益［J］.心理学报，2014，46（9）：1378-1391.

［22］吴昊，杨东涛．基于2012年财富中国五百强企业的信仰价值观分析［J］.管理学报，2014，11（8）：1095-1100+1245.

［23］杨国枢．中国人的心理与行为：本土化研究［M］.北京：中国人民大学出版社，2004.

［24］于广涛，富萍萍，曲庆，等．中国人的人生价值观：测量工具修订与理论建构［J］.南开管理评论，2016，19（6）：70-80.

［25］张闯，鄂嫚迪，顾芳．渠道建言：多层面驱动因素及其对渠道绩效的影响［J］.南开管理评论，2020，23（2）：167-178.

［26］赵瑜，莫申江，施俊琦. 高压力工作情境下伦理型领导提升员工工作绩效和满意感的过程机制研究［J］. 管理世界，2015（8）：120-131.

［27］ADKINS C L, RUSSELL C J, WERBEL J D. Judgments of Fit in the Selection Process: The Role of Work Value Congruence［J］. Personnel Psychology, 1994, 47（3）: 605-623.

［28］AGARWAL U A. Linking Justice Trust and Innovative Work Behaviour to Work Engagement［J］. Personnel Review, 2014, 43（1）: 41-73.

［29］AMOS E A, WEATHINGTON B L. An Analysis of the Relation Between Employee—Organization Value Congruence and Employee Attitudes［J］. The Journal of Psychology, 2008, 142（6）: 615-632.

［30］ANDRIOPOULOS C, LEWIS M W. Managing Innovation Paradoxes: Ambidexterity Lessons from Leading Product Design Companies［J］. Long Range Planning, 2010, 43（1）: 104-122.

［31］ARAR K, HAJ I, ABRAMOVITZ R, et al. Ethical leadership in Education and its Relation to Ethical Decision-Making［J］. Journal of Educational Administration, 2016, 54（6）: 647-660.

［32］ARDICHVILI A. The Role of HRD in CSR Sustainability and Ethics: A Relational Model［J］. Human Resource Development Review, 2013, 12（4）: 456-473.

［33］ARMSTRONG J S, OVERTON T S. Estimating Nonresponse Bias in Mail Surveys［J］. Journal of Marketing Research, 1977, 14（3）: 396-402.

［34］ARYEE S, WALUMBWA F O, MONDEJAR R, et al. Core Self-Evaluations and Employee Voice Behavior: Test of a Dual-Motivational Pathway［J］. Journal of Management, 2017, 43（3）: 946-966.

［35］ASELAGE J, EISENBERGER R. Perceived Organizational Support and Psychological Contracts: A Theoretical Integration［J］. Journal of Organizational Behavior: The International Journal of Industrial, Occupational and Organizational Psychology and Behavior, 2003, 24（5）: 491-509.

［36］ASHFORTH B E, MAEL F. Social Identity Theory and the Organization［J］. Academy of Management Review, 1989, 14（1）: 20-39.

[37] ATHOTA V S, BUDHWAR P, MALIK A. Influence of Personality Traits and Moral Values on Employee Well-being Resilience and Performance: A Cross-national Study [J]. Applied Psychology, 2020, 69 (3): 653-685.

[38] AVOLIO B J, GARDNER W L. Authentic Leadership Development: Getting to the Root of Positive Forms of Leadership [J]. The Leadership Quarterly, 2005, 16 (3): 315-338.

[39] ANDRIOPOULOS P N, KIRKMAN B L. Leveraging Leaders: A literature Review and Future Lines of Inquiry for Empowering Leadership Research [J]. Group & Organization Management, 2015, 40 (2): 193-237.

[40] BACHMANN B. Ethical Leadership in Organizations [M]. Springer, 2017.

[41] BACHMANN C, HABISCH A, DIERKSMEIER C. Practical Wisdom: Management's No longer Forgotten Virtue [J]. Journal of Business Ethics, 2018, 153 (1): 147-165.

[42] BAKKER A B, DEMEROUTI E, SANZ-VERGEL A I. Burnout and Work Engagement: The JD-R Approach [J]. Annual Review of Organizational Psychology and Organizational Behavior, 2014, 1 (1): 389-411.

[43] BAKKER A B, DEMEROUTI E. Job Demands-Resources Theory: Taking Stock and Looking Forward [J]. Journal of Occupational Health Psychology, 2017, 22 (3): 273.

[44] BAKKER A B, VAN VELDHOVEN M, XANTHOPOULOU D. Beyond the Demand-control Model: Thriving on high Job Demands and Resources [J]. Journal of Personnel Psychology, 2010, 9 (1): 3-16.

[45] BAMBERGER P. From the Editors: Beyond Contextualization: Using Context Theories to Narrow the Micro-Macro Gap in Management Research [J]. Academy of Management Journal, 2008, 51 (5): 839-846.

[46] BANDURA A. Self-efficacy: Toward a Unifying Theory of Behavioral Change [J]. Psychological Review, 1977, 84 (2): 191-215.

[47] BANDURA A. Social Cognitive Theory of Self-regulation [J]. Organizational Behavior and Human Decision Processes, 1991, 50 (2): 248-287.

［48］BANDURA A. Selective Activation and Disengagement of Moral Control ［J］. Journal of Social Issues, 1990, 46（1）: 27–46.

［49］BANDURA A. Social Foundations of Thought and Action: A social Cognitive Theory ［M］. Englewood Cliffs, NJ: Prentice Hall, 1986.

［50］BANDURA A. Social Learning Theory ［M］. Englewood Cliffs, NJ: Prentice-Hall, 1976.

［51］BANDURA A, BARBARANELLI C, CAPRARA G V, et al. Mechanisms of Moral Disengagement in the Exercise of Moral Agency ［J］. Journal of Personality and Social Psychology, 1996, 71（2）: 364–374.

［52］BANDURA A, CAPRARA G V, ZSOLNAI L. Corporate Transgressions through Moral Disengagement ［J］. Journal of Human Values, 2000, 6（1）: 57–64.

［53］BASS B M, STEIDLMEIER P. Ethics Character and Authentic Transformational Leadership Behavior ［J］. The Leadership Quarterly, 1999, 10（2）: 181–217.

［54］BASS B M. From Transactional to Transformational Leadership: Learning to Share the Vision ［J］. Organizational Dynamics, 1991, 18（3）: 19–31.

［55］BAUER D J, PREACHER K J, GIL K M. Conceptualizing and Testing Random Indirect Effects and Moderated Mediation in Multilevel Models: New Procedures and Recommendations ［J］. Psychological Methods, 2006, 11（2）: 142–163.

［56］BEAL D J, COHEN R R, BURKE M J, et al. Cohesion and Performance in Groups: A Meta-analytic Clarification of Construct Relations ［J］. Journal of Applied Psychology, 2003, 88（6）: 989–1004.

［57］BEDI A, ALPASLAN C M, GREEN S. A Meta-Analytic Review of Ethical Leadership Outcomes and Moderators ［J］. Journal of Business Ethics, 2016, 139（3）: 517–536.

［58］BERGER J, COHEN B P, ZELDITCH Jr M. Status Characteristics and Social Interaction ［J］. American Sociological Review, 1972（5）: 241–255.

［59］BEZRUKOVA K, JEHN K A, ZANUTTO E L, et al. Do Workgroup

Faultlines Help or Hurt? A Moderated Model of Faultlines Team Identification and Group Performance [J]. Organization Science, 2009, 20 (1) : 35–50.

[60]BLIESE P D. Within–group Agreement Non–independence and Reliability: Implications for Data Aggregation and Analysis [J]. In K. J. Klein and S. W. J. Kozlowski (Eds.), Multilevel Theory, Research, and Methods in Organizations. San Francisco, CA: Jossey–Bass, 2000 (3) : 349–381.

[61]BOLLEN K A, HOYLE R H. Perceived Cohesion: A Conceptual and Empirical Examination [J]. Social Forces, 1990, 69 (2) : 479–504.

[62]Bonner J M, GREENBAUM R L, MAYER D M. My Boss is Morally Disengaged: The Role of Ethical Leadership in Explaining the Interactive Effect of Supervisor and Employee Moral Disengagement on Employee Behaviors [J]. Journal of Business Ethics, 2016, 137 (4) : 731–742.

[63]BOSELIE P, DIETZ G, BOON C. Commonalities and Contradictions in HRM and Performance Research [J]. Human Resource Management Journal, 2005, 15 (3) : 67–94.

[64]BRACE N, SNELGAR R, KEMP R. SPSS for Psychologists [M]. Macmillan International Higher Education, 2012.

[65]BRIGGS E, JARAMILLO F, WEEKS W A. The Influences of Ethical Climate and Organization Identity Comparisons on Salespeople and Their Job Performance [J]. Journal of Personal Selling & Sales Management, 2012, 32 (4) : 421–436.

[66]BROWN M E, TREVIÑO L K, HARRISON D A. Ethical Leadership: A Social Learning Perspective for Construct Development and Testing [J]. Organizational Behavior and Human Decision Processes, 2005, 97 (2) : 117–134.

[67]BURRIS E R. The Risks and Rewards of Speaking up: Managerial Responses to Employee Voice [J]. Academy of Management Journal, 2012, 55 (4) : 851–875.

[68]BYRNE D, GOUAUX C, GRIFFITT W, et al. The Ubiquitous Relationship: Attitude Similarity and Attraction: A Cross–cultural Study [J]. Human Relations, 1971, 24 (3) : 201–207.

［69］CAMERON K S, BRIGHT D, CAZA A. Exploring the Relationships Between Organizational Virtuousness and Performance ［J］. American Behavioral Scientist, 2004, 47（6）: 766-790.

［70］CARMELI A, SHTEIGMAN A. Top Management Team Behavioral Integration in Small-sized Firms: A Social Identity Perspective ［J］. Group Dynamics: Theory, Research, and Practice, 2010, 14（4）: 318-331.

［71］CARTER S M, GREER C R. Strategic Leadership: Values Styles and Organizational Performance ［J］. Journal of Leadership & Organizational Studies, 2013, 20（4）: 375-393.

［72］CASEY, CAMPBELL M, MARTENS M L. Sticking It All Together: A Critical Assessment of the Group Cohesion-performance Literature ［J］. International Journal of Management Reviews, 2009, 11（2）: 223-246.

［73］CASTANHEIRA F, CHAMBEL M J. Reducing Burnout in Call Centers through HR Practices ［J］. Human Resource Management, 2010, 49（6）: 1047-1065.

［74］CAVACO S, CRIFO P. CSR and financial performance: Complementarity between Environmental Social and Business Behaviours ［J］. Applied Economics, 2014, 46（27）: 3323-3338.

［75］CHALOFSKY N E. Meaningful Workplaces: Reframing How and Where We Work ［M］. John Wiley & Sons, 2010.

［76］CHEN A S Y, HOU Y H. The Effects of Ethical Leadership, Voice Behavior and Climates for Innovation on Creativity: A Moderated Mediation Examination ［J］. The Leadership Quarterly, 2016, 27（1）: 1-13.

［77］CHEN G, DONAHUE L M, KLIMOSKI R J. Training Undergraduates to Work in Organizational Teams ［J］. Academy of Management Learning & Education, 2004, 3（1）: 27-40.

［78］CHIN T, ROWLEY C, REDDING G, et al. Chinese Strategic Thinking on Competitive Conflict: Insights from Yin-Yang Harmony Cognition ［J］. International Journal of Conflict Management, 2018, 29（5）: 683-704.

［79］CHURCHILL Jr G A, PETER J P. Research Design Effects on the

Reliability of Rating Scales: A Meta-analysis [J]. Journal of Marketing Research, 1984, 21 (4): 360–375.

[80] CHURCHILL Jr G A. A Paradigm for Developing Better Measures of Marketing Constructs [J]. Journal of Marketing Research, 1979, 16 (1): 64–73.

[81] CICOLINI G, COMPARCINI D, SIMONETTI V. Workplace Empower- ment and Nurses' Job Satisfaction: A Systematic Literature review [J]. Journal of Nursing Management, 2014, 22 (7): 855–871.

[82] CLAUSEN T, NIELSEN K, CARNEIRO I G, et al. Job Demands Job Resources and Long - term Sickness Absence in the Danish Eldercare Services: a Prospective Analysis of Register - based Outcomes [J]. Journal of Advanced Nurs- ing, 2012, 68 (1): 127–136.

[83] CLEARY M, HUNGERFORD C, LOPEZ V, et al. Towards Effective Management in Psychiatric-mental Health Nursing: The Dangers and Consequences of Micromanagement [J]. Issues in Mental Health Nursing, 2015, 36 (6): 424– 429.

[84] COHEN S G, BAILEY D E. What Makes Teams Work: Group Effective- ness Research from the Shop Floor to the Executive Suite [J]. Journal of Manage- ment, 1997, 23 (3): 239–290.

[85] COLDWELL D A, BILLSBERRY J, VAN MEURS N, et al. The Effects of Person - Organization Ethical Fit on Employee Attraction and Retention: Towards a Testable Explanatory Model [J]. Journal of Business Ethics, 2008, 78 (4): 611– 622.

[86] CRANE A, HENRIQUES I, HUSTED B W, et al. Measuring Corporate Social Eesponsibility and Impact: Enhancing Quantitative Research Design and Methods in Business and Society Research [J]. Business & Society, 2017, 56 (6): 787–795.

[87] CRAWFORD E R, LEPINE J A, RICH B L. Linking Job Demands and Resources to Employee Engagement and Burnout: A Theoretical Extension and Meta- analytic test [J]. Journal of Applied Psychology, 2010, 95 (5): 834–848.

[88] CRESSEY D R, MOORE C A. Managerial Values and Corporate Codes of

Ethics ［J］. California Management Review, 1983, 25（4）: 53–77.

［89］CRESWELL J W. Research Design: Qualitative Quantitative and Mixed Methods Approaches（2nd ed.）［M］. Thousand Oaks, CA: Sage, 2003.

［90］CROPANZANO R, MITCHELL M S. Social Exchange Theory: An Interdisciplinary Review ［J］. Journal of Management, 2005, 31（6）: 874–900.

［91］DECI E L, RYAN R M. Hedonia Eudaimonia and Well-being: An Introduction ［J］. Journal of Happiness Studies, 2008, 9（1）: 1–11.

［92］DECI E L, RYAN R M. Self-determination Theory: A Macrotheory of Human Motivation Development and Health ［J］. Canadian Psychology/Psychologie Canadienne, 2008, 49（3）: 182–185.

［93］DEERY S J, IVERSON R D, WALSH J T. Toward a Better Understanding of Psychological Contract Breach: A Study of Customer Service Employees ［J］. Journal of Applied Psychology, 2006, 91（1）: 166–175.

［94］DEMEROUTI E, BAKKER A B, NACHREINER F, et al. The Job Demands-resources Model of Burnout ［J］. Journal of Applied psychology, 2001, 86（3）: 499–512.

［95］DEN HARTOG D N, BELSCHAK F D. Work Engagement and Machiavellianism in the Ethical Leadership Process ［J］. Journal of Business Ethics, 2012, 107（1）: 35–47.

［96］DETERT J R, BURRIS E R. Leadership Behavior and Employee Voice: Is the Door Really Open? ［J］. Academy of Management Journal, 2007, 50（4）: 869–884.

［97］DETERT J R, TREVIÑO L K. Speaking Up to Higher-ups: How Supervisors and Skip-level Leaders Influence Employee Voice ［J］. Organization Science, 2010, 21（1）: 249–270.

［98］DICKINSON T L, MCINTYRE R M. A Conceptual Framework for Teamwork Measurement ［J］. In M. T. Brannick, E. Salas, & C. Prince（Eds.）, Series in Applied Psychology. Team Performance Assessment and Measurement: Theory Methods and Applications. Lawrence Erlbaum Associates Publishers, 1997（2）: 19–43.

［99］DITOMASO N, POST C, PARKS-YANCY R. Workforce Diversity and Inequality: Power Status and Numbers ［J］. Annu. Rev. Sociol., 2007（33）: 473-501.

［100］DONG Y, BARTOL K M, ZHANG Z X, et al. Enhancing Employee Creativity Via Individual Skill Development and Team Knowledge Sharing: Influences of Dual-focused Transformational Leadership ［J］. Journal of Organizational Behavior, 2017, 38（3）: 439-458.

［101］DOPFER K, POTTS J. On the Theory of Economic Evolution ［J］. Evolutionary and Institutional Economics Review, 2009, 6（1）: 23-44.

［102］DULEBOHN J H, BOMMER W H, LIDEN R C, et al. A Meta-analysis of Antecedents and Consequences of Leader-member Exchange: Integrating the Past with an Eye toward the Future ［J］. Journal of Management, 2012, 38（6）: 1715-1759.

［103］DUST S B, RESICK C J, MARGOLIS J A, et al. Ethical Leadership and Employee Success: Examining the Roles of Psychological Empowerment and Emotional Exhaustion ［J］. The Leadership Quarterly, 2018, 29（5）: 570-583.

［104］EDMONDSON A C, MCMANUS S E. Methodological Fit in Management Field Research ［J］. Academy of Management Review, 2007, 32（4）: 1246-1264.

［105］EDWARDS J R, LAMBERT L S. Methods for Integrating Moderation and Mediation: A General Analytical Framework Using Moderated Path Analysis ［J］. Psychological Methods, 2007, 12（1）: 1-22.

［106］EISENBEISS S A, KNIPPENBERG D, FAHRBACH C M. Doing Well by Doing Good? Analyzing the Relationship between CEO Ethical Leadership and Firm Performance ［J］. Journal of Business Ethics, 2015, 128（3）: 635-651.

［107］EISENHARDT K M, GRAEBNER M E. Theory Building from Cases: Opportunities and Challenges［J］. Academy of Management Journal, 2007, 50（1）: 25-32.

［108］ELSETOUHI A M, HAMMAD A A, NAGM A E A, et al. Perceived Leader Behavioral Integrity and Employee Voice in SMEs Travel Agents: The Mediating Role of Empowering Leader Behaviors ［J］. Tourism Management,

2018（65）：100–115.

［109］ERICSSON U, AUGUSTINSSON S. The Eole of First Line Managers in Healthcare Organisations–A Qualitative Study on the Work Life Experience of Ward Managers ［J］. Journal of Research in Nursing, 2015, 20（4）：280–295.

［110］FAIRHURST G T, PUTNAM L L. An integrative Methodology for Organizational Oppositions：Aligning Grounded Theory and Discourse Analysis ［J］. Organizational Research Methods, 2019, 22（4）：917–940.

［111］FALKENBERG L, HERREMANS I. Ethical behaviours in organizations：directed by the formal or informal systems? ［J］. Journal of business Ethics, 1995, 14（2）：133–143.

［112］FARAJ S, SPROULL L. Coordinating Expertise in Software Development Yeams ［J］. Management Science, 2000, 46（12）：1554–1568.

［113］FARH J L, ZHONG C B, ORGAN D W. Organizational Citizenship Behavior in the People's Republic of China ［J］. Organization Science, 2004, 15（2）：241–253.

［114］FEIN E C, TZINER A, LUSKY L, et al. Relationships Between Ethical Climate, Justice Perceptions, and LMX ［J］. Leadership & Organization Development Journal, 2013, 34（2）：147 – 163.

［115］FENDT J, SACHS W. Grounded Theory Method in Management Research：Users' Perspectives ［J］. Organizational Research Methods, 2008, 11（3）：430–455.

［116］FERRERO I, SISON A J G. A Quantitative Analysis of Authors Schools and Themes in Virtue Ethics Articles in Business Ethics and Management Journals （1980—2011）［J］. Business Ethics：A European Review, 2014, 23（4）：375–400.

［117］FISCHER T, DIETZ J, ANTONAKIS J. Leadership Process Models：A Review and Synthesis ［J］. Journal of Management, 2017, 43（6）：1726–1753.

［118］FORER B, ZUMBO B D. Validation of Multilevel Constructs：Validation Methods and Empirical Findings for the EDI ［J］. Social Indicators Research, 2011, 103（2）：231–265.

［119］FORNELL C, LARCKER D F. Evaluating Structural Equation Models with Unobservable Variables and Measurement Error ［J］. Journal of Marketing Research, 1981, 18（1）: 39–50.

［120］FRANKE F, FELFE J, PUNDT A. The Impact of Health–oriented Leadership on Follower Health: Development and Test of a New Instrument Measuring Health–promoting Leadership ［J］. German Journal of Human Resource Management, 2014, 28（1–2）: 139–161.

［121］GARAVAN T, MCCARTHY A, SHEEHAN M, et al. Measuring the Organizational Impact of Training: The Need for Greater Methodological Rigor ［J］. Human Resource Development Quarterly, 2019, 30（3）: 291–309.

［122］GARDNER W L, AVOLIO B J, LUTHANS F, et al. "Can you see the real me?" A Self–based Model of Authentic Leader and Follower Development ［J］. The Leadership Quarterly, 2005, 16（3）: 343–372.

［123］GIBSON C B, EARLEY P C. Collective Cognition in Action: Accumulation Interaction Examination and Accommodation in the Development and Operation of Group Efficacy Beliefs in the Workplace ［J］. Academy of Management Review, 2007, 32（2）: 438–458.

［124］GIOIA D A, CORLEY K G, HAMILTON A L. Seeking Qualitative Rigor in Inductive Research: Notes on the Gioia Methodology ［J］. Organizational Research Methods, 2013, 16（1）: 15–31.

［125］GIOIA D A, THOMAS J B. Identity Image and Issue Interpretation: Sensemaking During Strategic Change in Academia ［J］. Administrative Science Quarterly, 1996, 41（3）: 370–403.

［126］GLADSTEIN D L. Groups in Context: A Model of Task Group Effectiveness ［J］. Administrative Science Quarterly, 1984, 29（4）: 499–517.

［127］GLASER B. Basics of Grounded Theory Analysis ［M］. Mill Valley: Sociology Press, 1992.

［128］GLASER B. Doing Grounded Theory ［M］. Mill Valley: Sociology Press, 1998.

［129］GLASER B, STRAUSS A. The Discovery of Grounded Theory ［M］.

Aldine de Gruyter, New York, 1967.

[130]GREENLEAF R K. Servant Leadership [M]. Paulist Press, New York, 1991.

[131]GRIFFIN M A, NEAL A, PARKER S K. A New Model of Work Role Performance: Positive Behavior in Uncertain and Interdependent Contexts [J]. Academy of Management Journal, 2007, 50（2）: 327–347.

[132]GU Q, TANG T L P, JIANG W. Does Moral Leadership Enhance Employee Creativity? Employee Identification with Leader and Leader–member Exchange（LMX）in the Chinese Context [J]. Journal of Business Ethics, 2015, 126（3）: 513–529.

[133]GUEST D E. Human Resource Management and Employee Well–Being: Towards a new Analytic Framework [J]. Human Resource Management Journal, 2017, 27（1）: 22–38.

[134]GULLY S M, INCALCATERRA K A, JOSHI A, et al. A Meta–analysis of Team–efficacy Potency and Performance: Interdependence and Level of Analysis as Mderators of Observed relationships [J]. Journal of Applied Psychology, 2002, 87（5）: 819–832.

[135]GUZMAN F A, ESPEJO A. Introducing Changes at Work: How Voice Behavior Relates to Management Innovation [J]. Journal of Organizational Behavior, 2019, 40（1）: 73–90.

[136]GEORGE R T. Business ethics and the information age [J]. Business and Society Review, 1999, 104（3）: 261–278.

[137]GEORGE R T. Business Ethics [M]. Prentice Hall, Inc. New Jersey, 1999.

[138]HAAR J, ROCHE M, BROUGHAM D. Indigenous Insights into Ethical Leadership: A study of Māori leaders [J]. Journal of Business Ethics, 2019, 160（3）: 621–640.

[139]HACKMAN J R. A Normative Model of Work Team Effectiveness [R]. Office of Naval Research Arlingtonva, 1983.

[140]HAIR J F, SARSTEDT M, RINGLE C M, et al. An Assessment of the

Use of Partial Least Squares Structural Equation Modeling in Marketing Research [J]. Journal of the Academy of Marketing Science, 2012, 40 (3): 414–433.

[141] HAIR J F, ANDERSON R E, TATHAM R L, et al. Multivariate Data Analysis, 5th Ed [M]. Prentice Hall, New Jersey, 1998.

[142] HAKANEN J J, BAKKER A B, SCHAUFELI W B. Burnout and Work Engagement among Teachers [J]. Journal of School Psychology, 2006, 43 (6): 495–513.

[143] HALBESLEBEN J R B. The Role of Exhaustion and Workarounds in Predicting Occupational Injuries: A Cross-lagged Panel Study of Health Care Profes-sionals [J]. Journal of Occupational Health Psychology, 2010, 15 (1): 1–16.

[144] HANNAH S T, AVOLIO B J. Moral Potency: Building the Capacity for Character-based Leadership [J]. Consulting Psychology Journal: Practice and Research, 2010, 62 (4): 291.

[145] HANSEN S D, ALGE B J, BROWN M E, et al. Ethical Leadership: Assessing the Value of a Multifoci Social Exchange Perspective [J]. Journal of Business Ethics, 2013, 115 (3): 435–449.

[146] HANSEN S D, DUNFORD B B, ALGE B J, et al. Corporate Social Responsibility Ethical Leadership and Trust Propensity: A Multi-experience Model of Perceived Ethical Climate [J]. Journal of Business Ethics, 2016, 137 (4): 649–662.

[147] HARRISON D A, KLEIN K J. What's the Difference? Diversity Constructs as Separation Variety or Disparity in Organizations [J]. Academy of Management Review, 2007, 32 (4): 1199–1228.

[148] HASSAN S, WRIGHT B E, YUKL G. Does Ethical Leadership Matter in Government? Effects on Organizational Commitment, Absenteeism, and Willingness to Report Ethical Problems [J]. Public Administration Review, 2014, 74 (3): 333–343.

[149] HILLER N J, DAY D V, VANCE R J. Collective Enactment of Leader-ship Roles and Team Effectiveness: A Field Study [J]. The Leadership Quarterly, 2006, 17 (4): 387–397.

［150］HOBFOLL S E. Conservation of Resources：A New Attempt at Conceptualizing Stress［J］. American Psychologist, 1989, 44（3）：513-524.

［151］HOCH J E, BOMMER W H, DULEBOHN J H, et al. Do Ethical Authentic and Servant Leadership Explain Variance above and Beyond Transformational Leadership? A Meta-analysis［J］. Journal of Management, 2018, 44（2）：501-529.

［152］HOFSTEDE G. Attitudes Values and Organizational Culture：Disentangling the Concepts［J］. Organization Studies, 1998, 19（3）：477-493.

［153］HOGG M A, TERRY D I. Social Identity and Self-categorization Processes in Organizational Contexts［J］. Academy of Management Review, 2000, 25（1）：121-140.

［154］HOGG M A. A Social Identity Theory of Leadership［J］. Personality and Social Psychology Review, 2001, 5（3）：184-200.

［155］HOLLAND J L. Exploring Careers with a Typology：What We Have Learned and Some New Directions［J］. American Psychologist, 1996, 51（4）：397-406.

［156］HOMAN A C, KNIPPENBERG D, KLEEF G A, et al. Bridging Faultlines by Valuing Diversity：Diversity beliefs, Information Elaboration, and Performance in Diverse Work Groups［J］. Journal of Applied Psychology, 2007, 92（5）：1189-1199.

［157］HOUSE R, JAVIDAN M, HANGES P, et al. Understanding Cultures and Implicit Leadership Theories Across the Globe：An introduction to Project Globe［J］. Journal of World Business, 2002, 37（1）：3-10.

［158］HOUSE R, ROUSSEAU D M, THOMASHUNT M. The Meso Paradigm-A Framework for the Integration of Micro and Macro Organizational-behavior［J］. Research in Organizational Behavior：an Annual Series of Analytical Essays and Critical Reviews, 1995（17）：71-114.

［159］HOX J J, MAAS C J M, BRINKHUIS M J S. The Effect of Estimation Method and Sample Size in Multilevel Structural Equation Modeling［J］. Statistica Neerlandica, 2010, 64（2）：157-170.

［160］HUHTALA M, TOLVANEN A, MAUNO S, et al. The Associations between Ethical Organizational Culture Burnout and Engagement: A Multilevel Study ［J］. Journal of Business and Psychology, 2015, 30（2）: 399-414.

［161］HUMBORSTAD S I W, NERSTAD C G L, DYSVIK A. Empowering Leadership Employee Goal Orientations and Work Performance: A Competing Hypothesis Approach ［J］. Personnel Review, 2014, 432（2）: 246-271.

［162］HUNT S D, WOOD V R, CHONKO L B. Corporate Ethical Values and Organizational Commitment in Marketing ［J］. Journal of Marketing, 1989, 53（3）: 79-90.

［163］HUSELID M A, JACKSON S E, SCHULER R S. Technical and Strategic Human Resources Management Effectiveness as Determinants of Firm Performance ［J］. Academy of Management Journal, 1997, 40（1）: 171-188.

［164］ILGEN D R, HOLLENBECK J R, JOHNSON M, et al. Teams in Organizations: From Input-Process-Output Models to IMOI models ［J］. Annu. Rev. Psychol., 2005, 56: 517-543.

［165］INCEOGLU I, THOMAS G, CHU C, et al. Leadership Behavior and Employee Well-being: An Integrated Review and a Future Research Agenda ［J］. The Leadership Quarterly, 2018, 29（1）: 179-202.

［166］INGRAM A E, LEWIS M W, BARTON S, et al. Paradoxes and Innovation in Family Firms: The Role of Paradoxical Thinking ［J］. Entrepreneurship Theory and Practice, 2016, 40（1）: 161-176.

［167］JAMES L R, DEMAREE R G, WOLF G. Rwg: An Assessment of Within-group Interrater Agreement ［J］. Journal of Applied Psychology, 1993, 78（2）: 306-309.

［168］JEHN K A, MANNIX E A. The Dynamic Nature of Conflict: A Longitudinal Study of Intragroup Conflict and Group Performance ［J］. Academy of Management Journal, 2001, 44（2）: 238-251.

［169］JOHNSON R E, CHANG C H, YANG L Q. Commitment and Motivation at Work: The Relevance of Employee Identity and Regulatory Focus ［J］. Academy of Management Review, 2010, 35（2）: 226-245.

［170］JUDGE T A，PICCOLO R F. Transformational and Transactional Leadership：A Meta-analytic Test of Their Relative Validity［J］. Journal of Applied Psychology，2004，89（5）：755-768.

［171］JULIET M，CORBIN S. Basics of Qualitative Research：Techniques and Procedures for Developing Grounded Theory［M］. CA：SAGE Publications，2015.

［172］JONG B A，ELFRING T. How Does Trust Affect the Performance of Ongoing Teams? The Mediating Role of Reflexivity，Monitoring，and Effort［J］. Academy of Management Journal，2010，53（3）：535-549.

［173］KAHNEMAN D，KRUEGER A B. Developments in the Measurement of Subjective Well-being［J］. Journal of Economic Perspectives，2006，20（1）：3-24.

［174］KALSHOVEN K，BOON C T. Ethical Leadership Employee Well-being and Helping［J］. Journal of Personnel Psychology，2012，11（1）：60-68.

［175］KAPTEIN M，WEMPE J. Twelve Gordian Knots when Developing an Organizational Code of Ethics［J］. Journal of Business Ethics，1998，17（8）：853-869.

［176］KAPTEIN M. Developing and Testing a Measure for the Ethical Culture of Organizations：The Corporate Ethical Virtues Model［J］. Journal of Organizational Behavior，2008，29（7）：923-947.

［177］KAPTEIN M. The Ethics of Organizations：A Longitudinal Study of the US Working Population［J］. Journal of Business Ethics，2010，92（4）：601-618.

［178］KEARNEY E，GEBERT D. Managing Diversity and Enhancing Team Outcomes：The Promise of Transformational Leadership［J］. Journal of Applied Psychology，2009，94（1）：77-89.

［179］KELLER J，LOEWENSTEIN J，YAN J. Culture Conditions and Paradoxical Frames［J］. Organization Studies，2017，38（3-4）：539-560.

［180］KELLOWAY E K，WEIGAND H，MCKEE M C，et al. Positive Leadership and Employee Well-being［J］. Journal of Leadership & Organizational Studies，2013，20（1）：107-117.

［181］KELTNER D，GRUENFELD D H，ANDERSON C. Power Approach and

Inhibition [J]. Psychological Review, 2003, 110 (2): 265-284.

[182]KETOKIVI M, CHOI T. Renaissance of Case Research as a Scientific Method [J]. Journal of Operations Management, 2014, 32 (5): 232-240.

[183]KLAAS B S, OLSON-BUCHANAN J B, WARD A K. The Determinants of Alternative Forms of Workplace Voice: An Integrative Perspective [J]. Journal of Management, 2012, 38 (1): 314-345.

[184]KLEIN K J, HOUSE R J. On Fire: Charismatic Leadership and Levels of Analysis [J]. The Leadership Quarterly, 1995, 6 (2): 183-198.

[185]KLEIN K J, KOZLOWSKI S W J. From Micro to Meso: Critical Steps in Conceptualizing and Conducting Multilevel Research [J]. Organizational Research Methods, 2000, 3 (3): 211-236.

[186]KLIMOSKI R, MOHAMMED S. Team Mental Model: Construct or Metaphor? [J]. Journal of Management, 1994, 20 (2): 403-437.

[187]KLUCKHOHN F R L. Variations in the Basic Values of Family Systems [J]. Social Casework, 1958, 39 (2-3): 63-72.

[188]KLUEMPER D H, DEGROOT T, CHOI S. Emotion Management Ability: Predicting Task Performance, Citizenship, and Deviance [J]. Journal of Management, 2013, 39 (4): 878-905.

[189]KNIGHT C, PATTERSON M, DAWSON J. Building Work Engagement: A Systematic Review and Meta-analysis Investigating the Effectiveness of Work Engagement Interventions [J]. Journal of Organizational Behavior, 2017, 38 (6): 792-812.

[190]KO C, MA J, BARTNIK R, et al. Ethical Leadership: An Integrative Review and Future Research Agenda [J]. Ethics & Behavior, 2018, 28 (2): 104-132.

[191]KO C, MA J, KANG M, et al. How Ethical Leadership Cultivates Healthy Guanxi to Enhance OCB in China [J]. Asia Pacific Journal of Human Resources, 2017, 55 (4): 408-429.

[192]KO C, MA J, KANG M, et al. The Effect of Ethical Leadership on Purchasers' Unethical Behavior in China: The Moderating Role of Ethical Ideology

［J］. Journal of Purchasing and Supply Management，2019，25（4）：10.

［193］KOOIJ D T, GUEST D E, CLINTON M, et al. How the Tmpact of HR Practices on Employee Well-being and Performance Changes with Age［J］. Human Resource Management Journal, 2013, 23（1）：18-35.

［194］KOVJANIC S, SCHUH S C, JONAS K. Transformational Leadership and Performance：An Experimental Investigation of the Mediating Effects of Basic Needs Satisfaction and Work Engagement［J］. Journal of Occupational and Organizational Psychology, 2013, 86（4）：543-555.

［195］KOZLOWSKI S W J, CHAO G T, GRAND J A, et al. Advancing Multilevel Research Design：Capturing the Dynamics of Emergence［J］. Organizational Research Methods, 2013, 16（4）：581-615.

［196］KOZLOWSKI S W J, ILGEN D R. Enhancing the Effectiveness of Work Groups and Teams［J］. Psychological Science in the Public Interest, 2006, 7（3）：77-124.

［197］KOZLOWSKI S W J, BELL B S. Work Groups and Teams in Organizations［M］. Handbook of Psychology, Second Edition, 2012.

［198］KRISTOF A L. PERSON-ORGANIZATION Fit：An Integrative Review of its Conceptualizations Measurement and Implications［J］. Personnel Psychology, 1996, 49（1）：1-49.

［199］KUENZI M, SCHMINKE M. Assembling Fragments into a Lens：A review Critique and Proposed Research Agenda for the Organizational Work Climate Literature［J］. Journal of Management, 2009, 35（3）：634-717.

［200］KUNTZ J R C, NÄSWALL K, MALINEN S. Resilient Employees in Resilient Organizations：Flourishing Beyond Adversity［J］. Industrial and Organizational Psychology, 2016, 9（2）：456-462.

［201］LEPINE J A, PICCOLO R F, JACKSON C L, et al. A Meta-analysis of Teamwork Processes：Tests of a Multidimensional Model and Relationships with Team Effectiveness Criteria［J］. Personnel Psychology, 2008, 61（2）：273-307.

［202］LEVINE M P, BOAKS J. What Does Ethics Have to Do with Leadership?［J］. Journal of Business Ethics, 2014, 124（2）：225-242.

［203］LEWIS M W, ANDRIOPOULOS C, SMITH W K. Paradoxical Leadership to Enable Strategic Agility［J］. California Management Review, 2014, 56（3）: 58-77.

［204］LI A, CROPANZANO R, BAGGER J. Justice Climate and Peer Justice Climate: A Closer Look［J］. Small Group Research, 2013, 44（5）: 563-592.

［205］LIANG J, FARH C I C, FARH J L. Psychological Antecedents of Promotive and Prohibitive Voice: A Two-wave Examination［J］. Academy of Management Journal, 2012, 55（1）: 71-92.

［206］LIANG J, SHU R, FARH C I C. Differential Implications of Team Member Promotive and Prohibitive Voice on Innovation Performance in Research and Development Project Teams: A Dialectic Perspective［J］. Journal of Organizational Behavior, 2019, 40（1）: 91-104.

［207］LIAO Y, LIU X Y, KWAN H K, et al. Work - family Effects of Ethical Leadership［J］. Journal of Business Ethics, 2015, 128（3）: 535-545.

［208］LIU W, ZHU R, YANG Y. I Warn You Because I Like You: Voice Behavior, Employee Identifications and Transformational Leadership［J］. The Leadership Quarterly, 2010, 21（1）: 189-202.

［209］LORINKOVA N M, PEARSALL M J, SIMS Jr H P. Examining the Differential Longitudinal Performance of Directive Versus Empowering Leadership in Teams［J］. Academy of Management Journal, 2013, 56（2）: 573-596.

［210］LÜDTKE O, MARSH H W, ROBITZSCH A, et al. The Multilevel Latent Covariate Model: A new More Reliable Approach to Group-Level Effects in Contextual Studies［J］. Psychological Methods, 2008, 13（3）: 203-229.

［211］LÜSCHER L S, LEWIS M W. Organizational Change and Managerial Sensemaking: Working through Paradox［J］. Academy of management Journal, 2008, 51（2）: 221-240.

［212］LONG D W, FAHEY L. Diagnosing Cultural Barriers to Knowledge Management［J］. Academy of Management Perspectives, 2000, 14（4）: 113-127.

［213］MASSIS A, KOTLAR J. The Case Study Method in Family Business

Research: Guidelines for Qualitative Scholarship [J]. Journal of Family Business Strategy, 2014, 5（1）: 15-29.

[214]MAAS C J M, HOX J J. Robustness Issues in Multilevel Regression Analysis [J]. Statistica Neerlandica, 2004, 58（2）: 127-137.

[215]MACBRYDE J, MENDIBIL K. Designing Performance Measurement Systems for Teams: Theory and Practice[J]. Management Decision, 2003, 41（8）: 722-733.

[216]MALHOTRA N K, KIM S S, PATIL A. Common Method Variance in IS research: A Comparison of Alternative Approaches and a Reanalysis of Past Research [J]. Management Science, 2006, 52（12）: 1865-1883.

[217]MARCHINGTON M, SUTER J. Where Informality Really Matters: Patterns of Employee Involvement and Participation（EIP）in a Non-union Firm [J]. Industrial Relations: A Journal of Economy and Society, 2013（52）: 284-313.

[218]MARKS M A, MATHIEU J E, ZACCARO S J. A temporally Based Framework and Taxonomy of Team Processes [J]. Academy of Management Review, 2001, 26（3）: 356-376.

[219]MATHIEU J E, HEFFNER T S, GOODWIN G F, et al. The Influence of Shared Mental Models on Team Process and Performance [J]. Journal of Applied Psychology, 2000, 85（2）: 273-283.

[220]MATHIEU J E, HOLLENBECK J R, VAN KNIPPENBERG D, et al. A Century of Work Teams in the Journal of Applied Psychology [J]. Journal of Applied Psychology, 2017, 102（3）: 452-467.

[221]MAXWELL J. Qualitative Research Design: An Interactive Approach. [M]. CA: Sage Publications, 2012.

[222]MAYER D M, AQUINO K, GREENBAUM R L, et al. Who Displays Ethical Leadership and Why Does it Matter? An Examination of Antecedents and Consequences of Ethical Leadership [J]. Academy of Management Journal, 2012, 55（1）: 151-171.

[223]MAYER D M, KUENZI M, GREENBAUM R L. Examining the Link between Ethical Leadership and Employee Misconduct: The Mediating Role of Ethi-

cal Climate〔J〕. Journal of Business Ethics, 2010, 95（1）: 7-16.

〔224〕MAYER D M, KUENZI M, GREENBAUM R L, et al. How Low Does Ethical Leadership Flow? Test of a Trickle-down Model〔J〕. Organizational Behavior and Human Decision Processes, 2009, 108（1）: 1-13.

〔225〕MAYNES T D, PODSAKOFF P M. Speaking More Broadly: An Examination of the Nature Antecedents and Consequences of an Expanded Set of Employee Voice Behaviors〔J〕. Journal of Applied Psychology, 2014, 99（1）: 87-112.

〔226〕MCCABE D L, TREVINO L K, BUTTERFIELD K D. The Influence of Collegiate and Corporate Codes of Conduct on Ethics-related Behavior in the Workplace〔J〕. Business Ethics Quarterly, 1996（5）: 461-476.

〔227〕MCCLEAN E J, BURRIS E R, DETERT J R. When Does Voice Lead to Exit? It Depends on Leadership〔J〕. Academy of Management Journal, 2013, 56（2）: 525-548.

〔228〕MCCLEAN E J, MARTIN S R, EMICH K J, et al. The Social Consequences of Voice: An Examination of Voice Type and Gender on Status and Subsequent Leader Emergence〔J〕. Academy of Management Journal, 2018, 61（5）: 1869-1891.

〔229〕MCINTYRE R M, SALAS E. Measuring and Managing for Team Performance: Emerging Principles from Complex Environments〔J〕. Team Effectiveness and Decision Making in Organizations, 1995（16）: 9-45.

〔230〕MEA W J, SIMS R R. Human Dignity-Centered Business Ethics: A conceptual Framework for Business Leaders〔J〕. Journal of Business Ethics, 2019, 160（1）: 53-69.

〔231〕MENEGHEL I, BORGOGNI L, MIRAGLIA M, et al. From Social Context and Resilience to Performance through Job Satisfaction: A multilevel Study over Time〔J〕. Human Relations, 2016, 69（11）: 2047-2067.

〔232〕MESMER-MAGNUS J R, DECHURCH L A. Information Sharing and Team Performance: A Meta-analysis〔J〕. Journal of Applied Psychology, 2009, 94（2）: 535-546.

〔233〕MILES M B, HUBERMAN A M. Qualitative Data Analysis: An

Expanded Sourcebook [M]. CA: SAGE Publications, 1994.

[234]MILLIKEN F J, MARTINS L L. Searching for Common Threads: Understanding the Multiple Effects of Diversity in Organizational groups [J]. Academy of Management Review, 1996, 21 (2): 402–433.

[235]MIRON-SPEKTOR E, BEENEN G. Motivating Creativity: The Effects of Sequential and Simultaneous Learning and Performance Achievement Goals on Product Novelty and Usefulness [J]. Organizational Behavior and Human Decision Processes, 2015, 127: 53–65.

[236]MIRON-SPEKTOR E, INGRAM A, KELLER J, et al. Microfoundations of Organizational Paradox: The Problem is How We Think About the Problem [J]. Academy of Management Journal, 2018, 61 (1): 26–45.

[237]MISKA C, HILBE C, MAYER S. Reconciling Different Views on Responsible Leadership: A Rationality-based Approach [J]. Journal of Business Ethics, 2014, 125 (2): 349–360.

[238]MO S, BOOTH S A, WANG Z. How do Chinese Firms Deal with Inter-organizational Conflict? [J]. Journal of Business Ethics, 2012, 108 (1): 121–129.

[239]MONTANO D, REESKE A, FRANKE F, et al. Leadership Followers' Mental Health and Job Performance in Organizations: A Comprehensive Meta - analysis from an Occupational Health Perspective [J]. Journal of Organizational Behavior, 2017, 38 (3): 327–350.

[240]MORRISON E W, ROBINSON S L. When Employees Feel Betrayed: A model of how Psychological Contract Violation Develops [J]. Academy of Management Review, 1997, 22 (1): 226–256.

[241]MORRISON E W. Employee Voice and Silence [J]. Annu. Rev. Organ. Psychol. Organ. Behav., 2014, 1 (1): 173–197.

[242]MORRISON E W. Employee Voice Behavior: Integration and Directions for Future Research [J]. Academy of Management Annals, 2011, 5 (1): 373–412.

[243]MOWBRAY P K, WILKINSON A, TSE H H M. An Integrative Review of Employee Voice: Identifying a Common Conceptualization and Research Agenda

［J］. International Journal of Management Reviews, 2015, 17（3）: 382–400.

［244］NAHUM-SHANI I, HENDERSON M M, LIM S, et al. Supervisor Support: Does Supervisor Support Buffer or Exacerbate the Adverse Effects of Supervisor Undermining? ［J］. Journal of Applied Psychology, 2014, 99（3）: 484–503.

［245］NEUBERT M J, WU C, ROBERTS J A. The Influence of Ethical Leadership and Regulatory Focus on Employee Outcomes ［J］. Business Ethics Quarterly, 2013, 23（2）: 269–296.

［246］NG T W H, FELDMAN D C. Employee Voice Behavior: A Meta-analytic Test of the Conservation of Resources Framework ［J］. Journal of Organizational Behavior, 2012, 33（2）: 216–234.

［247］NG T W H, FELDMAN D C. Ethical Leadership: Meta-analytic Evidence of Criterion-related and Incremental Validity ［J］. Journal of Applied Psychology, 2015, 100（3）: 948–965.

［248］ORLIKOWSKI W J, SCOTT S V. Exploring Material-discursive practices ［J］. Journal of Management Studies, 2015, 52（5）: 697–705.

［249］OWENS B P, YAM K C, BEDNAR J S, et al. The Impact of Leader Moral Humility on Follower Moral Self-efficacy and Behavior ［J］. Journal of Applied Psychology, 2019, 104（1）: 146–163.

［250］PARKER S K, WILLIAMS H M, TURNER N. Modeling the Antecedents of Proactive Behavior at Work ［J］. Journal of Applied Psychology, 2006, 91（3）: 636–652.

［251］PATTON M Q. Qualitative Evaluation and Research methods ［M］. SAGE Publications, Inc, 1990.

［252］PAULY B, VARCOE C, STORCH J, et al. Registered Nurses' Perceptions of Moral Distress and Ethical Climate ［J］. Nursing Ethics, 2009, 16（5）: 561–573.

［253］PEARCE C L, WASSENAAR C L, BERSON Y, et al. Toward a Theory of Meta-Paradoxical Leadership ［J］. Organizational Behavior and Human Decision Processes, 2019, 155: 31–41.

［254］PEARSALL M J, ELLIS A P J, BELL B S. Building the Infrastructure:

The Effects of Role Identification Behaviors on Team Cognition Development and Performance [J]. Journal of Applied Psychology, 2010, 95（1）: 192-200.

[255] PECCEI R, VOORDE K. Human Resource Management-well-being-performance Research Revisited: Past Present and Future [J]. Human Resource Management Journal, 2019, 29（4）: 539-563.

[256] PICCOLO R F, GREENBAUM R, HARTOG D N, et al. The Relationship between Ethical Leadership and Core Job Characteristics [J]. Journal of Organizational Behavior, 2010, 31（2-3）: 259-278.

[257] POLSTON-MURDOCH L. An Investigation of Path-goal Theory Relationship of Leadership Style Supervisor-related Commitment and Gender [J]. Emerging Leadership Journeys, 2013, 6（1）: 13-44.

[258] PUTNAM L L, FAIRHURST G T, BANGHART S. Contradictions Dialectics and Paradoxes in Organizations: A Constitutive Approach [J]. Academy of Management Annals, 2016, 10（1）: 65-171.

[259] RAES A M L, BRUCH H, JONG S B. How top Management Team Behavioural Integration can Impact Employee Work Outcomes: Theory Development and First Empirical Tests [J]. Human Relations, 2013, 66（2）: 167-192.

[260] RAHIMNIA F, SHARIFIRAD M S. Authentic Leadership and Employee well-being: The Mediating Role of Attachment Insecurity [J]. Journal of Business Ethics, 2015, 132（2）: 363-377.

[261] RAISCH S, BIRKINSHAW J, PROBST G, et al. Organizational Ambidexterity: Balancing Exploitation and Exploration for Sustained Performance [J]. Organization Science, 2009, 20（4）: 685-695.

[262] REDDING G. Components and Process in Social Science Explanation: Is There a Role for Yin-Yang Balancing [J]. Cross Cultural & Strategic Management, 2017, 24（1）: 152-166.

[263] RENTSCH J R, STEEL R P. What Does Unit-level Absence Mean? Issues for Future Unit-level Absence Research [J]. Human Resource Management Review, 2003, 13（2）: 185-202.

[264] RESICK C J, MARTIN G S, KEATING M A, et al. What Ethical Lead-

ership Means to Me: Asian, American, and European Perspectives [J]. Journal of Business Ethics, 2011, 101 (3): 435–457.

[265]RIVKIN W, DIESTEL S, SCHMIDT K H. The Positive Relationship between Servant Leadership and Employees' Psychological Health: A multi–method Approach [J]. German Journal of Human Resource Management, 2014, 28 (1–2): 52–72.

[266]ROBBINS S, JUDGE T, ELHAM H, et al. Organizational Behavior (Arab World Edition) [M].Pearson Education UK, 2012.

[267]ROBERTSON I T, BIRCH A J, COOPER C L. Job and Work Attitudes Engagement and Employee Performance: Where Does Psychological Well–being Fit in? [J]. Leadership & Organization Development Journal, 2012, 33 (3): 224–232.

[268]ROKEACH M. The Nature of Human Values [M]. Free Press, 1973.

[269]ROS M, SCHWARTZ S H, SURKISS S. Basic Individual Values Work Values and the Meaning of Work [J]. Applied Psychology, 1999, 48 (1): 49–71.

[270]ROUSSEAU D M. Psychological and Implied Contracts in Organizations [J]. Employee Responsibilities and Rights Journal, 1989, 2 (2): 121–139.

[271]SALANCIK G R, PFEFFER J. A Social Information Processing Approach to Job Attitudes and Task Design [J]. Administrative Science Quarterly, 1978 (3): 224–253.

[272]SALAS E E, FIORE S M. Team cognition: Understanding the Factors that Drive Process and Performance [M]. American Psychological Association, 2004.

[273]SALAS E, GROSSMAN R, HUGHES A M, et al. Measuring Team Cohesion: Observations from the Science [J]. Human Factors, 2015, 57 (3): 365–374.

[274]SCHAD J, LEWIS M W, RAISCH S, et al. Paradox Research in Management Science: Looking Back to Move Forward [J]. Academy of Management Annals, 2016, 10 (1): 5–64.

[275]SCHAUBROECK J M, HANNAH S T, AVOLIO B J, et al. Embed-ding Ethical Leadership Within and Across Organization Levels [J]. Academy of

Management Journal, 2012, 55（5）: 1053-1078.

[276]SCHEIN E H. Organizational Culture and Leadership [M]. NY: John Wiley & Sons, 2010.

[277]SCHEIN E H. Organizational Culture [J]. American Psychological Association, 1990（2）: 109-119.

[278]SCHIPPERS M C, HARTOG D N, KOOPMAN P L, et al. Diversity and Team Outcomes: The Moderating Effects of Outcome Interdependence and Group Longevity and the Mediating Effect of Reflexivity [J]. Journal of Organizational Behavior, 2003, 24（6）: 779- 802.

[279]SCHLEICHER D J, BAUMANN H M, SULLIVAN D W, et al. Evaluating the Effectiveness of Performance Management: A 30-Year Integrative Conceptual Review [J]. Journal of Applied Psychology, 2019, 104（7）: 851-887.

[280]SCHMINKE M, ARNAUD A, TAYLOR R. Ethics Values and Organizational Justice: Individuals, Organizations and Beyond [J]. Journal of Business Ethics, 2015, 130（3）: 727-736.

[281]SCHWEITZER M E, ORDÓÑEZ L, DOUMA B. Goal Setting as a Motivator of Unethical Behavior [J]. Academy of Management Journal, 2004, 47（3）: 422-432.

[282]SCOTT S V, ORLIKOWSKI W J. Entanglements in Practice [J]. MIS Quarterly, 2014, 38（3）: 873-894.

[283]SHAHNAWAZ M G, GOSWAMI K. Effect of Psychological Contract Violation on Organizational Commitment Trust and Turnover Intention in Private and Public Sector Indian Organizations [J]. Vision, 2011, 15（3）: 209-217.

[284]SHAO Y, NIJSTAD B A, TÄUBER S. Creativity under Workload Pressure and Integrative Complexity: The Double-edged Sword of Paradoxical Leadership [J]. Organizational Behavior and Human Decision Processes, 2019, 155: 7-19.

[285]SHARIF M M, SCANDURA T A. Do Perceptions of Ethical Conduct Matter During Organizational Change? Ethical Leadership and Employee Involvement [J]. Journal of Business Ethics, 2014, 124（2）: 185-196.

[286]SHARMA G, JAISWAL A K. Unsustainability of Sustainability: Cogni-

tive Frames and Tensions in Bottom of the Pyramid Projects [J]. Journal of Business Ethics, 2018, 148 (2): 291–307.

[287]SHEEHAN M, GARAVAN T N, CARBERY R. Innovation and Human Resource Development (HRD) [J]. European Journal of Training and Development, 2014, 38 (1/2): 2–14.

[288]SHEEP M L, FAIRHURST G T, KHAZANCHI S. Knots in the Discourse of Innovation: Investigating Multiple Tensions in a Reacquired Spin-off [J]. Organization Studies, 2017, 38 (3–4): 463–488.

[289]SIMONS T L, PETERSON R S. Task Conflict and Relationship Conflict in Top Management Teams: the Pivotal Role of Intragroup Trust [J]. Journal of Applied Psychology, 2000, 85 (1): 102–111.

[290]SIMS R R. The Institutionalization of Organizational Ethics [J]. Journal of Business Rthics, 1991, 10 (7): 493–506.

[291]SLUSS D M, ASHFORTH B E. Relational Identity and Identification: Defining Ourselves through Work Relationships [J]. Academy of Management Review, 2007, 32 (1): 9–32.

[292]SMITH W K, BESHAROV M L, WESSELS A K, et al. A Paradoxical Leadership Model for Social Entrepreneurs: Challenges, Leadership Skills, and Pedagogical Tools for Managing Social and Commercial Demands [J]. Academy of Management Learning & Education, 2012, 11 (3): 463–478.

[293]SMITH W K, LEWIS M W. Toward a Theory of Paradox: A dynamic Equilibrium Model of Organizing [J]. Academy of Management Review, 2011, 36 (2): 381–403.

[294]STAKE R K. CASE STUDIES. IN N. K. DENZIN & Y. S. Lincoln (Eds.), Handbook of Qualitative Rresearch [M]. CA: SAGE Publications, 1994.

[295]STEFKOVICH J, BEGLEY P T. Ethical School Leadership: Defining the Best Interests of Students [J]. Educational Management Administration & Leadership, 2007, 35 (2): 205–224.

[296]STRAUSS A, CORBIN J M. Grounded Theory in Practice [M]. Sage, 1997.

［297］STRAUSS A, CORBIN J. Basics of Qualitative Research ［M］. CA: SAGE Publications, 1990.

［298］STRAUSS A, CORBIN J. Basics of Qualitative Research: Techniques and Procedures for Developing Grounded Theory（2nd ed.）［M］. CA: SAGE, 1998.

［299］STRICKHOUSER J E, ZELL E, KRIZAN Z. Does Personality Predict Health and Well-being? A Metasynthesis ［J］. Health Psychology, 2017, 36（8）: 797-810.

［300］SUAZO M M, TURNLEY W H, MAI R R. The Role of Perceived Violation in Determining Employees' reactions to Psychological Contract Breach ［J］. Journal of Leadership & Organizational Studies, 2005, 12（1）: 24-36.

［301］SUPER D E. Manual Work Values Inventory ［M］. Chicago: Riverside Publishing, 1970.

［302］TAJFEL H. Social Identity and Intergroup Behaviour ［J］. Social Science Information, 1974, 13（2）: 65-93.

［303］TAJFEL H. Social Psychology of intergroup relations ［J］. Annual Review of Psychology, 1982, 33（1）: 1-39.

［304］TAKALA J, et al. Global Estimates of the Burden of Injury and Illness at Work in 2012 ［J］. Journal of Occupational and Environmental Hygiene, 2014, 11（5）, 326-337.

［305］TANGIRALA S, RAMANUJAM R. Ask and You Shall Hear（but not always）: Examining the Relationship between Manager Consultation and Employee Voice ［J］. Personnel Psychology, 2012, 65（2）: 251-282.

［306］TANNENBAUM S I, BEARD R L, SALAS E. Team Building and Its Influence on Team Effectiveness: An Examination of Conceptual and Empirical Developments ［J］. Advances in psychology. North-Holland, 1992（82）: 117-153.

［307］TANNENBAUM S I, MATHIEU J E, SALAS E, et al. Teams Are Changing: Are Research and Practice Evolving Fast Enough? ［J］. Industrial and Organizational Psychology, 2012, 5（1）: 2-24.

[308]TANNENBAUM S I, YUKL G. Training and Development in Work Organizations [J]. Annual Review of Psychology, 1992, 43（1）: 399–441.

[309]THAMHAIN H. Managing Risks in Complex Projects [J]. Project Management Journal, 2013, 44（2）: 20–35.

[310]TORNAU K, FRESE M. Construct Clean - up in Proactivity Research: A Meta - analysis on the Nomological Net of Work–related Proactivity Concepts and Their Incremental Validities [J]. Applied Psychology, 2013, 62（1）: 44–96.

[311]TORRE E D. High Performance Work Systems and Workers' Well–Being: A Sceptical View [J]. International Journal of Work Innovation, 2012, 1（1）: 7–23.

[312]TORRENTE P, SALANOVA M, LLORENS S, et al. Teams Make it Work: How Team Work Engagement Mediates Between Social Resources and Performance in Teams [J]. Psicothema, 2012, 24（1）: 106–112.

[313]TREVIÑO L K, WEAVER G R, REYNOLDS S J. Behavioral Ethics in Organizations: A Review [J]. Journal of Management, 2006, 32（6）: 951–990.

[314]TUCKEY M R, BAKKER A B, DOLLARD M F. Empowering Leaders Optimize Working Conditions for Engagement: A Multilevel Study [J]. Journal of Occupational Health Psychology, 2012, 17（1）: 15–27.

[315]TURNER N, BARLING J, ZACHARATOS A. Positive Psychology at Work [J]. Handbook of Positive Psychology, 2002, 52: 715–728.

[316]UHL–BIEN M, MARION R, MCKELVEY B. Complexity Leadership Theory: Shifting Leadership from the Industrial Age to the Knowledge Era [J]. The Leadership Quarterly, 2007, 18（4）: 298–318.

[317]VOORDE K, PAAUWE J, VELDHOVEN M. Employee Well–being and the HRM - organizational Performance Relationship: A Review of Quantitative Studies [J]. International Journal of Management Reviews, 2012, 14（4）: 391–407.

[318]VAART L, LINDE B, COCKERAN M. The State of the Psychological Contract and Employees' Intention to Leave: The Mediating Role of Employee Well–being [J]. South African Journal of Psychology, 2013, 43（3）: 356–369.

［319］VEGT G S, BUNDERSON J S. Learning and Performance in Multidisciplinary Teams: The Importance of Collective Team Identification ［J］. Academy of Management Journal, 2005, 48（3）: 532-547.

［320］VEGT G S, EMANS B J M, VLIERT E. Patterns of Interdependence in Work Teams: A Two-level Investigation of the Relations with Job and Team Satisfaction ［J］. Personnel Psychology, 2001, 54（1）: 51-69.

［321］KNIPPENBERG D, SCHIPPERS M C. Work Group Diversity ［J］. Annu. Rev. Psychol., 2007, 58: 515-541.

［322］VICTOR B, CULLEN J B. The Organizational Bases of Ethical Work Climates ［J］. Administrative Science Quarterly, 1988: 101-125.

［323］WALUMBWA F O, HARTNELL C A, OKE A. Servant Leadership Procedural Justice Climate Service Climate, Employee Attitudes and Organizational Citizenship Behavior: A Cross-level Investigation ［J］. Journal of Applied Psychology, 2010, 95（3）: 517-529.

［324］WALUMBWA F O, MAYER D M, WANG P, et al. Linking Ethical Leadership to Employee Performance: The Roles of Leader-Member Exchange, Self-efficacy, and Organizational Identification ［J］. Organizational Behavior and Human Decision Processes, 2011, 115（2）: 204-213.

［325］WALUMBWA F O, MORRISON E W, CHRISTENSEN A L. Ethical Leadership and Group In-Role Performance: The Mediating Roles of Group Conscientiousness and Group Voice ［J］. The Leadership Quarterly, 2012, 23（5）: 953-964.

［326］WALUMBWA F O, SCHAUBROECK J. Leader Personality Traits and Employee Voice Behavior: Mediating Roles of Ethical Leadership and Work Group Psychological Safety ［J］. Journal of Applied Psychology, 2009, 94（5）: 1275-1286.

［327］WANG G, OH I S, COURTRIGHT S H, et al. Transformational Leadership and Performance Across Criteria and Levels: A Meta-analytic Review of 25 years of Research ［J］. Group & Organization Management, 2011, 36（2）: 223-270.

[328]WANG S, NOE R A. Knowledge Sharing: A Review and Directions for Future Research [J]. Human Resource Management Review, 2010, 20（2）: 115-131.

[329]WEISS M, KOLBE M, GROTE G, et al. We Can Do It! Inclusive Leader Language Promotes Voice Behavior in Multi-professional Teams [J]. The Leadership Quarterly, 2018, 29（3）: 389-402.

[330]WEISS M, RAZINSKAS S, BACKMANN J, et al. Authentic Leadership and Leaders' Mental Well-being: An Experience Sampling Study [J]. The Leadership Quarterly, 2018, 29（2）: 309-321.

[331]KAHNEMAN D, DIENER E, SCHWARZ N. Well-being: Foundations of Hedonic Psychology [M]. NY: Russell Sage Foundation, 1999.

[332]WHITING S W, MAYNES T D, PODSAKOFF N P, et al. Effects of Message Source and Context on Evaluations of Employee Voice Behavior [J]. Journal of Applied Psychology, 2012, 97（1）: 159-182.

[333]WHITING S W, PODSAKOFF P M, PIERCE J R. Effects of Task Performance Helping Voice and Organizational Loyalty on Performance Appraisal Ratings [J]. Journal of Applied Psychology, 2008, 93（1）: 125-139.

[334]WITHEY M J, COOPER W H. Predicting Exit, Voice, Loyalty, and Neglect [J]. Administrative Science Quarterly, 1989（3）: 521-539.

[335]WOOD R, BANDURA A. Social Cognitive Theory of Organizational Management [J]. Academy of Management Review, 1989, 14（3）: 361-384.

[336]WRIGHT T A, CROPANZANO R. Psychological Well-being and Job Satisfaction as Predictors of Job Performance [J]. Journal of Occupational Health Psychology, 2000, 5（1）: 84-94.

[337]XIE J L, JOHNS G. Interactive Effects of Absence Culture Salience and Group Cohesiveness: A Multi - level and Cross - level Analysis of Work Absenteeism in the Chinese Context [J]. Journal of Occupational and Organizational Psychology, 2000, 73（1）: 31-52.

[338]XU A J, LOI R, NGO H. Ethical Leadership Behavior and Employee Justice Perceptions: The Mediating Role of Trust in Organization [J]. Journal of

Business Ethics, 2016, 134（3）：493-504.

［339］YAMMARINO F J, DIONNE S D, CHUN J U, et al. Leadership and Levels of Analysis: A State-of-the-science Review［J］. The Leadership Quarterly, 2005, 16（6）：879-919.

［340］YIN R K. Case Study Research and Applications: Design and Methods ［M］. Sage publications, 2017.

［341］YUAN K H, BENTLER P M. Three Likelihood-based Methods for Mean and Covariance Structure Analysis with Nonnormal Missing Data［J］. Sociological Methodology, 2000, 30（1）：165-200.

［342］YUKL G A. Leadership in Teams and Decision Groups［J］. Leadership in Organizations, 2002（5）：305-340.

［343］YUKL G A. Effective Leadership Behavior: What We Know and What Questions Need More Attention［J］. Academy of Management Perspectives, 2012, 26（4）：66-85.

［344］ZHANG Y, WALDMAN D A, HAN Y L, et al. Paradoxical Leader Behaviors in People Management: Antecedents and Consequences［J］. Academy of Management Journal, 2015, 58（2）：538-566.

［345］ZHENG X, ZHU W, ZHAO H, et al. Employee Wellbeing in Organizations: Theoretical Model Scale Development and Cross-cultural Validation［J］. Journal of Organizational Behavior, 2015, 36（5）：621-644.

［346］ZHENG X, LI N, HARRIS T., et al. Unspoken Yet Understood: An Introduction and Initial Framework of Subordinates' Moqi with Supervisors［J］. Journal of Management, 2019, 45（3）：955-983.

［347］ZHU W, AVOLIO B J, WALUMBWA F O. Moderating Role of Follower Characteristics with Transformational Leadership and Follower Work Engagement ［J］. Group & Organization Management, 2009, 34（5）：590-619.

［348］ZHU W, HE H, TREVIÑO L K, et al. Ethical Leadership and Follower Voice and Performance: The Role of Follower Identifications and Entity Morality Beliefs［J］. The Leadership Quarterly, 2015, 26（5）：702-718.

［349］ZOHRABI M. Mixed Method Research: Instruments Validity Reliability and Reporting Findings［J］. Theory & Practice in Language Studies, 2013, 3（2）: 254-262.

［350］ZWEBER Z M, HENNING R A, MAGLEY V J. A Practical Scale for Multi-Faceted Organizational Health Climate Assessment［J］. Journal of Occupational Health Psychology, 2016, 21（2）: 250-259.